浙江省重点创新团队"现代服务业创新团队"研究成果

浙江省哲学社会科学研究基地"浙江省现代服务业研究中心"研究成果

浙江省"十三五"一流学科"应用经济学"研究成果

浙江树人大学著作出版基金资助成果

# 金融发展对
# 生产率的影响研究

## ——基于企业视角的理论与实证

杨益均　著

Jinrong Fazhan Dui
Shengchanlü De Yingxiang yanjiu

Jiyu Qiye Shijiao De lilun Yu Shizheng

中国社会科学出版社

**图书在版编目（CIP）数据**

金融发展对生产率的影响研究：基于企业视角的理论与
实证/杨益均著. —北京：中国社会科学出版社，2020.6
ISBN 978 - 7 - 5203 - 6403 - 4

Ⅰ.①金… Ⅱ.①杨… Ⅲ.①金融事业—经济发展—影
响—全员劳动生产率—研究—中国 Ⅳ.①F832 ②F249.22

中国版本图书馆 CIP 数据核字（2020）第 068251 号

| | | |
|---|---|---|
| 出 版 人 | 赵剑英 | |
| 责任编辑 | 侯苗苗 | |
| 责任校对 | 周晓东 | |
| 责任印制 | 王　超 | |
| 出　　版 | 中国社会科学出版社 | |
| 社　　址 | 北京鼓楼西大街甲 158 号 | |
| 邮　　编 | 100720 | |
| 网　　址 | http：//www.csspw.cn | |
| 发 行 部 | 010 - 84083685 | |
| 门 市 部 | 010 - 84029450 | |
| 经　　销 | 新华书店及其他书店 | |
| 印　　刷 | 北京明恒达印务有限公司 | |
| 装　　订 | 廊坊市广阳区广增装订厂 | |
| 版　　次 | 2020 年 6 月第 1 版 | |
| 印　　次 | 2020 年 6 月第 1 次印刷 | |
| 开　　本 | 710×1000　1/16 | |
| 印　　张 | 12.5 | |
| 插　　页 | 2 | |
| 字　　数 | 205 千字 | |
| 定　　价 | 69.00 元 | |

# 序

    中国正在面临单纯依靠要素投入的粗放型经济增长模式难以有效摆脱"中等收入陷阱"的局面，随着金融因素在企业投资经营过程全方位地加速渗透，金融体系运行与生产率变动之间关联的事实，驱动着经济学家在内生经济增长理论的基础上，越来越倾向于把金融因素及其制度安排作为内生变量来处理，并结合金融体系的功能来探索生产率的变动问题。我的博士生杨益均的毕业论文《金融发展对生产率的影响研究——基于企业视角的理论与实证》（以下简称《研究》），就是试图通过研究金融发展与生产率之间的内在关系，将金融因素作为导引生产率变动之重要内生变量展开分析的一种尝试。

    经济学界一直关注金融运行对生产率影响的研究，但这些研究太注重宏观层面，而对金融发展作用于企业生产率的微观层面问题并没有引起足够的关注。其实，系统考察金融发展与生产率的关联，并据此揭示金融发展对生产率的作用机理，从企业投资经营这一微观层面展开研究是问题分析的重点和难点。《研究》一书值得点赞的地方，是笔者以内生经济增长理论模型和异质性企业贸易理论模型为基础，把一些关键性金融因素作为解释性变量纳入构建的模型，并力图通过将一些宏观金融因素与微观企业因素的结合，对金融发展之于企业技术进步的影响展开实证分析和检验，这样的分析型构了一幅展现企业进入和退出的投资动态的分析画面，使金融发展如何影响企业生产率分布以及金融发展如何导致企业总体生产率变动这两大问题被置于同一研究框架。

    《研究》一书的分析视角较为新颖，但单纯从企业进入和退出角度很难切合实际地解说现实中金融运行与生产率变动之间的关联。我曾对笔者表达过这样的学术担忧。笔者对金融运行与生产率变动关联的分析，是将企业进入和退出的研究放在金融规模和金融效率会促进企业技术进步这个框架内展开的，通过对全国企业整体的回归分析说明金融规模、金融效率与企业间生产率差异之间存在的统计特征，并力图论证金融规模和金融效率背景下企业进入和退出对企业总体生产率的影响。诚然，这样的研究框架会在一定程度上揭示资源配置对总体生产率变动的作用机理，揭示出金融规模和金融效率作用于劳动密集型行业和资本密集型行业进入和退出的不同过程，以致通过实证分析揭示资本密集型行业与劳动密集型行业受金融规模和金融效率的不同影响。然则，金融运行与生产率变动之间的关联十分复杂，深邃的研究尚需要引入科技因素，这是笔者后续研究所必须关注的。

该著作是在其博士学位论文基础上进一步扩充修改而完成的。在我看来，一部作品反复斟酌和修改，质量无疑会大大提高。当下，一些从事社会科学研究的博士生缺乏长期研究某一问题的韧性，分析和研究问题太模板化，文献综述写成没有评论的材料介绍，论文结构安排缺少思想火花创新，论证过程类似于教科书，这样的情形是非常可悲的。其实，博士学位论文的学术观点是否正确固然很重要，但有没有思想创新和分析方法创新最为重要。撇开《研究》这部著作究竟有多少学术价值不论，值得肯定的地方有两点：一是从金融发展和金融效率探索生产率变动，在一定程度上体现了笔者的思想创新；二是把金融因素及其制度安排作为内生变量处理，在一定程度上体现了笔者分析方法的创新。尽管这些创新尚有待进一步弥缝蚁穴和补苴罅漏，但能够创新总比没有创新值得称赞。

金融发展之于生产率变动是一个涉及宏微观经济过程的系统问题，对这个问题的研究需要兼顾理论和实际的描述和分析。客观来讲，《研究》一书在理论和实际的系统分析上展现了一些希望火花，这一火花能不能成为一束火炬，还有许多需要挖掘、修正和探索的地方。例如，随着大数据、互联网和人工智能的全面融合，金融发展在云平台、云计算、物联网、区块链等作用下会影响企业的投资经营活动，而这些影响无疑会对整个社会生产率变动发生作用力。如果笔者继续沿着《研究》这部著作的分析思路展开讨论，那么，问题的机理揭示和实证分析很可能会碰到更多的新问题。我真挚地期望笔者能打开这一学术研究窗口，这既是本序提出的问题，也是本序对笔者提出更高理论要求的弦外之音。

何大安
2019 年春季

# 目　　录

# 图 目 录

# 表 目 录

# 第一章 绪论

## 第一节 选题的背景及研究意义

### 一 现实背景

改革开放以来，随着经济发展的深入进行，传统的经济增长模式难以持续。以往总需求拉动经济增长的方式受到了很大的现实挑战，尤其是 2008 年金融危机以来，世界经济越来越低迷，外部需求拉动总体经济增长的作用力逐渐趋向弱化。虽然中国国内市场消费需求的重要性在 2008 年后更加凸显，但是国内产品由于生产的技术、工艺和质量等原因难以满足国内日益升级的需求水平。例如，中国人海外抢购现象的不断出现就反映了"中国制造"滞后于国内需求水平的现实。而"中国制造"的技术进步和生产率提高是实现国内消费需求成为拉动经济增长的一个关键因素。另外，中国的生产要素供给也在逐步发生改变。据国家统计局发布的数据，从 2012 年至 2016 年，16 周岁以上至 60 周岁以下（不含 60 周岁）的劳动年龄人口出现连续五年绝对量的下降。随着劳动年龄人口的下降，企业工资水平也不断提高，这些情况都迫使企业提高生产效率并提供高质量、高附加值和高价格的产品。而经过 30 多年持续的高速经济增长，中国经济规模已经跃居全世界第二，在传统粗放型经济增长模式下，中国的环境承载能力也趋向于极限。与此同时，东部、中部和西部区域之间经济发展失衡，城乡发展差距巨大。特别是，按照人均 GDP 中国刚好进入"中等收入陷阱"的发展阶段，各种经济社会发展问题层出不穷。在此经济背景下，2015 年中央经济工作会议提出的供给侧改革从某种角度看是一场转换经济增长内在动力的经济改革。从中国经济发展的现实情况看，经济增长转型成功与否的一个关键在于生产率。纵观人类经济发展的历史，从某种角度来看，正如"趋同经济理论"所论述的思想，世界范围内经济增长的最终结果是殊途同归地依赖于生产率，尤其是企业生产率分布及其生产率提高，中国经济要保持持续增长也同样依赖于生产率相关问题的解决。

当然，企业生产率分布变化及生产率提高受到相应金融体系的影响，因为生产率相关问题背后涉及资源在不同地区、不同产业及各企业之间的不同配置。在现代经济中，随着经济金融化步伐的加速推进，金融体系逐步渗透于经济各个部门，其在经济中的作用日益凸显。在现实中，相关金融体系的配套支持是实现国家、地区、产业和企业技术进步必不可少的条件。特别是随着现代社会引起企业技术进步和生产率提高所需投入资金的不断增加，企业必须借助金融体系，通过外部融资才能解决相关资金的需求。在现实经济中，企业获取融资难易程度和融资规模受到金融发展水平的影响。不同的金融体系规定着不同企业投资运行机理，金融发展会重塑原有的投资运行机理并决定企业生产率提高和分布状态。通过对各个国家和地区经济发展的横向和纵向的比较可以得出，企业生产率水平及其分布状态与金融发展水平密切相关。随着中国经济改革的范围不断拓宽，程度不断加深，中国金融发展水平也在逐步提高。利率作为金融体系的核心变量，其市场化程度越来越高。中国人民银行在2004年和2013年分别取消了金融机构人民币贷款利率的上限和下限，金融机构对不同企业可以实行差别化定价。从金融市场结构来看，中国金融体系经过30多年的发展已经取得显著成绩，逐步形成了多样化金融机构、多层次金融市场和多元化金融工具的复杂和完整的金融体系。从金融规模核心指标社会融资存量规模来看，根据中国人民银行的统计数据显示，2017年社会融资存量规模达到174.64万亿元，与GDP的比值达到了2.11。金融规模的扩大使金融体系对经济各部门的渗透性不断增强，从某个角度反映了金融因素在经济发展和技术进步中的巨大作用和显著地位。

毋庸置疑，在过去30多年中国金融体系取得了长足的发展，为企业生产率提高和分布优化创造了有利的环境。然而，在金融体系取得显著成绩的同时，也表现出一些突出的问题。集中表现在，金融发展滞后于经济发展，难以满足企业融资的需求。具体体现为，尚处于市场化转型阶段的中国经济和发展初期的金融体系，不仅面临整个社会金融资源不足的限制，而且受到中国金融体制不完善的制约。尤其是中国金融区域发展水平的巨大差异和区域金融体系的分割造成了金融资源配置的区域不均衡和整体金融资源配置效率的相对低下。这些问题在一定程度上会影响企业生产率的分布状态，抑制企业、产业、地区和国家的生产率提高；但在另一个角度却反映了金融发展对生产率的重要作用。这就要求中国经济继续深化金融改革促进金融发展，使金融体系适应企业生产率提高以及资源在不同生产率企业间配置的需要。

## 二　研究意义

从某种角度考察，生产率始终是人类社会关心的一个主题。作为新古典经济学整个理论大厦的一个基石，资源的稀缺性决定了主流经济学研究的一个核心内容，即人类社会如何将既定的资源生产出各种商品最大数量的组合。而企业生产率的分布状况和总体生产率水平是既定的资源生产出各种商品最大数量组合的决定因素。在现实经济中，生产率水平作为一个重要的经济变量，既是劳动、资本和土地等各种生产要素投入的重要决定因素，也是经济增长的重要决定因素。毫无疑问，一个经济体要保持经济持续增长也需依赖于企业生产率水平的提高和企业生产率分布的合理化。在现实经济中，生产率水平是由生产者投入的资源方向和资源数量决定的。生产率提高往往伴随着生产者对技术相关方面的投入。从广义范围理解，这种投入是一种投资活动；而投资活动是一个价格发现、利润追逐和风险规避的过程。金融体系是资源配置的平台，其发展水平体现了资源的配置状态和配置效率。金融体系在缓解信息不对称、降低交易成本、优化资源配置和资本积累等方面存在重要作用。金融发展水平的提高使对技术的广义投资活动更加趋向于市场机制配置资源之轨道。在完全竞争的市场状态下，市场机制能够实现资源配置的帕累托最优状态。正因如此，金融发展能够促进企业生产率提高和企业生产率分布优化。关于金融发展对生产率效应的相关研究，有助于深入探究金融发展如何促进企业生产率提高和优化企业生产率分布。在当前严峻的经济形势下，从新的视角和不同层面更全面和深入地研究金融发展对企业生产率的作用机理和两者在现实经济运行中的相关性，并提出相应对策建议，这对于解决当前中国经济问题具有重要的现实意义。

若要实现深入研究和分析金融发展对企业生产率的作用效应，除了现实分析和对策研究外，还需要从理论上深入研究金融发展对企业生产率的作用机理。理论机理分析的作用主要在于反映出金融发展对企业生产率的一般性作用机理特征。金融发展对企业生产率的作用是社会经济运行中相关性很强的动态过程，可以从不同的分析视角和分析渠道，比较系统地来解释金融发展对企业生产率的作用机理。只有这样，我们才有可能把金融发展对企业生产率的作用机理揭示出来。新古典经济学虽然重视生产技术的重要作用，但是其理论分析框架中假定技术水平外生给定，忽视技术进步的内生机制，因此金融发展对技术进步和生产率提高的作用没有得到足够重视。直到内生经济增长理论的兴起，经济学家得以把金融因素引入内生经济增长的理论框架中，再利用内生经济增长的理论框架来阐述金融发展对技术进步和生产率的作用。由于接受了内生经济增长理论的研究框架，经济学家在理论分析中应用了生产企业同质性和无要素错配的假设，这在一定程度上弱化了理论的解说力，当然这也是目前理论研究的薄弱环节。为了在该薄弱环节有所突破，本书将企业生产率异质性引入分析框架中，使理论研究更为贴近现实，并力图阐述在企业视角下金融发展通过不同渠道对生产率的作用机理。毋庸置疑，对金融发展影响生产率作用机制的深入研究能够丰富和发展现有相关理论。与此同时，随着理论的发展，相关金融发展对生产率作用的经验分析也大量涌现，但是由于研究视角和研究方法的差异，导致金融发展对生产率作用效果的研究结论有较大分歧，尚未达成一致结论。本书在金融发展的背景下，基于微观企业视角，分别从企业技术进步、企业生产率分布和企业总体生产率三个方面，着重考察了金融发展对生产率的影响，这对于当前经济环境下正确认识和把握金融发展对生产率的作用，为政府管理部门提供前瞻性的理论和政策依据具有重要意义。

# 第二节　对本书重要概念的说明

## 一　金融发展

从某种角度理解，现代社会的经济文明史是一部金融发展和生产率变化穿插其间的发展史，虽然金融发展对一国经济增长和生产率有重要影响，但是由于研究角度和评价标准的不同，对金融发展的定义迄今为止还未统一。毫无疑问，对金融发展的定义应源自金融体系运行的内在规律和特征；而借助现有有关金融发展的研究是认识、理解和定义金融发展的一种重要方式。Goldsmith（1969）最早在其《金融结构与金融发展》一书中，从金融结构角度阐释金融发展，认为"金融发展就是金融结构的变化"，并将金融结构定义为"各种金融结构与金融机构的相对规模"。Goldsmith的金融发展定义易于被人理解和接受，并且在相关研究中通过对金融机构规模的量化能够实现对金融发展的测度，因此，Goldsmith的金融发展定义被广泛应用。而一些经济学家从金融的具体功能角度研究了金融发展。Merton和Bodie（1995）在其相关研究中较早从金融功能的角度阐述了金融发展的内涵。Levine（1997）系统归纳和总结了金融系统的五大功能，其研究强调金融发展通过资本积累和技术进步对经济增长的作用。金融系统功能的发挥必须依赖具体的金融制度环境，Shaw（1973）和Mckinnon（1973）在这方面的研究做出了重要贡献。他们通过对发展中国家金融市场的研究，从金融市场不完善的角度阐述了金融发展的含义，他们认为金融发展的主要内容就是金融市场化，其理论着重强调金融市场的形成和完善过程。从本质上看，Shaw（1973）和Mckinnon（1973）是从金融系统运行效率提高的角度对金融发展进行定义。

国内学者在对金融发展进行定义时，充分吸收了国外学者的相关思想，并提出了自己的观点。戴相龙和黄达（1998）认为，金融发展就是金融交易规模的扩大和金融产业高度化带来金融效率的不断提高。彭兴韵（2002）指出，金融发展就是金融功能的不断完善和扩展从而促进金融效率持续提高和经济增长的一个动态过程。而沈坤荣和孙文杰（2004）主要从金融功能的角度对金融发展进行定义，他们认为金融发展是指金融中介和金融市场的发展，并通过利率和汇率等金融工具使储蓄以更高的比例转化为投资，提高资本的使用效率和配置效率，以促进资本积累和技术进步。白钦先和谭庆华（2006）指出，金融发展应该是"量"和"质"的统一，并且应在动态的演进过程中来研究和定义金融发展。

正像前文所分析的那样，对金融发展的定义所面临的困难，是在对金融体系的内在规律和特征进行表述时，要充分体现金融体系运行的实际，并据此进行一般性的描述。构建主流经济学之理论大厦的一个方式是删繁就简，抓住事物主要矛盾。综合上述学者的观点，金融发展主要包括金融规模和金融效率两方面的动态演进。金融规模的研究主要侧重于从金融体系自身的规模变化来反映金融体系的发展演进；而金融效率的分析主要注重于金融体系实际的运行效果来反映金融体系的发展变化。据此，本书认为金融发展是一个质性和量性的辩证统一，是一个金融规模的不断扩大和金融体系运行效率持续提高的动态过程。

## 二 生产率

生产率反映的是投入要素与产出之间的关系，《不列颠百科全书》将生产率定义为："一种产出与为了生产这种产出所需要投入的比率（the ratio of what is required to produce it）。"投入是指用于生产的各种要素，如劳动力、资本和土地等；而产出指的是特定的产品或服务。研究单个投入要素与产出之间关系的生产率指标称为单要素生产率，如劳动生产率和资本生产率。而分析所有投入要素与产出之间关系的生产率指标则称为全要素生产率（total factor productivity）。由于全要素生产率包含了资本、劳动以及其他投入要素的影响，它代表所有投入要素的综合效果，是衡量经济增长的重要指标。Kendrick（1961）指出单要素生产率与全要素生产率的优缺点，认为单要素生产率只能反映该种生产要素的投入产出关系，而全要素生产率能够测度全部生产要素的生产效率。虽然在相关实证分析中单要素生产率，尤其是劳动生产率因为估算相对简单且能够直观反映生产率的实际情况而被大量使用；但是，由于全要素生产率能够更加全面和综合地反映经济增长的质量，因此该指标体系在经济学相关分析中被更为广泛应用。

早期对全要素生产率的测算主要在地区和国家层面，其理论基础来源于索洛增长理论；而随着企业微观数据的日益丰富和计算方法的不断完善，从企业自身的生产决策入手的企业层面全要素生产率的测算被广泛采用。按照宏观层面全要素生产率的定义逻辑，企业全要素生产率是指企业的各种生产要素投入与产出之间比值，能够反映企业生产活动在某个时间段的效率，体现企业生产率水平。为了全面体现企业生产率水平，结合本书的研究特点和研究目的，文章在实证分析中采用企业全要素生产率来测度该指标。

# 第三节 研究内容和方法

## 一 研究内容

本书沿着金融发展和生产率的理论和实证研究的方向，对相关文献进行了较为全面和系统的综述。在此基础上，基于内生经济增长理论模型和异质性企业贸易理论模型分别从企业技术进步、企业生产率分布和企业总体生产率三个方面，阐述了金融发展对生产率的作用机理，并利用中国工业企业的微观大样本数据和其他相关数据对作用机理和影响效果进行了相应的实证检验。本书共七章，具体内容如下：

第一章为绪论，阐述了本书的选题背景与意义，重要概念说明，研究内容与框架，研究方法，以及本书可能存在的创新点。

第二章为相关文献述评。本章首先介绍和梳理了不同理论下金融发展对生产率作用的经典文献；其次在理论介绍基础上系统地阐述了不同层面金融发展对生产率影响的实证研究；最后，为了给金融发展对生产率的研究提供新的视角和切入点，本章梳理了企业视角下生产率研究的几个重点，从而为企业视角下金融发展对生产率作用的机理分析和实证研究做相应的铺垫。

第三章为中国金融发展过程中企业生产率变动的现实。本章基于相关数据从金融规模和金融效率两个方面测算出中国 30 个省份地区的金融发展水平，并利用《中国工业企业数据库》的数据分别采用 LP 方法和 OP 方法计算出企业全要素生产率，接着以此为基础测算出各省份地区的企业总体生产率和企业生产率分布；最后从金融规模和金融效率两个方面初步分析金融发展与生产率各个方面的关系。

第四章为金融发展与企业技术进步。本章首先在 Howitt 和 Aghion（1998）内生经济增长理论分析框架中引入金融体系提供融资和降低利率的功能，考察金融发展对企业技术创新的影响机理。在理论分析的基础上，本章基于 2005—2007 年中国工业企业因素和地区因素的相关数据，以企业研发投入为因变量，采用多层非线性模型估计金融发展对企业研发投入的影响，以此来验证作用机理。为了检验金融发展对企业技术水平的作用效果，本书基于 1999—2007 年中国工业企业和地区的相关影响因素数据，以企业全要素生产率为因变量，运用多层线性模型检验了金融发展对企业技术水平的促进作用；在整体检验了金融发展对企业生产率影响效果的基础上，还选取了五类典型的所有制企业进行分组回归以进一步检验相关结论。

第五章为金融发展与企业生产率分布的关联研究。首先，本章以异质性贸易理论的 Melitz 和 Ottaviano（2008）垄断竞争局部均衡模型为基础，将金融体系引入企业的利润函数，说明企业在金融体系作用下的生产决策行为；通过分析均衡条件下企业自由进入退出行为，揭示了金融发展对企业生产率分布的作用机理；然后，在理论分析的基础上，运用中国工业企业和其他相关数据检验了金融发展对企业生产率分布的影响效果；之后，进一步考察了在不同行业中金融发展对企业生产率分布的决定。

第六章为金融发展与企业总体生产率提高。本章在 Melitz（2003）异质性贸易理论模型的基础上引入金融因素，研究了金融发展对不同生产率企业进入和退出生产行为变化的影响，分析了金融发展通过不同生产率企业的动态变化对总体生产率的作用机理。为了检验理论分析结论，本章运用中国工业企业和其他相关数据检验了金融发展通过企业进入退出对企业总体生产率的影响效果。在此基础上，进一步考察了在劳动密集型行业和资本密集型行业中此机理的作用效果。

第七章为结论与政策启示。本章系统总结本书的研究结论，并分析了这些研究结论对充分利用金融发展对生产率的有利影响，以保持中国经济持续快速发展的相关启示，最后指出本书还有待进一步深入研究的方向。

基于上述研究内容，我们可以绘制如图 1 - 1 所示的研究框架和技术路线。

## 二　研究方法

本书立足于中国经济的现实问题，选取关键和核心的切入点，试图从企业角度出发全面系统地研究金融发展对生产率的作用机制和影响效果。为了使相关的研究结论更具真实性和可靠性，本书力求多层次、多维度和多方法进行研究和分析。具体而言，本书采用的研究方法主要可以归纳如下：

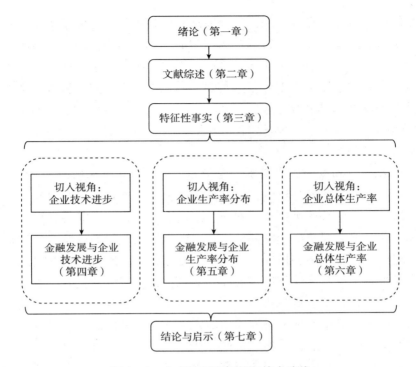

**图 1 - 1  本书的研究框架和技术路线**

1. 理论分析和实证分析相结合

在梳理现有经济理论和经验研究的基础上，本书分别构建金融发展对生产率作用的理论模型，用以研究金融发展影响企业生产率的"技术进步效应""生产率分布效应"和"总体生产率效应"，在理论上从多个方面分析了金融发展对生产率的影响。在理论分析和揭示作用机理之后，本书广泛收集涉及的相关数据，构建合适的指标体系，采用科学的计量方法，从企业技术进步、企业生产率分布和企业总体生产率三个方面进行了基于中国经济现实的经验研究，有效地验证了理论分析的结论，实现了理论分析与实证分析的有效结合。

2. 定性分析和定量分析相结合

在本书的研究过程中，通过对金融发展和生产率的经验考察，初步发现和确定理论和实证的研究方向和重点，比如基于图和表初步确定金融发展与企业技术进步的关系，通过图和表直观地得出了金融发展对企业生产率分布的不同影响，采用典型事实以考察金融发展对企业总体生产率的影响效果。在理论分析和经验观察的基础上，进一步运用计量回归分析检验了相关结论。第四章利用多层非线性和线性模型检验了金融发展对企业研发投入和企业技术水平的影响；第五章运用回归分析检验了金融发展对企业生产率分布的影响；第六章采用回归分析考察金融发展通过企业进入退出对总体生产率的影响。在系统研究金融发展对生产率的影响中，本书运用大量定性分析和定量分析，实现了两种分析方法的有效结合。

3. 微观层面分析、中观层面分析和宏观层面分析相结合

在第六章的实证分析中，通过地区微观企业全要素生产率加总得到省份地区的企业总体生产率。在第五章的实证分析中，通过计算省份地区和行业企业全要素生产率的标准差系数得到相应层面的企业生产率分布。地区总体生产率和地区企业生产率分布都属于宏观层面的概念，行业企业生产率分布则属于中观层面的概念。在第四章计量分析中，运用多层模型进行回归分析，将微观因素和宏观因素融合在一起。不仅在指标的构建和计量中，本书研究问题的切入点也是多层次的。对企业全要素生产率和企业研发投入的分析是企业微观层面的分析；对行业企业生产率分布的研究是中观层面的研究；对地区企业生产率分布和地区总体生产率的考察是宏观层面的考察。因此，无论是指标构建，还是计量分析，抑或研究问题的切入点，本书将微观层面分析、中观层面研究和宏观层面分析三个层面的研究视角紧密结合。

4. 比较分析法的广泛运用

不同企业全要素生产率计算方法的对比，根据 LP 和 OP 两种方法计算企业全要素生产率并进行对比；以不同方法计算的企业全要素生产率为基础构建相应的因变量，通过对比不同因变量的回归结果得到稳健性检验的结论。金融发展不同方面的对比，根据金融规模和金融效率的回归结果，比较金融发展不同方面对生产率作用效果的差异。不同企业类型的比较，根据所有制性质将企业分组，比较不同所有制下金融发展对企业技术进步的影响差异。不同行业的对比，根据要素密集度将行业进行分组，比较在劳动密集型行业和资本密集型行业中金融发展对企业总体生产率的不同影响效果。

# 第四节 可能的创新之处

本书运用多种研究方法对金融发展作用于生产率的机理进行了深入的系统性分析，基于上述研究内容和框架，可能的创新之处为：

（1）本书对相关模型进行了拓展，在内生经济增长理论的框架中，研究金融体系作用下企业的技术进步影响机制；在异质性贸易理论模型的基础上，引入金融因素，将金融发展对异质性企业生产投资的作用拓展到对企业生产率分布和总体层面生产率水平的影响。文章从企业技术进步、企业生产率分布和企业总体生产率三个方面阐释了金融发展对生产率的作用机制，并利用中国的相关数据进行了验证。

（2）已有的金融发展对生产率决定的相关实证研究，要么基于宏观层面，或者基于微观层面，而本书在金融发展对生产率决定的实证分析中，不仅具体的实证研究对象，而且整个实证分析的切入点，都将微观和宏观较好地统一在一起。在技术进步机理的实证研究中，运用多层非线性模型和多层线性模型，将地区宏观数据与企业微观数据进行结合，更好地刻画了宏观金融发展对企业微观技术水平的决定。在企业总体生产率的研究中，文章通过企业进入退出渠道阐述了金融发展对企业总体生产率的影响，在理论分析的基础上使用微观企业数据计算出企业总体生产率并进一步检验金融发展通过企业进入退出对企业总体生产率的影响效果，从而弥补了现有的主要文献单独从企业微观层面或者宏观层面研究金融发展对生产率影响的缺陷，对生产率的研究实现了企业微观层面和宏观层面的融合。

（3）相对于已有相关文献的实证分析，本书使用大规模的企业微观数据，样本数量更为庞大，较大的样本会使相关计量显著性检验的敏感性提高，从而提高实证分析的准确性。为了使相关研究结论更加可靠和显著，在进行实证分析时基于大样本企业微观数据，充分运用比较分析方法。对比金融发展的两个方面对生产率的不同影响；比较两种企业全要素生产率计算方法得到的结果对分析结论的差异；根据中国经济的特征，按照不同所有制分析金融发展对企业技术水平的决定；基于不同要素密集型行业对比验证金融发展对企业总体生产率的影响效应。

（4）金融发展是一个综合概念，为此本书重点从金融规模和金融效率两个方面进行考察和测度。金融发展水平较高的国家，金融规模的扩大一般会引起金融体系资金配置效率的提高，但是鉴于中国金融体系运行的实际情况，金融规模的扩大并不必然伴随金融效率的提高，为此本书基于中国金融的现实特征，从金融规模和金融效率两个方面构建相应指标，以期能够更加全面地衡量中国金融发展水平和测度金融发展对生产率的影响效果。

# 第二章  相关文献述评

本章将围绕相应研究主题，梳理已有相关理论文献和实证文献，以理清和把握本书研究主题的发展脉络，在此基础上指出现有研究不足之处，并提出本书的研究重点和方向。本章首先梳理基于不同金融理论下金融发展对生产率作用的相关理论文献，接着介绍了不同层面金融发展对生产率影响的相关经验分析，然后回顾企业视角下生产率的几个研究重点，最后评述已有文献的同时提出本书的研究重点和方向。

## 第一节  金融发展相关理论文献

随着金融因素在经济运行和发展中，尤其是在企业投资和生产经营中的加速渗透，金融体系运行与企业生产率变动的关联日新月异。由于金融因素对经济作用研究的深入，生产率对经济增长作用也逐步凸显。鉴于企业生产率水平和分布状况是影响经济增长以及可持续增长的重要因素，而金融发展对于经济运行的一个主要作用途径是生产率，因而深入分析和阐述金融发展对生产率的作用机理和效果是理解金融发展如何影响经济运行的关键和核心。基于此研究对理解经济增长的重要作用以及金融体系运行与企业生产率变动关联性的日益加强，经济学家对该领域进行大量研究，相关文献不断涌现。金融功能理论阐述了金融体系不同的功能对生产率的作用；而内生经济增长理论将技术进步作为其理论分析框架的核心，分析了金融发展对生产率的影响；随着理论研究视角的微观化，金融研究的一个重要内容为公司金融，主要关注微观企业融资约束与企业生产率的关系。为了更加系统和深入了解金融发展对生产率的作用，文章力求将不同角度解释下的作用机理纳入讨论框架，提炼不同研究的精要，梳理其逻辑，评论其优点和缺点。

### 一 金融功能视角下金融发展与生产率关联的分析文献

从严格意义上说，金融发展对生产率作用主要通过金融体系功能的发挥，并且从哲学层面来看，金融体系功能是"因"，而金融发展下的企业生产率变化和不同企业生产率分布状态是"果"。因此，从金融体系功能的角度理解金融发展对生产率的作用是一种由"因"到"果"的研究方法。金融市场和金融中介的出现和发展正是内生于经济运行的实际。金融发展在现实经济中主要表现为金融市场和金融中介之间的组织结构的形成和演变与经济发展的实际需要相吻合，使经济体的投资流向符合资源最优配置。金融市场和金融中介从制度的角度理解是由各项投资制度安排构成，对于投资制度安排对投资流向具体决定过程，何大安（2005）对此有深入的阐述。不言而喻，金融发展通过投资流向的引导和资源配置效率的增进影响了企业生产率分布和促进了生产率水平提高。早在1912年，熊彼特就指出了银行中介通过向企业提供贷款支持其进行技术创新，提高了企业生产率水平。之后，学者围绕金融体系对经济发展的金融支持功能进行了深入分析，经过长时间的研究，尤其是一些学者相继发表的相关著作，使学术界对金融功能认识不断深化。本部分将从金融功能的角度探寻金融发展对生产率作用机制的相关文献。

#### 1. 动员储蓄

金融体系对于储蓄形成起到重要作用。从某个角度看，金融发展往往与储蓄额不断增加相伴随。综观金融体系对生产率的整个作用过程，储蓄形成是其出发点和关键点。1912年，熊彼特在其著作《经济发展理论》中已明确指出银行系统具有聚集资源和提供信贷的基本职能。熊彼特虽然指出了银行的重要作用，但是直到Fisher提出"分离定理"才为资源集聚的产生做出了说明。Fisher（1930）认为，家庭通过不同时期的消费和生产的资源配置，使两个时期的消费效用的边际替代率等于生产的边际技术替代率。家庭的内部跨时资源配置以及引申出的不同家庭之间的跨空间资源配置是储蓄和金融体系产生的原因。Fisher的观点在Gurley和Shaw（1955，1956）的相关著作中得到了进一步系统化理论阐述，Gurley和Shaw认为金融体系在储蓄者和借款者之间的信贷循环中起到中介桥梁的作用。在《金融结构与金融发展》一书中，Goldsmith（1969）的分析结论显示，正是金融机构的储蓄和投资总量的增长作用促进了经济增长。

Merton 和 Bodie（1993）在其金融功能理论中，提出集聚资源是金融体系的一个核心功能。在现实经济中，不同的储蓄者对于金融资产的需求类型是不同的。由此也意味着，资金的集聚需要金融中介的发展和金融工具的多元化。金融中介和工具的出现和发展能够满足个人资产多元化的需求，最终是私人所有的财富以各种金融资产的形式持有（Klein，1973；Tobin，1987）。而且，如果融资的生产者直接面对分散的储蓄者，众多的交易带来的高额交易成本会导致生产者融资活动的失败，而金融体系的规模效应恰好能解决此问题。Acemoglu 和 Zilibotti（1997）指出，金融体系作用的发挥降低了融资成本，有效地将个人资金聚集起来，并把资金投入高风险和高收益项目中，这有利于生产率水平的提高。

2. 缓解信息不对称、降低交易成本

根据主流经济学理论的 Arrow – Debreu 范式，任何中介是无效的。因为在 Arrow – Debreu 范式中，任何市场都是完全的，不存在信息不对称和交易成本，企业和家庭可以通过市场实现资源的有效配置（Arrow，1970；Debreu，1959）。因而在此分析逻辑假设下，除了家庭与企业以及在两者之间的市场外，不存在任何中介。但是，Arrow – Debreu 范式的假设条件在现实中是不存在的，在各类市场中，信息不对称和交易成本问题无时无刻无处不在。信息不对称和高昂的交易成本将影响金融资源配置到高生产率的企业及其相关生产活动。而金融体系具有处理信息、降低交易成本和缓解信息不对称的作用（Townsend，1979；Boy & Prescott，1986）；而且相对于单个投资者，金融体系在收集和处理信息方面具有单个投资者无法比拟的规模优势（Greenwood & Jovanovic，1990；King & Levine，1993b；Allen & Santomero，1997）。Greenwood 和 Jovanovic（1990）指出，金融体系在信息处理方面的优势有利于资金投资于高收益项目；而 Allen 和 Gale（2000）指出，金融体系在信息方面的优势有利于技术进步。金融发展通过缓解信息不对称和降低交易成本，改善了金融资源的配置效率，促使更多资金流向高生产率的企业和提高企业生产率的活动，最终影响经济体内各企业技术进步、企业生产率分布以及企业总体生产率。

3. 风险管理

企业技术进步，尤其是研发投入产生的技术进步，包含着许多事前难以估计和事中不可控因素的作用，有关技术进步的相关投资项目常常伴随着巨大风险性，这导致了技术进步具有很大的不确定性。与技术进步相关投资的高风险性是影响技术进步的一个重要原因。现实经济运行中信息的不完全和交易费用的存在，使金融体系在为技术进步提供融资支持的同时，也为不同经济参与体在技术进步过程中所承担的风险提供了分散、转移和规避的平台和场所。金融发展通过金融体系实现更好的风险管理促进了技术进步和生产率提高 (Saint - Paul，1992)。按照现实经济的运行，金融体系的风险管理功能主要表现为三个种类：横向风险分散、跨期风险分散和流动性风险分散 (Levine，2004；Allen & Gale，2002；Acemoglu & Zilibotti，1997；Beneivenga & Smith，1991)。

由于经济参与体风险偏好普遍异质性，横向风险分散成为金融体系的一个重要风险管理职能。不同类型风险偏好的经济参与体通过金融体系提供的存贷款、股票和债券等金融工具获取吻合自身需求的金融资产。资金短缺的风险偏好者通过金融体系募集充足的资金从而提高了抵抗外部风险冲击的能力。金融发展通过提供更加多元化的金融工具和金融资产组合分散横向风险，支持更多资金流向高风险的技术创新项目，促进了技术进步和经济增长 (Greenwood & Jovanovic，1990；King & Levine，1993b)。与横向风险分散相对应的跨期风险分散也起到抵御经济体的系统性风险作用，进而促进生产率提高和经济增长。Allen 和 Gale (2000) 指出，金融机构通过提供各种期限和收益率的金融资产实现风险的跨期分散。比如金融机构在经济周期的不同阶段提供不同收益率的长期项目，实现风险的跨期分散。

金融发展还可以通过流动性风险分散来实现技术进步和生产率提高。流动性风险产生的原因是由于投资者在确定生产性资本和流动性资本的分配比例后，企业生产需要一定时间，在此期间可能的流动性冲击导致投资者对流动性的需求超过了事前分配。一般情况下，由于技术进步相关的投资项目具有相对较高的不确定性使这些企业容易产生流动性风险。在没有金融体系支持的情况下，投资者只能出售生产性资本以应对流动性冲击。显然，生产性资本的提早出售会影响技术进步和生产率提高。投资者可以通过银行中介和股票市场来分散和克服流动性风险实现技术进步。Bencivenga 和 Smith（1991）指出，银行中介通过大数法则的充分运用实现了流动性风险分散，并且以 Diamond 和 Dybvig 的流动性保险模型为基础分析得出金融机构促进了储蓄向生产性投资的分配，提高了经济增长。与银行中介相似，股票市场为股权交易提供了平台，方便了非流动性资本的所有权变现，改变了真实资本的收益期限与结构，降低了流动性风险（Levine，1991），从而有利于资金流入研发项目，促进技术进步和生产率提高。

4. 公司监督

现代经济的一个重要特征是公司所有权和经营权的分离，由于经济参与体在很多情况下存在利益的不一致或者效用函数的不同，而如何保证企业所有者利益的最大化成为现代公司治理的关键。提高企业内部的资源配置效率和促进技术进步是保证所有者利益最大化的一个重要体现。委托—代理问题是从企业微观角度影响企业生产率的重要渠道。金融发展通过提高有关公司相关信息的获取、甄别和处理能力，进而更加有效地进行公司投资活动的事前和事后监督，使企业管理者按照企业所有者利益最大化的方向进行投资。企业管理者按照企业所有者利益最大化的方向进行投资，一方面会使储蓄者更加愿意为公司的生产与研发投资活动提供融资，从资本增量方面促进技术进步；另一方面提高企业层面的资源配置效率，从既定资本存量的配置效率方面促进总体生产率提高。异质性贸易理论的一个重要内容就是阐述贸易通过资本配置效率促进总体生产率提高（Metitz，2003）。Stiglitz 和 Weiss（1983）认为，若缺乏公司监管，会阻碍分散的储蓄者将手中资本集中配置到效益较高的项目，影响技术进步的相关融资。个体储蓄者由于对借款人监督成本相对较高，抑或个体在集体行动的"搭便车"问题导致无法完成监督，而金融体系的各个组成部分由于其自身的运行特征可有效地进行公司监督。

早在 1932 年，Berle 和 Means（1932）就指出所有权和控制权分离是委托—代理问题产生的根本原因。委托—代理问题的解决是保证企业所有者利益最大化的着力点。运行良好的金融市场有助于改善公司治理结构（Jensen & Meckling，1976）。在发达的资本市场，公司股价是公司各方面信息的综合反映，而股东管理权补偿与股价密切相关，在公司经营不佳时股价会降低，管理者的利益也会受损，通过资本市场有利于协调委托人的利益和代理人的利益，加强公司监管（Jensen & Murphy，1990）。因此，资本市场的发展有助于解决委托—代理问题，加强公司监管。Diamond（1984）、Fuente 和 Martin（1996）、Bencivenga 和 Smith（1991）等指出金融中介借助规模经济优势降低了监管成本，解决个体在集体行动中的"搭便车"问题，有助于加强企业的生产经营监督。

金融功能的相关理论从金融功能方面阐释了金融体系对生产率的作用，有助于人们理解金融发展为何与生产率存在紧密的关联性，但是相应理论研究的文献对于两者关系的阐述较为松散，缺乏一个较为严密的理论框架，且在生产率的具体研究层面较为模糊和交叉。

## 二 基于内生经济增长理论的金融发展与生产率关联的分析文献

上述文献能够较好地从金融功能视角解释金融发展对生产率的作用关系，但综观相关理论文献，学者的理论分析相对比较松散，缺乏一个相对严谨的分析逻辑框架，而内生经济增长理论则为此问题的解决创造了条件。20 世纪 80 年代中期，以 Romer（1986）和 Lucas（1988）相继发表的论文为标志，内生经济增长理论开始在经济学的理论圣殿上正式"登堂入室"，逐步取代新古典经济增长理论的核心地位。内生经济增长理论关注的重点是经济增长的持续性，其分析的一个重要核心是研究技术进步和生产率的相关问题。毋庸置疑，金融体系的具体构成及其变化是影响技术进步和生产率提高的重要因素。受到内生经济增长理论的影响和启发，学术界将金融因素引入内生经济增长理论的分析框架中，从技术内生的角度分析金融因素对企业生产率的作用机制，实现了金融因素和内生经济增长理论的"综合"，可以说，这种"综合"大大拓展了金融理论的研究深度，从而把金融发展与生产率的关联研究推向了一个更高的水平。

内生经济增长理论从技术内生进步的角度解释了经济增长及其可持续性，而将金融因素引入内生技术进步的机理阐述，主要依靠在模型中分析金融体系对研发创新和人力资本两种渠道得以实现。从技术内生角度考虑，就技术进步和生产率提高的作用渠道而言，企业研发创新对技术进步和生产率提高有直接影响，金融发展通过影响企业研发创新的资源投入从而决定企业生产率的提高；同时金融发展通过作用于经济体中的人力资本进而提高技术水平和生产率。

1. 研发创新

在研发创新中，金融体系所起的作用主要表现为研发投入的增加和资源配置效率的提高。金融发展能够通过研发投入的增加和资源配置效率的增进，提高企业的技术水平和生产率。利率的高低是影响企业研发投入行为的一个重要因素。在金融体系增加储蓄率、提高储蓄转化为资本的比率和增进投资配置效率的具体作用发挥中，利率起到了关键的作用。爱德华·肖（1973）研究发现，在金融压制和银行业管制的环境下，金融体系的垄断力量会限制存款利率导致实际利率低于市场均衡利率，从而抑制储蓄和损害经济发展。金融发展会使利率价格的决定更加市场化，从而有利于研发投入。麦金农（1993）分析了以放松利率管制为核心的金融自由化改革对资本积累和经济增长的重要作用，在其分析中指出市场决定的均衡存款利率水平对储蓄动员具有重要意义，会影响整体经济的储蓄率。储蓄率的变化会作用于整个社会金融资源的供给量和企业研发投资，其中，利率的管制会降低储蓄率和减少金融资源供给，从而不利于企业研发投入和生产率提高。金融发展水平提高增加研发投入，促进技术进步和生产率提高。

在金融体系中，由于金融市场的不完全，金融机构和企业之间存在信息不对称问题，尤其是研发创新的投资，由于其项目的特殊性，金融机构对研发项目的风险和收益的信息掌握相对较少。金融机构在对不同的企业创新项目提供资金时只能按照统一的期望收益和风险确定企业融资额度及其成本，从而容易导致优质研发项目的融资额度和投资规模会低于最优状态，而低质研发项目得到的融资却超过最优状态。毋庸置疑，这会影响不同企业的技术进步速度和整体企业的生产率分布状态。一旦在金融体系中引入信息不对称问题，金融中介和金融市场在不同金融交易中的优势就凸显出来了（默顿和博迪，2005）。金融中介具有降低投资收益的不确定性、监督和预防道德风险的优势（Bencivega & Smith，1991；Dutta & Kapur，1998），而金融市场具有信息搜寻、汇总和反馈的高效率（Boot & Thakor，1997；Greenwood & Smith，1997）。因此金融发展水平越高，不确定的优质研发创新项目越容易实现外部融资，从而实现技术进步和生产率提高，金融发展有助于提高企业生产率，改善企业生产率的分布状态。

### 2. 人力资本

Romer（1990）构建了内生技术进步模型，在模型中技术进步的表达式为 fineff × out，式中 finscale × out 为研发部门的人力资本数量。因此，如果金融发展水平的提高会增加人力资本，那么金融发展会通过人力资本作用于技术水平和生产率。舒尔茨（1960）指出了教育和培训是人力资本形成的重要途径。信贷市场的存在和完善能够缓解个人和家庭财富对人力资本投资的束缚（Keane & Wolpin，2001），金融发展能够降低借贷者的交易成本（Townsend，1979），因此，金融市场的发展能够提高教育融资的效率，增加对资金短缺者的教育贷款，增加人力资本的积累，加快人力资本的积累速度。另外，阿罗（1962）提出"干中学"理论，他认为资本积累的增加和实际生产活动有利于人力资本的增加。而金融发展有助于资本积累，进而通过"干中学"的方式增加人力资本。内生经济增长理论认为，资本存量是技术进步的重要决定因素，从某个角度分析，技术进步是资本投资的副产品。基于投资与学习的高度相关性，阿罗在《干中学的经济含义》一文中以累积总投资表示学习与经验对技术进步的影响。阿吉翁和霍依特（2004）则明确指出除了研发产生的技术进步，工人边干边学也是生产率提高的重要途径。

在内生经济增长理论框架下研究金融发展与生产率的关联性，能实现用相对严谨的理论逻辑框架阐述金融发展对生产率的作用机理，但是由于内生经济增长理论受到新古典经济学的影响，在分析时以企业同质性为假定前提，其研究理论缺乏企业层面因素对生产率影响的关注。

### 三 公司金融理论涵盖下的企业融资与生产率关联的分析文献

企业总体生产率及企业生产率的分布状态是由具体微观企业构成，因此从企业微观层面研究金融发展与生产率问题成为一个重要的研究视角，而公司金融理论提供了从微观企业角度研究金融发展对生产率的影响。长期以来，受新古典经济学思想的影响，信息不对称、交易成本风险等影响因素被排斥在相关金融分析的框架外。Modigliani 和 Miller（1958）指出，在资本市场完全信息的情况下，企业内部融资成本和外部融资成本相等，两种融资方式可以相互替代，因此企业的投资行为只与其投资需求有关，而与企业的资本结构无关。与之相类似，根据科斯定理，在新古典经济学的假设条件下，即不存在交易成本的情况下，不同的金融组织和金融规模会得到相同的资源配置效果。也就是说，在不存在交易成本的情况下，金融发展对生产率提高和经济增长没有影响。

但是在实际情况下，当考虑信息不对称和摩擦的市场环境时，企业的投资行为和生产活动就与企业资本结构相关。在资本市场不完善，存在信息不对称时，企业内部融资和外部融资成本存在较大差异（Fazzari et al.，1988）。根据不同金融交易条件和交易成本引起经济主体的融资方式偏好，Myers（1984）提出了融资的"啄食顺序理论"（pecking - order hypothesis）。"啄食顺序理论"体现了内外融资成本的差异对企业行为的影响。内外融资成本的差异会引起投资行为的变化进而对技术进步产生影响。Buera 和 Shin（2008）认为，高生产率的企业由于需要长时间积累自身资本，当没有足够的担保条件时，外部融资的约束会影响其实际的生产活动，从而抑制总体经济的技术进步。企业融资方式对投资和技术进步的影响，从某个层面也反映出将信息不对称和交易成本引入新古典经济学分析框架的重要作用。究其本质上，乃是在金融发展中，信息不对称和交易成本的问题对投资活动的影响。Stiglitz 和 Weiss（1981）认为，企业在进行外部融资时，相关活动支付的交易成本会使企业放弃一些投资项目。Myers 和 Majluf（1984）明确指出信息不对称与企业面临融资约束存在高度相关性，较高的外部融资成本会导致一些投资项目被迫放弃。融资约束使经济中投资水平偏离最优水平（Greenwald et al.，1984；Myers & Majluf，1984），但是随着金融发展水平的提高，完善的金融制度安排会使投资水平更加趋向于社会最优水平，从而提高整体投资水平。

融资约束的缓解对企业生产率的作用，通过总体投资水平提高尤其是研发投入增加来实现。Agion 等（2010）构建的动态均衡模型表明，融资约束对研发投资有重要影响，在不同经济条件下融资约束存在与否会出现截然不同的研发投资行为。一些研究也指出外部资本利用程度与企业的研发投入和企业生产率之间存在正向变动关系，而外部融资成本与企业的研发投入和技术进步之间存在反向变动关系（Maksimovic et al.，2007；Gorodnichenko & Schnitzer，2013）。由于技术创新所需投入经常远远超过单个企业和个人的投资能力，金融中介机构可聚集社会资金，扩大研发企业的资金来源和投入规模，从而满足其技术创新的资金投入需求。King 和 Levine（1993b）认为金融体系通过对创新项目提供资金支持，从而促进企业家创新和技术进步。Hall（2002）明确指出由于研发投资具有高度不确定性，研发投资企业外部融资比较困难，经常面临融资约束。而且研发投资项目一般缺乏抵押资产，研发投资的特殊性使信息不对称问题非常严重，企业倾向于内部融资，并因此影响研发投资和技术进步（Valencia，2014）。在研发投资存在融资约束的情况下，较高效率的金融体系事件评估可以缓解融资约束从而提高整个经济的投资及创新效率（Jerzmanowski & Nabar，2008）。在这些学者所建立的分析模型中，相关文章通过融资约束的角度来分析研发投资和技术进步。他们从研发投资和技术创新项目的特征和本质出发，揭示融资约束与研发投资和技术进步的关系，从而使我们能够更加清晰地认识到研发投资融资约束产生的原因以及深入了解融资约束对研发投资和技术进步的作用机理。

公司金融理论主要以企业融资为切入点研究了金融发展对生产率的影响，虽然能够较好地反映企业层面的金融因素对生产率的作用，但是公司金融理论涵盖下的企业融资与生产率关联的研究，过于关注企业自身的金融因素，缺乏对整体金融体系的研究。而且不同企业融资约束的缓解使金融资源在不同生产率企业的配置会发生变化进而影响企业总体生产率水平及企业生产率的分布状态。公司金融理论涵盖下的企业融资与生产率关联研究的这些缺陷也为本书提供了研究方向和重点。

# 第二节　金融发展影响生产率的经验研究

基于金融发展对生产率的作用机理，学者关于金融发展对生产率影响进行了大量经验研究，相关研究主要从不同层面考察了金融发展对生产率的关系，基本得出金融发展有利于生产率提高和分布状态优化的结论，这些研究为本书的研究奠定了坚实的基础。下面将从不同层面出发，对金融发展作用于生产率的相关实证经验研究进行综述。

## 一　对宏观层面之实证分析的理解

国家和地区间的金融发展和生产率水平表现出的巨大差异性为研究金融发展对生产率影响提供了非常好的素材，因此许多经济学家从宏观层面分析了金融发展对生产率的影响。King 和 Levine（1993a）研究了

1960—1989 年近 80 个不同国家的创新活动，结果显示发达的金融体系有利于创新活动和生产率提高。创新活动以及由此产生的技术溢出的差异造成了国家间生产率的不同（Comin & Hobjin，2010），并且 Comin 和 Nanda（2014）研究了 55 个国家的相关数据，发现金融发展有助于资本密集型的技术溢出。Benhabid 和 Spiegel（2000）在 King 和 Levine 金融发展指标衡量体系的基础上，进一步引入与金融发展密切相关的初始收入和收入分配两个指标，构建起更加全面的金融发展指标体系，通过研究发现金融发展有利于全要素生产率的提高。与此相类似，Levine 和 Zervos（1998）分析 49 个国家在 1976—1993 年的相关数据，发现股票市场的流动性和银行部门的发展有助于生产率水平的提高，并且股票市场和银行部门之间存在功能的互补。为了克服分析时可能产生的内生性问题，Beck 等（2000）利用 63 个国家 1960—1995 年的相关数据，采用横截面工具变量和动态面板估计两种估计方法研究了不同国家金融中介对生产率增长的影响，实证结果表明金融中介与生产率增长之间存在显著相关性。金融深化作为金融发展的一个重要内容，经验分析的结论同样证实金融深化具有技术进步效应。Calderón 和 Lin（2003）通过研究 109 个国家 1960—1994 年的面板数据，发现金融深化有助于全要素生产率提高。金融发展对技术和生产率具有促进效应得到大量经验研究证实；在此基础上，有学者进一步比较研究了金融的不同组成部分对生产率的影响（Tadesse，2007；Hsu et al.，2014）。Tadesse（2007）分析了金融中介和股票市场对技术进步的影响，结果显示金融中介对技术进步的作用更为显著。但是 Hsu 等（2014）的实证研究却发现，股票市场发展有助于技术创新，而信贷市场发展却会阻碍技术创新。

随着世界各个国家的金融发展和生产率变化，经济学家逐步重视不同经济环境下金融发展对生产率的作用效果。在进行相关研究时，相关文献不仅将发达国家和发展中国家同时作为研究样本，而且对两种经济环境下金融发展对生产率的影响进行比较研究。Calderón 和 Lin（2003）在研究中分别选择发展中国家和发达国家的相关数据以提高数据的差异性，基于 1960—1994 年 109 个发展中国家和工业化国家的混合数据分析得出，相对于工业化国家，发展中国家的金融发展与生产率增长的因果关系更加显著。Huang 和 Lin（2009）采用工具变量回归，也得出了金融发展的生产率增长效应在低收入国家比高收入国家更加显著的结

论。但是也有实证得出了不同的结论，Rioja 和 Valev（2004）利用 74
个国家的面板数据，采用广义矩估计方法检验了在不同经济发展条件下
金融发展对生产率增长的影响。检验结果表明，与发展中国家相比较，
发达国家的金融发展对生产率增长的作用效果更加强烈。Rioja 和 Valev
（2004a）的实证检验发现，在金融发展水平不同的国家，金融发展的
全要素生产率增长效应有显著差异，在中等金融发展水平的国家，金融
发展与全要素生产率增长的促进作用最大；在金融发展水平高的国家，
影响较小；在金融发展水平低的国家，作用效果不显著；总体上，金融
发展与全要素生产率增长之间表现为一种倒"U"形关系。由于学者所
选择样本和分析方法的不同，金融发展对生产率的影响效应在发展中国
家抑或在发达国家更加显著和强烈存在不同的研究结论和争议，但是有
一点可以确定的是金融发展对生产率的作用依赖于已有的经济条件。

　　由于中国地区经济发展差异较大，相关学者利用中国各地区的相关
数据分析金融发展对生产率的作用。这些关于中国的实证研究既是对国
家层面研究的有益补充，也是对相关理论研究在中国适用性的佐证。张
军和金煜（2005）构建了以非国有部门贷款比重的金融深化衡量指标，
并以此指标作为核心解释变量，使用中国 29 个省 1987—2001 年的面板
数据进行计量分析，结果显示金融深化显著地促进了生产率提高。与金
融深化衡量指标类似，姚耀军（2010）构建了金融中介发展水平的衡
量指标体系，并利用中国省际面板数据研究了金融中介对技术进步的关
系。他的研究结果显示在长期金融中介发展与技术进步存在相关性。李
健和卫平（2015）基于 2000—2012 年中国省际平衡面板数据，从金融
规模扩大和金融效率增进两个方面衡量金融发展水平，并实证检验金融
发展与全要素生产率增长的关系。研究结果显示，金融规模和金融效率
两个方面都显著地促进了全要素生产率的提高。为了更加深入地分析金
融发展对生产率的影响，陈启清和贵斌威（2013）研究了金融发展对
生产率的"水平效应"和"增长效应"，通过对 1978—2010 年中国各
省面板数据的实证分析，结果显示金融发展对生产率提高的水平效应为
正而增长效应为负。金融发展对生产率的影响不仅表现为作用渠道上，
不同地区经济和金融发展水平本身也会对生产率产生不同的影响。赵勇
和雷达（2010）研究了中国东部地区、中部地区和西部地区的金融发
展对生产率的影响，发现三个地区金融发展水平的提高都显著地促进了

全要素生产率的提高，但是三个地区金融发展变量的影响系数大小表现为依次递减。关爱萍和李娜（2013）通过对2000—2011年西部地区省际面板数据的分析，发现不同金融发展下的西部地区各省份的技术溢出存在明显的地区差异。国内的相关经验研究不仅表现出金融发展水平本身会对生产率提高产生作用，而且体现为时间对该作用效应的发挥有重要影响。姚耀军（2010）的实证研究发现，金融发展与全要生产率存在长期均衡关系；并且金融发展只有在长期才是全要素生产率变动的原因。

## 二　关于产业层面之实证分析的认识

国家和地区层面的实证分析充分佐证了金融发展对生产率的促进作用。而经济体的整体生产率水平由不同生产率水平的产业构成，而大量的实证研究显示金融发展会改变资源的产业配置，表现为不同生产率水平产业的增长速度和构成比例的变化。Rajan和Zingales（1998）发现外部融资依赖程度越高的产业在金融发展水平越高的经济体中发展速度越快。Rajan和Zingales在研究中使用金融规模表示金融发展水平，而Cetorelli和Gambera（2001）、Hoxha（2013）用金融结构来衡量金融发展水平，也得出了相同的结论。Cetorelli和Gambera、Hoxha使用不同国家的样本研究了金融发展对不同产业的作用，结果发现在银行体系集中度较高的国家对外部依赖度较高的行业拥有更高的增长速度。Carlin和Mayer（2003）的研究则进一步显示出银行对产业的作用需要特定的条件。Carlin和Mayer利用1970—1995年OECD国家27个行业的相关数据分析得出，在不同的经济发展阶段，与之吻合的金融体系不同；在人均GDP低的国家，集中的银行体系促进了依赖于银行融资产业的发展。Binh等（2005）将OECD各个国家26个产业按照技术特征进行分类，通过分析发现，相对于以金融市场为主的金融体系的国家，在以银行为主的金融体系的国家高研发密集和资本密集的产业增长速度更快。Hartmann等（2007）利用欧洲国家的数据，验证了金融发展促进了资本在经济部门间的重置，提高了资本流向高利润行业的速度。而Beck和Levine（2002）发现不论是何种金融结构体系，金融发展要对产业产生作用必须有法律体系的支持。Beck和Levine基于1963—1995年65个国家的产业数据，发现只有在高效的法律体系下，金融的综合发展有助于研发密度大和外部融资依赖度强的产业增长。金融发展对产业的影响不仅需要法律制度的支持，Fisman 和 Love（2004）的研究显示时间对于影响效应的发挥也起到重要作用。Fisman 和 Love 发现在短期金融发展有利于将资本配置于高增长的产业。金融发展与高技术产业、高利润产业和高增长产业密切相关，从一定程度上也表现为金融发展下对资源配置效率的提高。由此，有学者以资源配置效率为切入点研究了金融发展对资源在产业间的优化配置的作用（Wurgler, 2000）。Wurgler 建立了一个投资增长对产业增加值提高的弹性指标体系；在此基础上，利用 65 个国家 28 个产业的数据评估了金融发展是否有助于资源在产业的优化配置。研究结果显示，这一弹性指标显著为正，且与金融发展水平高度正相关，体现出金融发展在经济发展中的资源配置优化作用。

也有国内学者从产业升级变动的角度分析了金融发展的效应，从而体现出金融发展对整体经济的技术进步和生产率的影响。苏建军和徐璋勇（2014）的研究表明，金融发展是产业结构升级的重要外部支撑条件。王立国和赵婉妤（2015）运用 VAR 模型研究了金融发展与产业升级之间的关系，研究显示，金融发展对产业升级具有积极的促进作用。随着对金融发展研究的深入，罗超平等（2016）利用 1978—2014 年中国金融发展和产业结构的时间序列数据，检验了金融发展的四个方面对产业结构的影响，实证研究表明，中国金融发展主要表现在规模方面，而不是结构和效率方面对产业升级产生作用。中国的经验研究佐证了金融发展对于中国产业升级的有利作用；毋庸置疑，金融发展通过产业升级对中国整体的生产率水平提高会产生积极的影响。

金融发展与产业发展的密切相关性，必然会涉及金融发展对经济体总体生产率的影响；而产业本身的生产率水平的变化也会影响总体生产率水平，由此，金融发展对产业生产率水平的影响也是金融发展影响总体生产率水平的一个重要渠道，此方面内容成为学者研究的一个重要切入角度。Francisco 等（2009）利用 77 个国家 26 个制造业在 1963—2003 年的相关数据，采用私人信贷占 GDP 的比重来衡量金融发展水平，实证分析了金融发展与产业全要素生产率的相互关系，结果显示两者存在显著正相关性，表明金融发展显著地促进了产业层面生产率水平的提高。Tadesse（2005）通过多国的面板数据发现，金融发展对产业生产率的影响是不同的；在银行部门越发达的国家，外部融资依赖度越高的产业技术进步速度越快。Ilyina 和 Samaniego（2011）通过研究也得出类似结论，他们指出，在金融发展水平更高的国家中，研发投入强度大和投资密度高的产业增长更快。而 Hsu 等（2014）对 32 个发达国家和发展中国家的实证研究却发现，股票市场有助于高外部融资依赖度和高新技术密集型产业的技术创新，但信贷市场却存在对这些产业技术创新的阻碍作用。Carlin 和 Mayer（2003）研究了 1970—1995 年 OECD 国家 27 个行业的相关数据，发现经济发展阶段和产业特征决定金融体系对产业的研发投资和不同产业的发展。在发达国家，金融市场的发展有利于依赖股权融资产业的研发投资和技术密集型产业的发展；而在人均 GDP 低的国家，集中的银行体系有助于依赖银行融资产业的研发投入和发展。针对不同融资方式对于产业技术进步和产业发展的不同作用效果，龚强等（2014）做出了深刻的研究。他们认为由于直接融资方式和间接融资方式具有不同制度特性，使两种融资方式适宜于不同产业的发展，并指出中国金融结构的最优演进路径。

### 三 基于企业层面之实证分析的体会

随着微观企业数据的日益丰富，经济学家试图从企业层面寻找和佐证金融发展对生产率的影响。企业作为经济体的基本单元，其运行特征和效率能够从微观视角反映金融因素对经济的作用结果和效果。由此，从逻辑上推演，企业是研究金融发展对生产率影响的一个重要层面。Beck 等（2005）利用 54 个国家的企业数据，发现企业的增长与金融发展密切相关；且在金融不发达的国家，企业的增长受到金融条件影响更加显著。Sarno（2008）利用意大利企业的数据也得出了类似的结论，实证检验显示企业增长和金融发展之间存在一阶相关性。而 Gorod-nichenko 等（2008）基于 27 个转轨经济体的 2002—2005 年企业面板数据，实证考察了不同因素对企业研发的影响，研究发现大规模的企业更有可能进行研发创新。基于金融发展、企业规模和企业研发之间的关系，可以得出通过企业规模的变化，金融发展对技术进步和生产率提高会产生作用。

毫无疑问，研发创新是企业技术进步和生产率提高的重要影响因素；因此，金融发展对研发创新的影响也成为研究重点。Xiao 和 Zhao（2012）通过 46 个国家的 28000 家企业数据分析了金融发展对企业创新的作用，研究显示股票市场发展显著地有助于企业创新，而银行部门发展对企业创新的作用依赖于国家对银行部门所有权的高低。Amore 等

（2013）研究了美国20世纪80年代到90年代制造业企业的相关数据也发现银行业管制放松有助于企业创新和技术进步。李后建和刘思亚（2015）利用2012年世界银行关于中国企业的调查数据研究了银行信贷与企业创新的关系，发现银行信贷对企业创新有显著的积极影响。Brown等（2009）的经验研究证实了研发融资是连接金融发展和全要素生产率提高的中介和桥梁。在一定意义上，研发投入与技术进步可以相互替代，因此相关学者的一个研究重点就是企业融资和研发投入的相关问题。Maksimovic等（2007）研究了47个新兴国家的相关数据，证明了金融的可得性会显著影响企业的创新能力。Era等（2012）通过研究63个国家14000家企业，发现金融体系通过企业研发促进企业生产率提高，并且高技术产业由于外部融资需求较高，此效应更加显著。解维敏和方红星（2011）利用中国上市公司2002—2006年数据，实证考察了地区金融发展对不同规模企业研发投入的影响，发现地区金融发展有助于上市公司的研发投入，并且对小规模企业的作用更加显著。由于金融发展与企业融资约束密切相关（Laeven，2003；饶华春，2009；Lee & Islam，2009），一些学者也用融资约束表示金融发展，研究其对企业技术进步和生产率提高的作用。张杰等（2012）以2001—2007年国家统计局公布的全部国有及规模以上工业企业的大样本微观企业数据为样本，考察不同所有制企业研发投入受金融体系的影响。研究发现融资约束对民营企业研发投入具有显著抑制效应，而银行贷款是国有企业研发投入的重要融资渠道。何光辉和杨咸月（2012）将2003—2009年中国制造业上市公司分为国有企业和民营企业，通过对比和计量回归发现民营企业受融资约束影响，且融资约束会显著影响企业生产率的提高；而国有企业不存在融资约束。

除了企业本身生产率的提高，企业进入和退出生产的动态变化也是企业生产率变化的原因。因此，金融发展使资源在企业间配置效应的提高也会影响企业生产率水平。异质性贸易理论的兴起使企业的进入和退出成为学者研究的一个重要关注点，Macnamara（2014）利用数理模型来反映金融发展对企业进入和退出生产活动的影响。Macnamara在数理模型中采用美国的相关数据，来校准企业进入和退出的随机情况。通过校准，模型结果显示，由于存在金融摩擦，金融冲击导致了企业进入和退出的相应变动。毫无疑问，企业进入和退出生产活动使金融发展对企业生产率产生影响。靳来群（2015）指出，中国金融资源错配存在于全要素生产率低的国有企业与全要素生产率高的非国有企业，以及国有部门内部不同全要素生产率企业之间，从而导致了中国经济整体的生产率损失严重。Jeong 和 Townsend（2007）将全要素生产率增长来源分解为四个部分并结合泰国企业数据进行计算，结果显示在 1976—1996 年间，与金融发展关系非常紧密的职业转换和金融深化两个效应的作用对全要素生产率的增长贡献了 73%。企业总体生产率的"损失"和"增长"，从某种角度体现了金融发展对微观企业生产率的作用效果。

上述经验研究从不同层面实证检验了金融发展对生产率的作用效果，基本上认同金融发展有利论，即金融发展有利于生产率提高的实证结论。虽然关于金融发展对生产率的影响已经进行了大量研究，但是受到相关理论的束缚、实证数据制约和计量分析方法的限制，鲜有实证研究以微观企业为视角将宏观的金融发展与微观企业生产率统一起来，而且对企业生产率分布问题也未能给予足够的重视，相关研究相对缺乏。

# 第三节　企业视角下生产率研究的几个重点问题

## 一　研发投入与企业生产率的提高

从现有的文献看，对于宏观层面的生产率有大量的相关研究，随着理论和实证的发展，企业微观层面也受到学者的关注。按照宏观层面全要素生产率的定义逻辑，企业全要素生产率是指企业各种生产要素投入与产出之间的比值。随着企业生产率估算方法的完善和企业微观数据的丰富，相关学者逐渐关注企业生产率的提高。由于研发投入作为企业技术进步和生产率提高的重要作用渠道，此方面成为研究的重要切入点。Griliches（1986）研究了美国 1957—1977 年近 1000 家最大的工业企业，发现研发有利于企业生产率的提高。Doraszelski 和 Jaumandreu（2008）用数理模型阐述了研发支出对企业生产率的作用机制，在此基础上，使用西班牙的非平衡企业面板数据验证了研发支出对企业生产率的作用效果。AW（2008）基于台湾电子产业的企业数据进行分析，指出研发投入提高了出口企业的生产率。戴觅和余淼杰（2011）通过研究2001—2007年中国规模以上制造业企业的调查数据，指出企业出口之前的研发投入具有提高出口企业生产率的作用，且作用效果随研发投入时间的增加而提高。毛德凤等（2013）对2005—2007年全国工业企业微观数据研发投入的研究发现，企业研发投入能够显著地促进企业全要素生产率的提升，有研发投入的企业全要素生产率比没有研发投入的企业要高出约16.5%。Guangzhou Hu（2001）考察了中国私人企业与生产率的关系，发现两者存在较强的相关性。Hu等（2005）研究了中国制造业企业1995—1999年的相关数据，指出研发投入对技术水平较低企业的生产率提高效应较强。周新苗和唐绍祥（2011）分析了上海2001—2006年工业企业的自主研发R&D活动对企业绩效的影响，发现自主研发显著地促进了企业全要素生产率的提高。孙晓华和王昀（2014）考察了2005—2007年中国工业企业的相关数据，得出有研发企业的生产率水平比与之相对应的无研发企业高21.5%；并且当研发强度超过0.488%时，R&D对企业生产率具有显著的促进作用。汤二子等（2012）构建数理模型阐述了企业研发投入对生产率的促进作用，并基于2007年30个行业的相关企业数据进行分析，得出研发支出能够带来企业生产率的提高，而且当研发支出规模达到一定值时，研发支出对企业生产率的影响就会越大。

基于研发投入在企业生产率的作用，一些文献也注重对企业研发投入的影响因素研究。Levin和Reiss（1984）构建了一个数理模型用以阐述市场结构对企业R&D决策的影响机理；Gustavasson和Poldahl（2003）实证研究了瑞典1990—1999年的数据，得出市场竞争抑制企业的研发投入；Woerter（2009）基于瑞典企业数据研究了市场环境与R&D的关系，结果显示差异化的市场环境更加有利于企业创新的绩效。田巍和余淼杰（2014）利用中国制造业企业生产和进出口数据，检验了中间品贸易自由化对企业研发的影响，实证结果显示中间品关税的下降提高了企业研发投入水平。李后建和张宗益（2014）利用2005—2007年《中国工业企业数据库》的微观数据，研究官员激励的各项因素对企业研发投入的影响，结果显示地方官员腐败和任期分别与企业研发投入呈显著的倒"U"形曲线关系。黄俊和陈信元（2011）利用中国工业企业的数据，深入考察了经营方式对企业研发投资的影响，发现集团化经营促进了企业研发投入。解维敏和魏化倩（2016）以 2010—2012 年我国非金融类 A 股上市公司为研究样本，实证检验了组织冗余对企业研发投入的影响，研究发现，组织冗余资源对企业研发投入具有显著的促进作用。周亚虹等（2012）较为全面地分析了中国工业企业研发投入的影响因素，研究表明，出口和企业规模对企业研发投入具有促进作用，企业年限越长越会倾向于企业研发投入；而国有企业相对其他所有制企业在研发投入方面缺乏积极性。

## 二　企业生产率的分布

企业生产率分布成为生产率的一个重要研究内容。对企业生产率分布的研究更多地体现了与其他企业生产率相关研究的互补性演进关系，即从不同视角来解读企业生产率。无论是发达国家，还是发展中国家，企业间生产率存在差异和企业生产率都表现为分散化的状态。Syverson（2004）通过美国工业数据计算得出企业生产率分布呈对数正态分布。Okubo 和 Tomiura（2014）利用日本工业数据发现企业生产率分布是左偏正态分布。但是王定星（2016）研究中国工业企业数据却得出中国整体企业生产率分布是右偏正态分布，并且东中西各个地区和各个行业有一定差异。针对企业生产率分布的不同假设，高凌云等（2014）通过研究中国经济普查数据库中的全样本工业企业，发现 2004 年中国工业企业生产率分布，从总体样本角度考察，帕累托分布的拟合效果最优；从细分行业角度分析，对数正态分布的拟合效果最优。分布函数的一个重要内容是体现自变量的离散程度。虽然企业生产率服从的常见分布函数有对数正态分布、指数分布和帕累托分布等；但是，无论具体的分布函数为何，企业生产率分布的一个重要表现为企业生产率离散程度的变化。企业生产率离散化的广泛存在（Syverson，2011），使企业生产率的离散程度成为企业生产率分布的一个重要研究角度。Toshihiro 和 Eiichi（2011）研究日本工业统计数据发现，各个地区的企业生产率分布离散程度都不同。Dunne 等（2004）发现在 1975—1992 年美国企业生产率离散程度趋于增加。Haskel 和 Martin（2002）研究了英国 1980—2000 年工业企业的生产率，同样得出生产率离散程度在不断增加。高凌云等（2014）比较 2004 年和 2008 年的企业生产率，得出高生产率企业的比重不断提高，企业生产率异质性程度逐渐加大。但是王定星（2016）通过分析 1998—2007 年中国工业企业的相关数据，发现全国绝大多数地区企业间整体生产率差异在不断缩小。

由于企业间生产率的差异，学者不仅研究了其分布，而且也分析了不同因素对企业生产率分布的影响，特别关注分布函数的一些变化和企业间离散度的变化。由于需求对企业生产决策的重要作用，需求角度的各因素对企业生产率分布有重要影响。在各种因素中，贸易自由化是一个重要方面。异质性贸易理论的代表人物 Melitz（2003）构建了贸易自由化对不同生产率企业的作用机理；Gatto 等（2008）在此基础上，引入企业生产率分布函数，具体分析了贸易自由化对生产率标准差的影响，并运用意大利相关经济数据检验了贸易自由化对企业生产率分布的影响。依此类似分析框架，耿伟和廖显春（2017）以中国经济为研究对象，进一步考察了贸易自由化和市场化改革交叉作用对企业生产率分布的作用。Ding 等（2014）分析中国 2000—2006 年的相关数据，得出进口渗透率的提高会降低企业生产率离散程度；一般出口贸易有利于企业生产率离散程度降低，而加工出口贸易却没有作用效果。章韬和孙楚仁（2012）通过对《中国工业企业数据库》的企业样本研究发现 22 个行业的出口企业生产率分布集中度显著大于非出口企业，其结果验证了贸易自由化对企业生产率分布的影响。Bernard 等（2003）对李嘉图模型进行拓展，并运用美国企业的相关数据进行数值模拟，分析了贸易自由化对出口企业和出口企业生产率分布的影响，发现两种类型企业所受影响程度不同，对应的生产率分布存在较大差异。

由于异质性贸易理论的发展，贸易自由化对企业生产率分布的文献相对比较丰富，但是除了贸易自由化，其他需求角度的因素也对企业生产率分布有重要影响。王定星（2016）通过研究发现，市场化程度提高会促使企业生产率分布趋向对数正态分布。冯猛和王琦晖（2013）对中国工业企业数据的分析也发现了 1998—2007 年中国工业企业生产率差异度在总体上不断趋于缩小；在此基础上他们测度了行业集中程度、行业对外开放程度和国有企业密集程度对其变化的作用效果。陆铭和向宽虎（2016）发现企业密集度和竞争程度会影响企业生产率离散度，表现为东部地区由于企业更密集、竞争程度更强，其全要素生产率的离散程度要低于中西部地区。Martin（2009）基于英国的数据发现竞争会使高生产率企业扩大市场份额，淘汰低生产率企业，竞争程度与企业生产率差异负相关。Syverson（2004）、孙浦阳等（2013）将产品替代性引入生产率异质性分布的解释框架中，从产品替代性这一需求因素出发研究了企业生产率分布的决定；Syverson（2004）利用美国工业企业的数据验证了产品替代弹性与企业生产率离散度负相关；而孙浦阳等（2013）利用 1998—2007 年中国制造业企业数据检验了产品替代弹性与企业生产率离散程度的关系，结果也显示产品替代弹性的降低会提高企业生产率离散程度。

需求角度的因素会影响企业生产率分布，而供给角度的因素也同样会对企业生产率分布产生作用。Dunne 等（2004）通过研究美国在1975—1992 年的企业生产率离散程度的变化，发现在很大程度上计算机产业投资分布的变化可以解释企业生产率离散度的增加。Faggio 等（2010）通过研究英国 20 世纪 80 年代早期以来的相关经济数据，发现在过去的几十年间产业内企业间生产率差异在扩大，他们指出企业间生产率的扩大与企业间工资差异的扩大有关。Toshihiro 和 Eiichi（2011）指出，核心区域的企业生产率离散度更高。Hopenhayn（1992）分析指出沉没投资成本的增加导致企业生产率离散程度提高。Bartelsman 等（2013）构建数理模型通过数值模拟的方法分析了要素扭曲对企业生产率方差的影响，以阐述企业生产率离散程度的决定。李鲁等（2016）根据经典的理论框架分析要素市场扭曲对企业生产率差异的影响机理，并利用 1998—2007 年中国经济的相关数据检验了两者之间的关系，实证结果表明要素市场扭曲会显著提高企业间生产率的差异。技术作为生产率的一个决定因素，其对企业生产率分布也有重要影响。Syverson（2011）构建数理模型，阐述了产业内生产率异质企业的均衡机制，在此基础上分析了企业生产率变动对企业生产率分布的影响。Restuccia 和Rogerson（2013）以技术作为研究视角，分析了技术冲击和研发投入对企业生产率分布的影响。鉴于政府在企业生产活动中的重要作用，蒋为和张龙鹏（2015）从补贴差异化的角度，分析了中国企业生产率分布的规律，得出补贴差异化是造成企业生产率离散程度加大的重要原因。除了补贴，蒋为（2016）还分析了增值税对企业生产率分布的影响，得出税率差异化程度提高会显著加剧行业生产率离散程度。

供给层面的因素会影响企业生产成本和生产决策，因此学者从供给层面能够较好地阐述企业生产率分布的决定，上述供给影响因素主要得到了企业生产率离散程度加剧的结论；但是有研究却发现有些供给影响因素会降低企业生产率离散程度。Balasubramanian 和 Sivadasan（2009）将资本重售作为沉没成本的反向指标，通过异质性企业的标准产业均衡模型分析了资本重售的提高会降低企业生产率离散度，并基于美国1987 年和 1992 年的相关经济数据进行了验证。王磊和夏纪军（2015）利用异质性企业的局部均衡模型阐述了固定成本对行业生产率分布的作用机制；在理论分析的基础上利用 2004—2007 年的中国工业企业微观数据验证了固定成本的提高会降低企业间生产率差异度。王如玉和林剑威（2016）借鉴 Toshihiro 和 Eiichi（2011）的分析方法，利用珠三角纺织及相关行业的数据进一步检验了城市的各个因素对企业生产率分布的影响，发现城市的产业集聚程度、GDP 与企业生产率分布的标准差存在负向关系。王杰和孙学敏（2015）在阐述环境规制对企业生产率分布作用机理的基础上，利用 1999—2007 年的中国制造业企业数据检验了环境规制与企业生产率分布之间的关系，实证结果表明，环境规制显著地降低了企业生产率离散程度。

### 三　企业动态运行下的总体生产率

总体生产率的提高，既取决于企业生产率水平，也受企业生产率分布状况的影响。尤其是随着理论的发展和微观层面数据的日益丰富，经济学家突破新古典经济学关于企业同质性的假定条件，关注资源在企业间的配置情况，聚焦企业的动态变化对企业总体生产率的影响。20 世纪 90 年代以来，由于企业层面数据可得性的增加和理论机理模型的日趋成熟，催生了大量的研究成果。

Baily 等（1992）是早期关注企业动态变化对总体生产率影响的学者，他们研究了企业间资源配置的生产率增长效应，提出了具体的分解方法（简称 BHC 方法），但是通过对美国工业企业数据分析，他们得出企业进入和退出对总体生产率的影响相对较小。与此结果类似，Griliches 和 Regev（1995）基于以色列企业数据的分析，得出在 1979—1988 年企业进入、退出及其在位企业的市场份额重置只能部分解释其行业生产率增长。但是更多的学者通过研究得出了不同的结论。Foster等（2001）指出，要素重置的影响效应贡献了一半左右的制造业生产率增长，其中 20% 左右的生产率增长可以由企业进入和退出解释。Baldwin 和 Gu（2003）研究发现企业进入和退出对加拿大制造业生产率增长贡献了 15%—25%。Baily 等（1992）、Griliches 和 Regev（1995）、

Foster 等（2001）、Baldwin 和 Gu（2003）、Melitz 和 Poland（2015）等学者通过不同的分解方法将行业全要素生产率的增长率进行分解，主要表现为在位企业、进入企业以及退出企业的影响，并且他们的分解方法也被其他学者广泛采用。Levinsohn 和 Petrin（1999）采用 BHC 方法发现智利在 1979—1986 年行业生产率的增长在一定程度上可以由资源在不同企业生产率间的重置来解释。Hahn（2000）采用 BHC 方法对 1990—1998 年韩国制造业进行分析，发现企业进入和退出对总体生产率增长影响显著，其贡献率达到了 45%—65%。李玉红等（2008）结合 BHC 方法和偏离份额方法分析了中国企业的微观数据，得出企业进入和退出的资源重置是中国工业生产率增长的重要渠道。Aw 等（2001）借鉴 Olley—Pakes 的方法分析了台湾的相关数据，指出台湾在 1981—1991 年行业生产率的增长在很大程度是由不同生产率企业的进入和退出所导致的。Harrison 等（2013）基于印度制造业综合企业层面的数据，借鉴 Olley—Pakes 的方法分析了要素重置效应和生产率提高效应，发现引起市场份额变动的要素重置效应对总体生产率提高有显著影响。吴利学等（2015）基于中国 1998—2007 年的中国制造业企业数据，采用动态 Olley—Pakes 方法进行分析，得出企业进入和退出可以解释中国制造业 10% 全要素生产率的增长。不同学者尽管在分解方法、样本数据和数据处理等方面存在一些差别，但是大部分研究的结果基本都显示企业动态变化对总体生产率的提高有一定的作用，甚至起到决定性的作用。

除了对总体生产率进行分解，Ottaviano（2011）构建了一个动态随机模型以阐述企业进入和退出对总体生产率波动的作用机理，得出顺周期的企业进入和逆周期的企业退出导致企业平均生产率的周期性波动。企业进入和退出的难易程度影响了要素资源在企业间的自由配置，导致资源配置效率趋于帕累托最优的不同状态，影响了总体生产率。因此，资源配置效率问题成为企业动态变化下总体生产率影响的一个重要研究切入点。资源配置效率对社会总体生产率有重要的决定作用。资源从低边际报酬的企业向高边际报酬的企业转移能够提高加总全要素生产率，而资源错配会造成加总全要素生产率的损失（Hsieh & Klenow，2009）。Hsieh 和 Klenow 提出了采用全要素生产率价值的离散程度来测度资源配置效率。龚关和胡关亮（2013）采用相类似的方法测度了中国制造业资源配置效率，并发现资本和劳动均为有效配置下，中国制造业全要素生产率将会提高。邵宜航等（2013）基于二位数行业资源配置效率情况的分析，得出资源在行业中重新配置可以获得总体全要素生产率增加。全要素生产率价值为全要素生产率与产品价格的乘积，按照新古典经济学企业生产率同质的假定，如果企业的产品价格在市场中相等，全要素生产率价值离散程度的计算值应该等于零，因此造成资源错配和配置效率低下的根本原因之一在于企业间生产率是不同的。资源配置效率的提高在现实经济中的一个重要表现为不同生产率企业的进入和退出实际生产活动，最终实现企业动态变化下总体生产率的提高。

虽然上述相关文献确认了企业动态变化对总体生产率作用效果，但是上述研究缺乏从影响因素角度进行具体和深入的分析作用机理和效果。而在现有相关研究中，贸易自由化是影响企业动态变化对总体生产率作用效果发挥的一个重要因素，且异质性贸易理论在理论机理和经验研究上都比较系统和完整。Bernard 和 Jensen（1999）采用人口统计局纵向研究数据库的相关数据发现了出口企业和非出口企业生产率的差异，并且指出了国际贸易通过企业间资源配置的作用提高了总体生产率。异质性贸易理论的重要学者 Melitz（2003）建立了异质性企业动态模型，推导了出口对不同生产率企业的作用，进而影响总体生产率的机制。Bernarde 等（2003）对李嘉图模型进行拓展，并运用美国企业的相关数据进行数值模拟分析，得出贸易自由化促进低生产率和小规模的企业退出生产，高生产率企业扩大生产规模，总体生产率水平得以提高。Gibson（2006）构建了以企业异质性贸易理论为基础的数学模型，通过数值实验的方法，发现通过资源在不同效率水平企业间的配置，使加总的生产率得以提高。Hayakawa 和 Matsuura（2017）采用动态模拟的方法，从事实和反事实情景两个角度分析了贸易自由化通过企业市场份额的变化对总体生产率的作用，其研究结论同样支持异质性贸易理论的结论。Pavcnik（2010）基于智利 1979—1986 年工业企业的数据，分析了贸易自由化对总体生产率的影响。文章发现退出企业的平均生产率比在位企业低 6%，资源配置于更高生产率的企业使总体生产率提高，尤其在出口导向和进口高度竞争的部门，其作用效果更加显著。Loecker（2010）基于 1994—2000 年斯洛文尼亚制造业企业的研究，得出不同产业由于重置于高生产率企业市场份额的不同，总体平均生产率在产业间变化存在较大差异；并且进一步将企业分为出口企业和非出口企业两大类型，相对于 1994 年，出口企业的生产率指数在 1999 年增长 16%，而非出口企业仅增长 10%。Tomiura（2007）利用日本制造业的企业数据，比较了不同经营类型企业的生产率，发现出口企业的平均生产率高于内销企业。Bernard 等（2006）利用美国制造业的产业和企业的数据，检验了异质性贸易理论的结论。实证结果显示，随着关税的降低，资源会更倾向重置于高生产率的企业，降低关税成本会提高总体生产率。Blyde 等（2009）基于巴西和智利的数据研究了贸易通过要素重置对总体生产率提高的机理；发现关税在要素重置中有重要的作用，贸易成本的提高一方面会保护低效率企业使其无须退出实际生产活动，另一方面抑制高效率企业扩大生产规模。

　　除了基于贸易自由化原因分析企业动态变化对总体生产率的影响外，一些其他因素也成为学者研究的内容。李玉红和王皓（2007）指出，政策或市场环境发生变化会通过异质性企业动态变化对总体生产率产生影响。Martin（2009）基于英国的相关数据发现竞争会使高生产率企业扩大市场份额，低生产率企业遭到淘汰，从而促进企业平均生产率提高。王磊和夏纪军（2015）通过理论模型分析得出较高的固定成本使相对低效的企业退出市场，从而提高总体生产率水平；在理论分析的基础上利用 2004—2007 年中国工业企业微观数据进行了实证检验。Balasubramanian 和 Sivadasan（2009）从资本重置的角度分析了不同生产率企业的"选择效应"导致平均生产率提高，并运用美国产业数据进行了实证检验。Syverson（2004）指出，产品替代弹性会影响消费者对不同生产率企业的消费选择进而影响不同生产率企业的进入退出和产业平均生产率，并通过美国工业企业的数据的研究得出了产品替代弹性与产业平均生产率正相关。罗德明等（2012）构建一个随机动态一般均衡模型，从企业进入和退出选择的作用渠道分析了均衡状态下相关变量的决定，在此基础上定量分析了偏向国有企业的政策对加总全要素生产率造成的损失。Burea 和 Shin（2010）分析得出高才干和高生产率的潜在企业家由于融资约束未能进入实际生产，从而导致既有低生产率企业不用退出实际生产和整体生产率水平的降低。

　　通过上述关于企业生产率研究的相关文献回顾可知，企业研发投入会提高企业生产率，而不同经济因素会影响企业研发投入；企业生产率的分布也由不同经济因素决定；由于企业生产率的异质性，企业进入和退出生产活动的动态变化会影响总体生产率，并且不同经济因素会影响企业动态变化和企业总体生产率。尽管这些文献资料极大地丰富了企业视角下生产率的相关研究，但是对于生产率有重要影响的金融因素研究相对缺乏。因此，相关实证研究很可能会得到有偏误的结论，也难以提出真正有针对性的政策建议。

## 第四节　本章小结

随着金融因素在经济运行和发展中所起的作用日益重要，尤其是在企业投资和生产经营中的加速渗透，金融体系运行与企业生产率变动的关联日益加强，金融体系对生产率的影响也受到学术界的广泛关注。在现实经济中，各国金融发展水平、企业技术进步情况、企业生产率分布状态和企业总体生产率水平存在明显差异，如何理解这些差异以及金融发展与生产率这些方面之间的内在关系，这既是一个有很强学术意义的课题，同时又具有现实政策意义。通过对国内外现有关于金融发展与生产率关系及企业视角下生产率问题的理论回顾和文献梳理，可以对金融发展对生产率作用的研究方向和重点的演变作一鸟瞰，而这当中也蕴含和预示着本书的研究重点和方向。目前相关研究已经取得了许多重要研究成果，然而也有一些不足，这也为本书的研究留下了一些创新的空间。

首先，在金融发展对生产率作用的理论分析上，金融功能理论、内生经济增长理论和公司金融理论运用各自的理论框架，深入阐述了金融发展对生产率的作用机理，但是目前相关文献关于金融发展对生产率影响的研究受到新古典经济学企业同质性假定的影响，理论研究侧重于阐释宏观金融发展对整体生产率的作用机理，或者关注微观金融因素对企业层面生产率的影响，虽然一些文献资料以企业层面为切入点研究一些宏观经济因素对生产率的影响，但是将宏观金融发展和微观企业生产率相结合的研究相对较少。

其次，在实证分析中，由于早期大型微观企业层面数据相对较少，使金融发展对生产率的研究更多在国家、地区和产业层面上，而在企业微观层面上的研究相对比较薄弱。在实证分析对象上，虽然现有文献关于其他不同经济因素对企业动态变化的作用及其分布的影响研究资料非常丰富，成果显著，但是从企业微观视角分析金融发展对生产率作用的相关文献相对缺乏，尤其是现有实证研究主要集中在金融发展对企业生产率提高作用方面，对于企业生产率的其他内容还是相对空白，相关研究的不足和缺憾从某种角度上也为本书的写作留下了空间。

最后，在金融发展的研究方法和度量指标的选择上，现有研究对金融发展侧重于国家宏观层面，而对地区层面的金融发展的分析相对较少。在对金融发展的衡量上，学者往往倾向于用单方面的指标来反映金融发展水平的整体情况。然而实际上，金融发展是一个综合性概念，不仅包括量的方面，而且要体现质的方面，单独地使用单方面指标来体现和说明金融发展的整体状况容易造成以偏概全的问题，并且直接与生产率进行研究分析时，易于造成理论研究结论和实际经济现实截然不同的"怪象"。事实上，这也在一定程度上解释了一些文献由于采用不同测量方法而导致金融发展对生产率的影响效果有较大差异。

# 第三章 中国金融发展过程中企业
生产率变动的现实

本章首先对金融发展的测度指标进行梳理，通过选取适合中国金融发展实际的度量指标对各省份地区的金融发展水平进行测度。其次，介绍了企业全要素生产率的测度方法，并选取合适的方法对中国工业企业的全要素生产率进行计算。最后，初步分析金融发展与企业生产率之间的各种关系，从图形中得出金融发展与企业生产率各个方面可能存在的各种关系，为接下去的理论机理分析和进一步实证研究奠定基础。

## 第一节 中国金融发展的现实分析

金融体系作为现代经济的核心，作用于企业技术进步，影响着企业生产率水平和资源在不同生产率企业间的配置，进而决定企业个体生产率、企业生产率分布和企业总体生产率。毫无疑问，金融发展对生产率有重要影响。从技术进步的增量角度，无论是生产性投资产生的"干中学"式的技术进步，还是研发性投资带来的技术进步，企业获取大量的资本投入和进行足够资本积累是必要条件。一个国家或地区的较高金融发展水平带来的良好外部融资环境和融资体系有助于企业融资成本的降低和充足资本的获取。从资源配置的角度理解，金融体系通过作用于资源在不同生产率水平的经济主体之间的配置，也会影响不同生产率企业的整体分布状态和企业总体生产率水平。因此，测算和分析一国和地区的金融发展水平及其演变是理解生产率相关问题的前提条件。

### 一 关于金融发展测算方法的几个问题

对中国金融发展进行定量测算和分析，有利于了解和掌握现阶段中国金融发展的水平和演进历程，从而为进一步研究金融发展对生产率的不同影响奠定基础。金融发展是一个全面、系统和动态的概念，由于其丰富的内涵，因此金融发展一直未形成统一的定义和衡量标准。相关金融发展理论在对金融发展进行阐述的同时也提出了相应的衡量方法，但是由于研究的侧重点不同，学者所使用的金融发展指标也有较大差别。此外，考察各国金融发展和经济发展过程，可以发现金融发展的表现形式也有较大差别。为了能够全面反映金融体系的金融功能及其发展状况，避免以偏概全，本章按照对金融发展的定义和内涵，从金融规模和金融效率两个方面构建相应的指标，力求建立一个综合的指标体系以实现对金融发展的具体水平进行测度。

1. 金融规模

在现实经济中，从事金融活动的金融机构主要有银行、保险公司、证券公司和信托投资公司等。金融机构通过推出不同金融工具以及运用不同的金融工具来完成金融活动，实现金融资源在不同经济主体之间的配置。金融机构在不同的金融市场从事金融活动，并表现为不同规模和种类的金融资产持有形式。一国或地区的金融机构、金融工具、金融市场和金融资产的规模、种类、比例及其相互作用的总体构成一国或地区的金融体系，它是一个经济体融通货币的基本框架。从经济运行的实际观察，经济体通过金融体系配置资源从而更好地服务于企业、产业，进而促进整个经济的运行与发展。金融体系的整体规模，即金融规模是金融体系发展水平的一个最直观体现。

Goldsmith（1969）在其著作《金融结构与金融发展》中提出金融发展的概念，并创造性地使用金融相关比率为核心衡量金融发展的指标体系。金融相关比率被称为"戈氏指标"，采用某一个时期内金融资产的总价值与经济总量的比值来表示。金融相关比率从某种角度衡量金融体系，是一个相对金融规模，该指标既考虑金融资产的总价值，也研究经济总量；反映了金融体系相对于整体经济的发展规模，能够较好地体现金融规模的经济效应。纵观当今世界各国经济及其发展历史，随着经济发展和金融发展，各国的金融相关比率表现出递增的趋势，而且经济欠发达国家的金融相关比率一般低于欧美发达国家。但是对于金融资产，不同学者在研究时采用不同的衡量指标，例如，金融机构存款余额、金融机构贷款余额、债券余额和股票市值，由此也使金融规模的测度指标非常灵活多样。Beck 等（1999）采用中央银行资产与国内生产总值的比值、货币存款资产与国内生产总值的比值以及其他金融机构资产与国内生产总值的比值来测定金融规模。Mckinnon（1973）使用经济发展中的货币化程度来衡量金融发展程度，提出了"麦氏指标"，采用货币存量与国内生产总值的比值来表示。国内学者基于"戈氏指标"和"麦氏指标"的思想，并结合中国经济的实际情况，设计出相应的金融规模衡量指标。王志强和孙刚（2003）采用全部金融资产总量与国内生产总值的比值表示金融机构整体规模，而钟娟和张庆亮（2010）使用 fineff×in 予以体现金融机构整体规模；潘文卿和张伟（2003）运用金融机构信贷额占国内生产总值的比重衡量银行业的发展规模，王永剑和刘春杰（2011）的方法与之相似，采用金融机构存贷与国内生产总值的比值；潘文卿和张伟（2003）、王永剑和刘春杰（2011）采用股票筹资额占国内生产总值的比重反映证券业的发展规模，而钟娟和张庆亮（2010）使用股票市价总值与国内生产总值的比值表示证券业的发展规模。

2. 金融效率

随着金融相关理论和实证的发展，金融发展的内涵被不断丰富和深化，对其的阐述体现出"量"和"质"两个不同维度的哲学研究方法。因此与此相应的是，如果只是从"量"的维度出发，采用金融规模指标来测度金融发展只能反映金融体系"量"的扩大，无法体现金融体系"质"的提高。金融发展不仅包括金融规模的扩大，而且应有金融效率提高之意。从某种程度分析，金融效率是金融发展的本质性表现，金融体系对金融资源的高效率配置是金融发展的一个核心要求。由此，在金融规模指标体系构建的基础上，许多学者相应地建立金融效率指标以反映金融体系的"质"。但是由于金融体系运行效率表现形式具有复杂性和不可直接测度性，金融效率指标体系的构建相对较为困难。

一国或地区的金融机构的规模、种类、比例及其相互作用的总体构成一国或地区的金融体系，在现实经济中，银行、保险公司、证券公司和信托投资公司等金融机构通过推出不同金融工具以及运用不同的金融工具来完成金融活动，实现金融资源在不同经济主体之间的配置。由于金融机构在不同的金融市场从事金融活动，并表现为不同规模和种类的金融资产持有形式，而各个金融机构的资源配置效率不同，因此有学者采用直观的金融体系的具体结构状态来衡量金融效率。相关文献重点关注融资方式结构和以间接融资方式为主的金融体系中的银行业结构。Kunt 和 Levine（1999）、Levine（2000）指出，直接融资方式相对于间接融资方式具有更加有效的资本配置能力，他们通过实证研究发现，在收入较高的国家，证券市场比银行中介在资源配置时更加有效和活跃。Marc Schaberg（1998）的研究发现，在 1990—1994 年金融资源配置效率较高的英国、美国、法国和日本，各国的融资方式正在趋同于直接融资方式为主的金融体系。由此，有学者采用直接融资的相对规模来测度金融效率。Maskus 等（2012）使用股票和债券两个市场的市值与国内生产总值的比值来测度金融效率。国内学者熊鹏和王飞（2008）则采用股票和债券的总额与金融资产的比重来反映金融效率。根据经典经济学的理论思想，市场竞争程度越高，资源配置程度也越高。因此，在一些以间接融资为主的国家，银行业的市场结构能够体现金融体系的资源配置效率。Beck 等（1999）采用三家最大型银行的资产与总体银行部门资产的比值来测度银行结构。林毅夫和姜烨（2006）基于工农中建四大行年末贷款余额占全部金融机构贷款余额的比值来测度银行结构。

以金融体系的结构状况来反映金融效率不失为一种简单有效的方法，但是从本质上研究，金融资源的实际配置情况才是金融效率的最根本体现。在金融体系的资源配置功能中，金融体系的一个重要功能是按照资本边际生产率均等化的规律来配置资本。一般情况下，现实经济中非国有企业的生产效率高于国有企业的生产效率，King 和 Levine（1993a）的研究也证实了私人机构对金融资源的使用更有效率。由此，金融体系对非国有企业资本配置能够提高整体经济的资本边际水平和资本配置效率。由于不同所有制的经济行为主体的资金使用效率不同，有学者以资金的不同配置状况来表示金融效率，具体使用私人信贷占比来衡量金融效率；私人信贷比例越高，资源配置效率越高，从而说明金融效率越高；反之则反是。Do 和 Levchenko（2007）采用私人信贷总额与国内生产总值的比值来测算金融效率；张军和金煜（2005）指出，采用狭义的私人企业信贷与国内生产总值的比值测度金融中介的深化程度会产生低估问题，因此他们采用非国有企业信贷占国内生产总值的比值来衡量金融中介的深化程度，体现金融效率。

**二　关于中国金融发展的测算和分析**

现实中国经济和金融发展水平的地区差异非常大，因此从省份地区层面对金融发展水平进行测度能够更为深入和准确地体现中国金融发展水平。在运用上述金融规模和金融效率指标对地区金融发展水平进行测度时，由于一些变量无法得到省份地区层面的数据，因此对指标的计算方法进行了相应的选择和处理。虽然20世纪90年代以来中国证券市场快速发展，直接融资方式成为企业获取金融资源的一个重要渠道，在助推经济发展中做出了巨大的贡献；但是纵观改革开放以来中国的金融发展历史，间接融资方式在中国的金融体系中一直处于绝对的主导地位。根据中国人民银行公布的数据，2016年企业债券和非金融企业境内股票融资之和仅占社会融资规模增量的23.82%。因此，以抓住事物主要矛盾，类似纲举目张之问题处理方法，针对中国金融体系的特点，国内的很多相关学者重点关注间接融资方式，采用金融机构存贷款相关数据来衡量金融发展水平。尤其是本书实证研究的时间重点为1999—2007年，根据《中国金融年鉴》公布的数据，在2007年企业债券和非金融企业境内股票融资之和与金融机构各类贷款的比值仅为4.42%。基于1999—2007年融资方式在中国企业融资中的重要性和特殊性，并参考国内其他学者的研究方法，本书以金融机构存贷款为主要研究对象，来分析金融发展水平。为了使理论研究更加符合金融体系运行的实际情况，本书对金融发展的测度不是单一测算指标的简单运用，而是将金融规模和金融效率两个角度的指标纳入同一个分析框架体系中，依据一定的金融发展评价标准，从两个维度衡量中国各省份地区金融发展水平，以求多层面、综合地体现中国金融发展水平。

由于采用"麦氏指标"对各省份地区金融规模进行度量时需要确定金融资产的规模，但是有些计算方法需要的一些省份地区指标数据难以从相关权威机构获取，例如，M2只有全国的相关统计数据，各个地区相关机构未公布本地区的M2。而金融机构存贷款有相应的地区数据，且在各地区的全部金融资产中，其所占的比重非常高，周立和王子明（2002）的计算显示全部金融机构存贷款占全部金融资产的比例一直超过90%。为此，在使用金融相关比率方法测算各个地区的金融规模时，国内的相关研究经常采用金融机构存贷款来衡量金融资产规模。借鉴他们表示金融资产的方法，本书使用金融机构存贷总额这一统计口径方法。金融规模以金融相关比率反映，具体以各省份地区金融机构总存贷款余额与该地区国内生产总值的比值测度。

资本配置的效率是金融效率的重要体现。中国金融体系对金融机构的金融资源投向有一定的管控，金融资源的配置存在严重的非市场导向。由于国有企业的经营特征与金融机构信贷的发放原则存在天然的耦合性，使金融机构有向国有企业发放信贷的偏好，并且政府依靠其各种调控手段将资金相对较多地配置于国有企业；而由于各种原因，非国有企业往往获得贷款难度较大，或者获得贷款的数量小于企业所需最优的数量。随着金融体系的发展，金融资源配置的市场化程度提高，非国有企业融资的便利度和满足度会随之上升，从而必然导致非国有企业在金融机构的信贷占比提高。所以，从资本配置效率方面看，非国有企业信贷占比的提高也是必然的。在现实经济中，中国国有企业的生产效率一般要低于非国有企业的生产效率。因此，非国有企业获得信贷的情况是金融效率和资本配置效率的重要体现。由此，本书的省份地区金融效率依据信贷配置情况，采用私人部门获得信贷的情况来反映中国省份地区金融效率，具体以各省份地区金融机构对非国有企业贷款余额与该地区国内生产总值的比值衡量。

1997 年东南亚金融危机后，为了减少和摆脱政府机构对金融业的行政干预，加强金融业的监督管理，提高金融资源配置效率，1998 年10 月国务院向各省、各部委批准了《人民银行省际机构改革实施方案》，中国金融体系的市场化程度显著提高。为此，本书对金融发展的研究时间从 1999 年开始；同时，鉴于相关金融数据的可得性，本书对金融发展的研究时间截止到 2016 年。在对不同地区进行分析时，西藏的一些数据出现了缺失，因此借鉴国内相关学者的方法，本书研究对象确定为除西藏以外的 30 个省份（自治区、直辖市）地区。

1. 中国金融规模的测算和分析

考虑到省份地区数据的可得性和真实性，构建地区金融规模的计算公式为：

$$i\text{ 地区 }t\text{ 期的金融规模}(finscale_{it}) = \frac{i\text{ 地区 }t\text{ 期金融机构的总存款余额} + i\text{ 地区 }t\text{ 期金融机构的总贷款余额}}{i\text{ 地区 }t\text{ 期国内生产总值}}$$

$$(3-1)$$

根据 2000—2017 年《中国金融年鉴》的相关数据计算得到表 3 - 1。表 3 - 1 反映了中国各省份地区的金融规模情况。从表中可以发现，除个别年份外，从 1999—2016 年全国 30 个省份地区的金融规模在不断增加，金融规模总体呈现不断扩大的趋势，从金融规模角度反映了中国金融发展水平在此时间范围内不断提高。

表 3 - 1　　　　　　　　1999—2016 年各省份地区的金融规模

| 年份 | 1999 | 2000 | 2001 | 2002 | 2003 | 2004 | 2005 | 2006 | 2007 |
|------|------|------|------|------|------|------|------|------|------|
| 北京 | 5.65 | 6.31 | 5.85 | 6.27 | 6.48 | 6.16 | 6.43 | 6.61 | 6.15 |
| 天津 | 2.68 | 2.53 | 2.46 | 2.57 | 3.05 | 2.98 | 2.92 | 2.82 | 2.93 |
| 河北 | 1.90 | 1.90 | 1.97 | 2.02 | 2.01 | 1.84 | 1.72 | 1.75 | 1.67 |
| 山西 | 2.83 | 3.09 | 2.78 | 2.91 | 2.94 | 2.80 | 2.75 | 2.87 | 2.73 |
| 内蒙古 | 1.94 | 1.86 | 1.78 | 1.79 | 1.72 | 1.61 | 1.53 | 1.51 | 1.44 |
| 辽宁 | 2.42 | 2.37 | 2.60 | 2.71 | 2.85 | 2.83 | 2.59 | 2.56 | 2.40 |
| 吉林 | 2.71 | 2.68 | 2.64 | 2.66 | 2.58 | 2.36 | 2.15 | 2.10 | 1.82 |
| 黑龙江 | 2.11 | 1.99 | 2.17 | 2.23 | 2.24 | 2.02 | 1.81 | 1.78 | 1.70 |
| 上海 | 3.10 | 3.02 | 3.22 | 4.28 | 4.55 | 4.04 | 4.04 | 3.94 | 3.79 |
| 江苏 | 1.69 | 1.67 | 1.83 | 2.01 | 2.27 | 2.22 | 2.14 | 2.13 | 2.12 |
| 浙江 | 2.04 | 2.11 | 2.22 | 2.48 | 2.87 | 2.82 | 2.85 | 2.91 | 2.87 |
| 安徽 | 1.50 | 1.60 | 1.74 | 1.86 | 1.98 | 1.92 | 1.95 | 2.02 | 1.98 |
| 福建 | 1.46 | 1.42 | 1.73 | 1.80 | 1.95 | 1.91 | 1.95 | 2.07 | 2.00 |
| 江西 | 1.88 | 1.85 | 1.97 | 2.02 | 2.10 | 1.95 | 1.87 | 1.88 | 1.83 |
| 山东 | 1.60 | 1.60 | 1.77 | 1.91 | 1.97 | 1.81 | 1.69 | 1.64 | 1.56 |
| 河南 | 1.87 | 1.77 | 1.88 | 2.04 | 2.10 | 1.87 | 1.67 | 1.62 | 1.49 |
| 湖北 | 1.73 | 1.65 | 2.17 | 2.32 | 2.40 | 2.27 | 2.18 | 2.16 | 2.06 |
| 湖南 | 1.49 | 1.54 | 1.60 | 1.77 | 1.86 | 1.76 | 1.72 | 1.74 | 1.66 |
| 广东 | 3.07 | 2.96 | 2.70 | 2.82 | 3.14 | 2.88 | 2.70 | 2.59 | 2.49 |
| 广西 | 1.91 | 1.89 | 1.94 | 1.93 | 2.03 | 1.90 | 1.81 | 1.79 | 1.70 |
| 海南 | 3.67 | 2.91 | 3.05 | 2.69 | 2.78 | 2.60 | 2.57 | 2.60 | 2.54 |
| 重庆 | 2.16 | 2.38 | 2.36 | 2.55 | 2.86 | 2.67 | 2.70 | 2.91 | 2.88 |
| 四川 | 2.11 | 2.14 | 2.34 | 2.44 | 2.53 | 2.39 | 2.29 | 2.31 | 2.24 |
| 贵州 | 2.15 | 2.19 | 2.28 | 2.40 | 2.56 | 2.61 | 2.58 | 2.65 | 2.55 |
| 云南 | 2.20 | 2.28 | 2.32 | 2.40 | 2.69 | 2.57 | 2.66 | 2.75 | 2.71 |
| 陕西 | 2.95 | 2.92 | 2.86 | 3.08 | 3.23 | 2.96 | 2.88 | 2.64 | 2.52 |
| 甘肃 | 2.61 | 2.62 | 2.63 | 2.72 | 2.81 | 2.64 | 2.52 | 2.40 | 2.30 |

续表

| 年份 | 1999 | 2000 | 2001 | 2002 | 2003 | 2004 | 2005 | 2006 | 2007 |
|---|---|---|---|---|---|---|---|---|---|
| 青海 | 2.77 | 2.56 | 2.73 | 2.80 | 2.85 | 2.64 | 2.54 | 2.55 | 2.54 |
| 宁夏 | 2.83 | 2.94 | 2.76 | 2.97 | 3.26 | 3.02 | 3.03 | 3.00 | 2.79 |
| 新疆 | 2.51 | 2.39 | 2.45 | 2.57 | 2.58 | 2.39 | 2.23 | 2.15 | 2.10 |
| 年份 | 2008 | 2009 | 2010 | 2011 | 2012 | 2013 | 2014 | 2015 | 2016 |
| 北京 | 6.39 | 7.24 | 7.30 | 7.06 | 7.16 | 7.16 | 7.21 | 8.15 | 8.12 |
| 天津 | 2.78 | 3.33 | 3.28 | 2.96 | 3.00 | 3.06 | 3.05 | 3.27 | 3.29 |
| 河北 | 1.69 | 2.08 | 2.07 | 1.97 | 2.09 | 2.26 | 2.44 | 2.74 | 2.94 |
| 山西 | 2.72 | 3.22 | 3.08 | 2.87 | 3.09 | 3.28 | 3.41 | 3.69 | 3.96 |
| 内蒙古 | 1.41 | 1.52 | 1.56 | 1.52 | 1.58 | 1.68 | 1.76 | 1.97 | 2.18 |
| 辽宁 | 2.31 | 2.60 | 2.58 | 2.41 | 2.48 | 2.55 | 2.62 | 2.92 | 4.10 |
| 吉林 | 1.76 | 2.02 | 1.96 | 1.82 | 1.85 | 1.98 | 2.12 | 2.38 | 2.58 |
| 黑龙江 | 1.65 | 2.01 | 1.96 | 1.84 | 1.96 | 2.09 | 2.21 | 2.52 | 2.63 |
| 上海 | 3.89 | 4.49 | 5.03 | 4.97 | 5.18 | 5.26 | 5.17 | 6.29 | 6.21 |
| 江苏 | 2.15 | 2.41 | 2.44 | 2.35 | 2.50 | 2.58 | 2.59 | 2.66 | 2.87 |
| 浙江 | 3.03 | 3.67 | 3.66 | 3.53 | 3.64 | 3.70 | 3.75 | 3.89 | 3.90 |
| 安徽 | 1.96 | 2.27 | 2.28 | 2.20 | 2.32 | 2.45 | 2.53 | 2.77 | 2.99 |
| 福建 | 1.99 | 2.25 | 2.35 | 2.28 | 2.41 | 2.52 | 2.57 | 2.72 | 2.74 |
| 江西 | 1.83 | 2.06 | 2.09 | 2.02 | 2.16 | 2.28 | 2.38 | 2.61 | 2.77 |
| 山东 | 1.55 | 1.84 | 1.89 | 1.85 | 1.86 | 2.04 | 2.07 | 2.16 | 2.25 |
| 河南 | 1.40 | 1.67 | 1.69 | 1.65 | 1.75 | 1.90 | 1.99 | 2.16 | 2.29 |
| 湖北 | 1.97 | 2.29 | 2.27 | 2.06 | 2.12 | 2.21 | 2.25 | 2.40 | 2.53 |
| 湖南 | 1.62 | 1.80 | 1.76 | 1.67 | 1.75 | 1.84 | 1.89 | 2.08 | 2.23 |
| 广东 | 2.45 | 2.83 | 2.83 | 2.82 | 3.02 | 3.14 | 3.14 | 3.52 | 3.66 |
| 广西 | 1.70 | 2.19 | 2.17 | 2.06 | 2.17 | 2.26 | 2.32 | 2.43 | 2.53 |
| 海南 | 2.56 | 3.09 | 3.26 | 3.05 | 3.15 | 3.36 | 3.38 | 3.86 | 4.16 |
| 重庆 | 2.84 | 3.05 | 3.07 | 2.93 | 3.07 | 3.13 | 3.21 | 3.29 | 3.29 |
| 四川 | 2.41 | 2.90 | 2.91 | 2.72 | 2.84 | 2.99 | 3.11 | 3.28 | 3.33 |
| 贵州 | 2.50 | 2.70 | 2.86 | 2.74 | 2.76 | 2.93 | 2.99 | 3.30 | 3.56 |
| 云南 | 2.63 | 3.23 | 3.35 | 3.12 | 3.13 | 3.15 | 3.19 | 3.39 | 3.46 |
| 陕西 | 2.46 | 2.73 | 2.65 | 2.50 | 2.53 | 2.60 | 2.68 | 3.01 | 3.13 |

续表

| 年份 | 2008 | 2009 | 2010 | 2011 | 2012 | 2013 | 2014 | 2015 | 2016 |
|------|------|------|------|------|------|------|------|------|------|
| 甘肃 | 2.37 | 2.85 | 2.84 | 2.83 | 3.07 | 3.33 | 3.66 | 4.42 | 4.68 |
| 青海 | 2.52 | 2.96 | 3.08 | 3.04 | 3.34 | 3.63 | 3.78 | 4.22 | 4.33 |
| 宁夏 | 2.74 | 2.95 | 2.96 | 2.80 | 2.94 | 3.05 | 3.21 | 3.43 | 3.59 |
| 新疆 | 1.98 | 2.53 | 2.59 | 2.58 | 2.77 | 2.95 | 2.96 | 3.38 | 3.59 |

虽然各省份地区金融规模总体的变化趋势趋同，但是金融规模在各省的水平和变化速度却不同。不仅各省份地区之间的金融规模存在较大差异，并且各省份之间的金融规模扩张速度也存在显著差异。就典型的省份地区分析，从 1999—2016 年各省份地区金融规模整体的平均水平看，金融规模最大的三个地区分别为北京（平均值为 6.76）、上海（平均值为 4.47）和浙江（平均值为 3.11）；金融规模最小的三个地区分别为内蒙古（平均值为 1.69）、湖南（平均值为 1.77）和河南（平均值为 1.82）。从 1999—2016 年各省份地区金融规模的增长速度看，金融规模增速最高的三个地区分别为上海（金融规模增长了 1 倍，年均增长 4.17%）、安徽（金融规模增长了 0.99 倍，年均增长 4.14%）和浙江（金融规模增长了 0.91 倍，年均增长 3.89%）；金融规模增速最低的三个地区分别为吉林（金融规模增长了 -0.05，年均增长 -0.29%）、陕西（金融规模增长了 0.06 倍，年均增长 0.35%）和内蒙古（金融规模增长了 0.12 倍，年均增长 0.69%）。

从东部、中部和西部的地区差异看[①]，东部地区整体的金融规模最高，西部地区次之，而中部地区最低。如 1999 年东部地区整体平均的金融规模值为 2.66，西部地区整体平均的金融规模值为 2.38，中部地区整体平均的金融规模值为 2.02。2016 年东部地区整体平均的金融规模值为 4.02，西部地区整体平均的金融规模值为 3.42，中部地区整体平均的金融规模值为 2.75。从东部、中部和西部地区差异的变化分析，三个地区的整体平均的金融规模都在增长，但是三个地区的金融规模增

---

① 东部地区包括北京、天津、河北、辽宁、上海、江苏、浙江、福建、山东、广东、海南 11 个省（直辖市）；中部地区包括黑龙江、吉林、山西、安徽、江西、河南、湖北、湖南 8 个省，西部地区包括内蒙古、广西、重庆、四川、贵州、云南、陕西、甘肃、青海、宁夏、新疆 11 个省（自治区、直辖市）；下文中对东部、中部和西部的分法也相同。

长速度存在差异，三个地区的金融规模的差距反而正在逐步扩大。

2. 中国金融效率的测算和分析

根据相关文献，本书以非国有企业贷款余额与国内生产总值的比例来表示金融效率。但是国内的相关统计机构没有连续公布非国有企业贷款这个指标数据，因此学者只能通过间接的方法计算得到。张军和金煜（2005）、李敬等（2007）和李青原等（2013）基于金融机构对国有企业信贷额与国有企业产出的相对稳定关系，运用计量方法计算出金融机构对国有企业的信贷额，进而得到金融机构对非国有企业的信贷额，最终计算出金融效率。为了获取非国有企业贷款余额，本书采用间接估算方法。对"金融机构总贷款余额/GDP"的分解可以得到表达式：

$$\frac{金融机构总贷款余额}{GDP} = K \times \frac{金融机构总贷款余额}{GDP} \times \frac{国企固定资产投资}{全社会固定资产投资}$$

$$+ \frac{非国有企业贷款余额}{GDP} \qquad (3-2)$$

接下来，利用 2000—2017 年的《中国统计年鉴》和《中国金融年鉴》的相关数据，通过固定效应模型估计：

$$loan_{it} = \kappa \times (loan_{it} \times soe_{it}) + \eta_i + \varepsilon_{it} \qquad (3-3)$$

在式（3-3）中，$i$ 和 $t$ 分别代表地区和时间；$loan$ 表示金融机构总贷款余额/GDP；$soe$ 为国有企业固定资产投资占全社会固定资产投资的比例；$\eta_i$ 是地区效应；$\varepsilon_{it}$ 为误差项。在回归分析时，文章采用 AR（1）来调整误差项的序列相关问题，得到如下估计结果：

$$\hat{loan}_{it} = 0.7303 + 0.9225(loan_{it} \times soe_{it}) \qquad (3-4)$$

$$(0.049) \qquad (0.034)$$

$$\hat{p} = 0.8963$$

在式（3-4）中，0.7303 为 30 个地区固定效应估计值的平均值；0.9225 为系数 $\kappa$ 的估计值；0.8963 是误差项一阶相关系数的估计值；括号内数值为相应估计系数的标准误。在得到系数 $\kappa$ 的估计值的条件下，结合式（3-2），可以得到"非国有企业贷款余额/GDP"表达式为：

$$\frac{非国有企业贷款余额}{GDP} = \frac{金融机构总贷款余额}{GDP} \times$$

$$\left(1 - 0.9225 \times \frac{国有企业固定资产投资}{全社会固定资产投资}\right) \quad (3-5)$$

最后，运用式（3-5）得到表3-2。表3-2反映了各省份地区的金融效率情况，对表3-2进行分析，可以得出金融效率在不同省份地区之间存在显著差异，并且金融规模的变化速度在不同省份地区的表现也存在差别。就典型省份地区在1999—2016年的金融效率而言，金融效率最高的三个地区分别为北京（平均值为1.66）、上海（平均值为1.23）和浙江（平均值为1.09）；金融效率最低的三个地区分别为内蒙古（平均值为0.47）、湖南（平均值为0.50）和黑龙江（平均值为0.52）。结合金融规模的数据，从中可以发现金融效率和金融规模有一定的相关性，金融规模最大的北京、上海和浙江也是金融效率最高的地区；而金融效率最低的内蒙古同样金融规模也较小。从1999年至2016年各省份地区金融效率的提高速度看，金融效率增速最高的三个地区分别为辽宁（提高了1.91倍，年均增长6.48%）、新疆（提高了1.84倍，年均增长6.34%）和甘肃（提高了1.83倍，年均增长6.31%）；金融效率增速最低的三个地区分别为内蒙古（增长了0.37倍，年均增长1.87%）、陕西（增长了0.38倍，年均增长1.91%）和吉林（增长了0.41倍，年均增长2.02%）。

表3-2　　　　　　　　1999—2016年各省份地区的金融效率

| 年份 | 1999 | 2000 | 2001 | 2002 | 2003 | 2004 | 2005 | 2006 | 2007 |
|------|------|------|------|------|------|------|------|------|------|
| 北京 | 0.77 | 1.09 | 1.12 | 1.36 | 1.66 | 1.64 | 1.63 | 1.77 | 1.61 |
| 天津 | 0.59 | 0.70 | 0.76 | 0.74 | 0.85 | 0.86 | 0.81 | 0.89 | 0.90 |
| 河北 | 0.46 | 0.47 | 0.53 | 0.57 | 0.58 | 0.52 | 0.47 | 0.50 | 0.49 |
| 山西 | 0.49 | 0.62 | 0.54 | 0.68 | 0.78 | 0.74 | 0.62 | 0.66 | 0.65 |
| 内蒙古 | 0.46 | 0.41 | 0.45 | 0.46 | 0.43 | 0.41 | 0.38 | 0.44 | 0.40 |
| 辽宁 | 0.53 | 0.59 | 0.65 | 0.76 | 0.87 | 0.87 | 0.75 | 0.78 | 0.76 |
| 吉林 | 0.69 | 0.75 | 0.72 | 0.84 | 0.78 | 0.73 | 0.63 | 0.66 | 0.62 |
| 黑龙江 | 0.33 | 0.48 | 0.50 | 0.53 | 0.55 | 0.51 | 0.39 | 0.40 | 0.38 |
| 上海 | 0.68 | 0.78 | 0.90 | 1.29 | 1.40 | 1.21 | 1.11 | 1.08 | 1.00 |
| 江苏 | 0.43 | 0.41 | 0.44 | 0.50 | 0.63 | 0.68 | 0.68 | 0.73 | 0.77 |
| 浙江 | 0.56 | 0.59 | 0.62 | 0.76 | 0.94 | 0.98 | 0.96 | 1.03 | 1.06 |
| 安徽 | 0.41 | 0.40 | 0.43 | 0.48 | 0.55 | 0.55 | 0.57 | 0.62 | 0.61 |
| 福建 | 0.40 | 0.41 | 0.49 | 0.49 | 0.57 | 0.58 | 0.57 | 0.62 | 0.63 |

续表

| 年份 | 1999 | 2000 | 2001 | 2002 | 2003 | 2004 | 2005 | 2006 | 2007 |
|---|---|---|---|---|---|---|---|---|---|
| 江西 | 0.45 | 0.43 | 0.46 | 0.49 | 0.53 | 0.51 | 0.48 | 0.48 | 0.52 |
| 山东 | 0.42 | 0.42 | 0.49 | 0.59 | 0.66 | 0.63 | 0.62 | 0.63 | 0.61 |
| 河南 | 0.47 | 0.43 | 0.48 | 0.54 | 0.59 | 0.57 | 0.51 | 0.52 | 0.52 |
| 湖北 | 0.43 | 0.39 | 0.51 | 0.55 | 0.64 | 0.62 | 0.59 | 0.57 | 0.56 |
| 湖南 | 0.37 | 0.40 | 0.39 | 0.45 | 0.50 | 0.48 | 0.47 | 0.48 | 0.47 |
| 广东 | 0.79 | 0.76 | 0.74 | 0.81 | 0.92 | 0.83 | 0.75 | 0.75 | 0.76 |
| 广西 | 0.46 | 0.40 | 0.41 | 0.41 | 0.47 | 0.49 | 0.48 | 0.54 | 0.53 |
| 海南 | 1.13 | 0.74 | 0.84 | 0.78 | 0.88 | 0.82 | 0.67 | 0.74 | 0.74 |
| 重庆 | 0.59 | 0.67 | 0.62 | 0.69 | 0.83 | 0.73 | 0.74 | 0.93 | 0.93 |
| 四川 | 0.54 | 0.57 | 0.63 | 0.69 | 0.75 | 0.70 | 0.65 | 0.62 | 0.63 |
| 贵州 | 0.46 | 0.46 | 0.42 | 0.45 | 0.54 | 0.56 | 0.59 | 0.70 | 0.71 |
| 云南 | 0.38 | 0.42 | 0.43 | 0.47 | 0.61 | 0.63 | 0.67 | 0.67 | 0.69 |
| 陕西 | 0.58 | 0.52 | 0.54 | 0.62 | 0.66 | 0.62 | 0.57 | 0.55 | 0.55 |
| 甘肃 | 0.47 | 0.42 | 0.46 | 0.48 | 0.55 | 0.50 | 0.47 | 0.46 | 0.46 |
| 青海 | 0.47 | 0.57 | 0.64 | 0.65 | 0.66 | 0.70 | 0.67 | 0.63 | 0.69 |
| 宁夏 | 0.61 | 0.62 | 0.56 | 0.67 | 0.87 | 0.95 | 0.84 | 0.92 | 0.96 |
| 新疆 | 0.32 | 0.52 | 0.59 | 0.63 | 0.63 | 0.60 | 0.55 | 0.49 | 0.52 |
| 年份 | 2008 | 2009 | 2010 | 2011 | 2012 | 2013 | 2014 | 2015 | 2016 |
| 北京 | 1.65 | 1.77 | 2.03 | 1.93 | 1.89 | 1.87 | 1.99 | 2.04 | 2.14 |
| 天津 | 0.84 | 0.97 | 0.95 | 0.95 | 1.04 | 1.09 | 1.20 | 1.24 | 1.43 |
| 河北 | 0.48 | 0.62 | 0.62 | 0.63 | 0.69 | 0.74 | 0.83 | 0.93 | 1.04 |
| 山西 | 0.56 | 0.62 | 0.62 | 0.64 | 0.70 | 0.79 | 0.92 | 1.07 | 1.28 |
| 内蒙古 | 0.39 | 0.42 | 0.44 | 0.47 | 0.50 | 0.54 | 0.56 | 0.62 | 0.63 |
| 辽宁 | 0.73 | 0.86 | 0.85 | 0.84 | 0.87 | 0.91 | 0.96 | 1.07 | 1.54 |
| 吉林 | 0.58 | 0.65 | 0.62 | 0.62 | 0.62 | 0.65 | 0.74 | 0.85 | 0.97 |
| 黑龙江 | 0.34 | 0.44 | 0.45 | 0.45 | 0.53 | 0.60 | 0.66 | 0.82 | 0.92 |
| 上海 | 0.89 | 0.98 | 1.33 | 1.38 | 1.44 | 1.57 | 1.59 | 1.65 | 1.83 |
| 江苏 | 0.77 | 0.85 | 0.86 | 0.84 | 0.89 | 0.92 | 0.92 | 0.94 | 1.08 |
| 浙江 | 1.11 | 1.33 | 1.34 | 1.30 | 1.35 | 1.38 | 1.42 | 1.40 | 1.47 |
| 安徽 | 0.60 | 0.70 | 0.74 | 0.75 | 0.77 | 0.83 | 0.88 | 0.97 | 1.05 |
| 福建 | 0.63 | 0.72 | 0.78 | 0.81 | 0.83 | 0.91 | 0.96 | 0.99 | 1.11 |
| 江西 | 0.54 | 0.64 | 0.65 | 0.64 | 0.69 | 0.76 | 0.81 | 0.91 | 1.01 |

续表

| 年份 | 2008 | 2009 | 2010 | 2011 | 2012 | 2013 | 2014 | 2015 | 2016 |
|---|---|---|---|---|---|---|---|---|---|
| 山东 | 0.58 | 0.69 | 0.71 | 0.72 | 0.71 | 0.78 | 0.80 | 0.84 | 0.87 |
| 河南 | 0.46 | 0.58 | 0.58 | 0.56 | 0.59 | 0.64 | 0.70 | 0.77 | 0.83 |
| 湖北 | 0.52 | 0.64 | 0.65 | 0.63 | 0.66 | 0.71 | 0.74 | 0.80 | 0.86 |
| 湖南 | 0.46 | 0.49 | 0.49 | 0.51 | 0.52 | 0.56 | 0.58 | 0.62 | 0.70 |
| 广东 | 0.73 | 0.82 | 0.81 | 0.88 | 0.96 | 1.01 | 1.04 | 1.10 | 1.22 |
| 广西 | 0.52 | 0.67 | 0.67 | 0.69 | 0.74 | 0.77 | 0.81 | 0.84 | 0.91 |
| 海南 | 0.72 | 0.82 | 0.92 | 0.96 | 1.05 | 1.18 | 1.23 | 1.41 | 1.66 |
| 重庆 | 0.91 | 0.94 | 0.91 | 0.89 | 0.93 | 0.98 | 1.04 | 1.04 | 1.23 |
| 四川 | 0.63 | 0.73 | 0.74 | 0.74 | 0.78 | 0.81 | 0.85 | 0.88 | 0.97 |
| 贵州 | 0.64 | 0.70 | 0.75 | 0.75 | 0.78 | 0.79 | 0.77 | 0.78 | 1.17 |
| 云南 | 0.70 | 0.82 | 0.85 | 0.90 | 0.91 | 0.90 | 0.91 | 0.91 | 0.93 |
| 陕西 | 0.53 | 0.57 | 0.58 | 0.60 | 0.59 | 0.64 | 0.70 | 0.77 | 0.80 |
| 甘肃 | 0.47 | 0.56 | 0.56 | 0.61 | 0.76 | 0.82 | 1.01 | 1.25 | 1.33 |
| 青海 | 0.64 | 0.71 | 0.78 | 0.77 | 0.85 | 0.96 | 1.02 | 1.00 | 1.20 |
| 宁夏 | 0.87 | 0.97 | 1.01 | 0.94 | 1.09 | 1.16 | 1.21 | 1.21 | 1.39 |
| 新疆 | 0.44 | 0.53 | 0.59 | 0.67 | 0.70 | 0.79 | 0.81 | 0.85 | 0.91 |

从东部、中部和西部的地区差异看，东部地区整体的金融效率最高，西部地区次之，而中部地区最低。如 1999 年东部地区整体平均的金融效率值为 0.62，西部地区整体平均的金融效率值为 0.48，中部地区整体平均的金融效率值为 0.46。2016 年东部地区整体平均的金融效率值为 1.40，西部地区整体平均的金融效率值为 1.04，中部地区整体平均的金融效率值为 0.95。从东部、中部和西部地区差异的变化分析，虽然三个地区的金融效率都在提高，但是三个地区金融效率提高的速度差异较大，三个地区之间的金融效率差距有逐步扩大的趋势。

# 第二节　中国企业生产率的典型事实分析

## 一　对测算企业生产率方法的思考

企业生产率的测算是金融发展对生产率作用效应实证分析的基础，

如果微观层面的企业生产率不能有效和正确地测度，那么在此基础上所进行的实证分析就会出现偏差甚至错误。随着微观企业数据的可获得性和相应计算方法的进步，有关微观企业生产率的研究不断涌现。鉴于现有微观企业生产率研究方法的日益丰富，选择合理和正确的估计方法对实证研究就显得尤为重要。基于相关企业生产率测度文献，本节内容重点分析了一些现行主要的估算方法。

1. *索洛残差法*

在经济学的实证分析中，学者习惯于用全要素生产率（TFP）来表示生产率。诺贝尔经济学奖得主 Solow（1957）对全要素生产率进行了开创性研究，指出全要素生产率是剔除劳动、资本等要素投入后，由技术进步因素引致的经济增长。在其论文 *Technical Change and the Aggregate Production* 中，基于规模报酬不变和希克斯中性技术假设下，构建了生产函数和增长方程，通过分解得到"索洛残差"。

总生产函数为：

$$Y_t = A(t) F(X_t) \tag{3-6}$$

在式（3-6）中，$Y_t$ 为产出，$X_t = (x_{1t}, x_{2t}, \cdots, x_{Nt})$ 为要素投入向量，$t$ 为时间变量。根据 Solow 的假定，$A(t)$ 为希克斯中性技术系数，技术进步不影响投入要素的边际技术替代率；$F(\cdot)$ 为一次齐次函数，投入要素规模报酬不变。式（3-6）得到增长方程：

$$\frac{\dot{Y_t}}{Y_t} = \frac{\dot{A_t}}{A_t} + \sum_{n=t}^{N} \left( \frac{\partial Y_t}{\partial x_{nt}} \frac{x_{nt}}{Y_t} \frac{\dot{x}_{nt}}{x_{nt}} \right) \tag{3-7}$$

将式（3-7）变化可得到代表全要素生产率的索洛残差表达式为：

$$\frac{\dot{A_t}}{A_t} = \frac{\dot{Y_t}}{Y_t} + \sum_{n=t}^{N} \left( \frac{\partial Y_t}{\partial x_{nt}} \frac{x_{nt}}{Y_t} \frac{\dot{x}_{nt}}{x_{nt}} \right) \tag{3-8}$$

在式（3-8）中，$\frac{\partial Y_t}{\partial x_{nt}} \frac{x_{nt}}{Y_t}$ 为第 $n$ 种投入要素的产出份额，且 $\sum_{n=t}^{N} \frac{\partial Y_t}{\partial x_{nt}} \frac{x_{nt}}{Y_t} = 1$；各投入要素的产出份额需要通过估算生产函数而得到。在实际估算中，常采用经典的 C-D 生产函数，其表达式为：

$$Y_t = AK_t^{\alpha} L_t^{\beta} \tag{3-9}$$

在式（3-9）中，$Y_t$ 为产出，$K_t$ 为资本存量，$L_t$ 为劳动力投入量，$\alpha$ 为资本产出份额，$\beta$ 为劳动力产出份额，且 $\alpha + \beta = 1$。对式（3-9）两边取对数，构建计量模型：

$$\ln Y_t = \alpha \ln K_t + \beta \ln L_t + \varepsilon_t \tag{3-10}$$

在式（3-10）中，估算得到的残差 $fineff \times inout$ 表示全要素生产率。

### 2. 数据包络分析法

索洛残差法有很强的约束条件，估算时需要构建特定的生产函数，一旦生产函数的假设条件改变，估算的结果就会不同。为此，相关实证分析采用非参数方法来估计全要素生产率，以避免生产函数设置的问题而导致的误差。数据包络分析法（Data Envelopment Analysis，DEA）是一种代表性的非参数方法，最初由 Charnes 等（1978）提出。DEA 不需要特定的生产函数，它基于一个特定决策单位的数据通过分析实际生产点与最优生产边界的距离来体现这一决策单位的生产效率。Fare 等（1994）将 Malmquist 指数与 DEA 理论结合起来，提出了非参数衡量全要素生产率的方法。

在本部分内容介绍中，利用国内外学者经常使用的 CCR 模型，其模型具体如下：

$$
\begin{cases}
P^t = (x^t, y^t) \\
D_0^t(x^t, y^t) = inf\left\{\delta : \left(x^t, \dfrac{y^t}{\delta}\right)\right\} \in P^t \\
M_0^t = \dfrac{D_0^t(x^{t+1}, y^{t+1})}{D_{t0}(x^t, y^t)} \\
M_0^{t+1} = \dfrac{D_0^{t+1}(x^{t+1}, y^{t+1})}{D_{t+10}(x^t, y^t)} \\
M_0(x^{t+1}, y^{t+1}, x^t, y^t) = \dfrac{D^{t+1}(x^{t+1}, y^{t+1})}{D_0^t(x^t, y^t)} \left[\left\{\dfrac{D^{t+1}(x^{t+1}, y^{t+1})}{D_0^t(x^t, y^t)}\right\}\left\{\dfrac{D^t(x^t, y^t)}{D_1^{t+1}(x^t, y^t)}\right\}\right]^{\frac{1}{2}} \\
x^t \in R_{++}^N, y^t \in R_{++}^M, t = 1, \cdots, T
\end{cases}
\tag{3-11}
$$

在式（3-11）中，对于每个时期，$t = 1, 2, \cdots, T$，$x^t \in R_{++}^N$ 为输入变量，$y^t \in R_{++}^M$ 为输出变量，$P^t$ 为可能生产集合；$\delta$ 表示 Farrell 的定向输出效率指标，等于输出距离函数的倒数；$D_0^t(x^t, y^t)$ 表示 $t$ 时期，关于输入变量 $x^t$ 和输出变量 $y^t$ 的输出距离函数；如果输入变量 $x^t$ 和输出变量 $y^t$ 在生产边界上，则 $D_0^t(x^t, y^t)$ 等于 1，技术效率最大；

如果输入变量 $x^t$ 和输出变量 $y^t$ 在生产边界内部，则 $D_0^t$ $(x^t,\ y^t)$ 小于 1，技术效率无效；$M_0^t$ 表示以 $t$ 时期的生产技术为参照，从 $t$ 时期到 $t+1$ 时期 Malmquist 指数的变化；$M_0^{t+1}$ 表示以 $t+1$ 时期的生产技术为参照，从 $t$ 时期到 $t+1$ 时期 Malmquist 指数的变化；为了避免由于不同参照时期技术而导致的差异，Cave 等（1982）用 $M_0^t$ 和 $M_0^{t+1}$ 的几何平均得到 $M_0$ $(x^{t+1},\ y^{t+1},\ x^t,\ y^t)$，以表示 $t$ 时期到 $t+1$ 时期 Malmquist 指数的变化。当 $M_0$ $(x^{t+1},\ y^{t+1},\ x^t,\ y^t)$ 大于 1 时，则表明 $t$ 时期到 $t+1$ 时期全要素生产率是增长的；反之则反是。

3. 随机前沿分析方法

Aigner 等（1977）、Meeusen 和 Broeck（1977）、Battese 和 Corra（1977）在 1977 年同时发表了关于随机前沿分析方法（Stochastic Frontier Approach，SFA）的创新性文献，后由 Pitt 和 Lee（1981）进一步完善和发展。初期的随机前沿分析方法主要是对截面数据进行分析，Pitt 和 Lee 将随机前沿分析方法拓展到面板数据的分析中，极大地扩大了参数估计的自由度，从而允许对随机扰动和技术非效率的影响因素的分析假定更加一般化，弥补了数据包络分析方法的一个缺陷。数据包络分析方法假设不存在随机误差的影响，由此导致分析时忽略潜在的偏误，使随机误差可能会包括到效率项的估计中，尤其是处于效率边界上的决策单位存在随机误差时，就会影响所有决策单位的效率估计（郝睿，2006）。在运用随机前沿分析方法计算生产效率时，随机前沿分析方法充分考虑随机误差的影响，将误差项分为"无效率项"和"纯随机误差项"，尽量使被估计生产效率有效和一致。Battese 和 Coelli（1995）将时间变量和其他因素变量引入随机前沿分析方法中，进一步扩大了使用范围，因此他们提出的随机前沿分析方法模型被广泛应用。下面依据 Battese 和 Coelli（1995）提出的模型对随机前沿分析方法进行介绍，其理论模型为：

$$\ln Y_{it} = f(X_{it}, t, \alpha) + \nu_{it} - \mu_{it}, i = 1, \cdots, N; t = 1, \cdots, T$$
$$\nu_{it} \sim N(0, \sigma_\nu^2), \mu \sim N^+(\mu, \sigma_\mu^2) \tag{3-12}$$

在式（3-12）中，$Y_{it}$ 表示第 $i$ 个决策单元在 $t$ 时期的产出；$X_{it}$ 表示第 $i$ 个决策单元在 $t$ 时期的投入向量；$\alpha$ 表示各投入向量的估计系数；$t$ 为技术进步的时间趋势；$f$ $(X_{it},\ \alpha)$ 表示前沿生产函数；$(\nu_{it} - \mu_{it})$

表示混合误差项，其中，$\nu_{it}$ 为随机扰动项，$\mu_{it} \geq 0$ 为技术无效率项，假设 $\nu_{it}$ 服从独立同分布，$\mu_{it}$ 服从在零处截断的正态分布，并且 $\nu_{it}$ 与 $\mu_{it}$ 之间及两者与 $X_{it}$ 都独立不相关。利用极大似然方法估计可以求得每个决策单元在每个时期的技术效率值。每个决策单元的技术效率可以通过该决策单元在某个时期实际产出的期望值与在该时期技术完全有效时产出的期望值之间的比值得到，其最终表达式为：

$$TE_i^t = \exp(-\mu_{it}) \tag{3-13}$$

$t$ 时期到 $t+1$ 时期的技术进步率应采用几何平均，由此可以得到决策单元 $i$ 从 $t$ 时期到 $t+1$ 时期的技术进步率的表达式为：

$$TP_i^{t,t+1} = \left\{ \left[ 1 + \frac{\partial f(X_{it}, t)}{\partial t} \right] \times \left[ 1 + \frac{\partial f(X_{it+1}, t+1)}{\partial t+1} \right] \right\}^{\frac{1}{2}} \tag{3-14}$$

4. 半参数估计法

虽然随机前沿分析方法能够弥补非参数估计方法的一些缺陷，但是在运用随机前沿分析方法时，由于各种原因可能会造成生产函数设置时出现错误，并且对相关参数进行估计时还会存在内生性的问题，导致估计结果有偏且不一致。导致内生性问题产生的原因可能是企业在实际生产中为了实现最优效率的生产，不断改变投入要素组合，使残差项和回归项相关。而半参数估计法则能够较好地解决这一问题，由此也使得半参数方法被普遍使用，特别是其中的 OP 方法（Olley & Pakes，1996）和 LP 方法（Levinsohn & Petrin，2003）。

OP 方法主要是为了解决资本引起的内生性问题，其分析方法的理论前提是作为两种主要的投入要素资本和劳动力对生产率变化的反应是不同的。劳动力由于各种原因具有投入的时滞性，而投资会随着当期生产率的变化而变化，进而其变化引起资本要素变化。资本要素和生产率的相互作用和相互影响，是内生性产生的主要原因。为此，Olley 和 Pakes（1996）把投资作为可观测生产率冲击的代理变量，然后再进行回归以消除内生性问题，这种方法被称为 OP 方法。OP 方法由于相对符合企业生产实际并且相对简单，因此被学者广泛使用。下面对 OP 方法的介绍，主要依据 Olley 和 Pakes（1996）提出的相关内容进行。

根据企业资本存量与投资额之间的关系，Olley 和 Pakes（1996）构建如下关系式：

$$K_{it+1} = (1-\delta)K_{it} + I_{it} \tag{3-15}$$

在式（3-15）中，$K$ 表示企业的资本存量，$I$ 表示投资额。另外，假定企业的投资额受到生产率的冲击；一般表现为当期的企业生产率越高，那么当期的投资额就越高。基于此假定，构建企业的一个最优投资函数：

$$\ln I_{it} = I_t(\varpi_{it}, \ln K_{it}) \tag{3-16}$$

在式（3-16）中，$\varpi$ 表示可观测并影响当期投资额的生产率冲击。在实际的计算中，有学者会将其他一些因素作为投资函数的自变量进行分析，但是本节内容只是为了说明基本原理，所以在这里不对其他因素进行考虑。根据 Olley 和 Pakes（1996）的假定，投资额对生产率冲击是单调递增的，由此可以得到最优投资的反函数：

$$\varpi_{it} = I_t^{-1}(\ln I_{it}, \ln K_{it}) \tag{3-17}$$

将式（3-17）代入 C-D 生产函数，通过整理可以得到如下估计方程：

$$y_{it} = \alpha_0 + \alpha_l l_{it} + g(\ln I_{it}, \ln K_{it}) + \eta_{it} \tag{3-18}$$

其中，$g(\cdot) = \alpha_k \ln K_{it} + I_t^{-1}(\ln I_{it}, \ln K_{it})$。借助于四阶多项展开式对 $g(\cdot)$ 予以近似，则 $g(\cdot)$ 可表示为：

$$g(\ln I_{it}, \ln K_{it}) = \sum_{\sigma=0}^{4} \sum_{\tau=0}^{4-\sigma} \gamma_{\sigma\tau} (\ln K_{it})^{\sigma} (\ln I_{it})^{\tau} \tag{3-19}$$

借助式（3-18）和式（3-19）可得到劳动投入的一致估计参数 $\hat{\alpha}_l^{OP}$ 以及残差值为 $\varphi_{it} = y_{it} - \hat{\alpha}_l^{OP} \ln L_{it}$。

在现实经济中，存在企业进入和退出问题，研究的企业样本数据经常为非平衡面板数据。为了修正研究的企业样本数据需为平横面板数据（Balanced panel data）的缺陷，Olley 和 Pakes（1996）考虑了企业生存的概率问题，并设定企业生存的概率表达式为：

$$P(\delta_{it+1} = 1 | \Omega_t) = P(\delta_{it+1} = 1 | \varpi_{it}, \varpi_{it+1}(\ln K_{it+1})) = \tilde{P}_t(\ln I_{it}, \ln K_{it}) \tag{3-20}$$

在式（3-20）中，$\delta_{it+1}$ 表示在 $t$ 时期存在的企业在 $t+1$ 时期是否继续存在。当 $\delta_{it+1} = 1$ 时，企业 $i$ 在 $t+1$ 时期仍然存在；而当 $\delta_{it+1} = 0$ 时，企业 $i$ 在 $t+1$ 时期退出。$\Omega_t$ 表示企业在 $t$ 时期可以获得的信息集。$\tilde{P}_t(\cdot)$ 是关于投资额对数和资本存量对数的四阶多项式，其表达式为：

$$\tilde{P}_t(\cdot) = \sum_{\sigma=0}^{4}\sum_{\tau=0}^{4-\sigma}\lambda_{\sigma\tau}(\ln K_{it})^{\sigma}(\ln I_{it})^{\tau} \tag{3-21}$$

按照 Olley 和 Pakes（1996）的处理方法，通过整理可以得到下列关系式：

$$\varphi_{it} = \alpha_k\ln K_{it} + \sum_{\sigma=0}^{4}\sum_{\tau=0}^{4-\sigma}\alpha_{\sigma\tau}(\hat{g}_{it-1} - \alpha_k\ln K_{it-1})^{\sigma}\hat{P}_{it-1}^{\tau} + \eta_{it} \tag{3-22}$$

采用非线性最小二乘法（Non - linear least squares）对式（3 - 22）进行估计，可以得到资本对数的系数估计值$\hat{\alpha}_k^{OP}$。再结合劳动投入的系数估计值$\hat{\alpha}_l^{OP}$，就可以得到用 OP 方法计算的企业全要素生产率为：

$$TFP_{it}^{OP} = y_{it} - \hat{\alpha}_k^{OP}\ln K_{it} - \hat{\alpha}_l^{OP}\ln L_{it} \tag{3-23}$$

OP 方法假定企业投资与其总产出保持单调关系，采用企业投资作为不可观测的且随时间变化的企业生产率冲击效应的代理变量来解决内生性问题。但是，由于企业投资调整存在成本，企业投资不能完全体现生产率的变化（Levinsohn & Pertrin，2003），因此 OP 方法可能无法完全解决参数估计的内生性问题；而且在现实经济中，有些年份企业没有投资，造成了对这些特定年份的企业样本无法被估计。为了解决企业投资作为代理变量可能产生的问题，Levinsohn 和 Pertrin（2003）采用企业中间投入作为投入变量，提出了企业全要素生产率测度的 LP 方法。只要企业有生产行为，就会有中间投入，由此中间投入变量更具有普适性，能够解决投资缺失的问题；而且相对于企业投资，企业中间投入的调整成本更加小，调整更加灵活，更能反映企业生产率水平及其变化情况；因此，我们可以得出企业中间投入是一个更好的代理变量。

基于 C - D 生产函数估计企业全要素生产率，简化的生产函数为：

$$y_{it} = \beta_0 + \beta_l l_{it} + \beta_k k_{it} + \beta_m m_{it} + \omega_{it} + \varepsilon_{it} \tag{3-24}$$

在式（3 - 24）中，$y_{it}$、$l_{it}$、$k_{it}$ 和 $m_{it}$ 分别表示取对数后的企业工业增加值、劳动投入量、资本投入量和中间投入量；并且中间投入需求函数为：$m_{it} = m_t(\omega_{it}, k_{it})$，假定 $m_{it}$ 是关于 $\omega_{it}$ 单调递增函数，则可得到中间投入的反需求函数：$\omega_{it} = \omega_t(k_{it}, m_{it})$，这是生产率关于资本和中间投入的函数。假定 $\varphi_t(\cdot)$ 表示资本和中间投入的函数，得到关系式：

$$\varphi_t(k_{it}, m_{it}) = \beta_0 + \beta_k k_{it} + \beta_m m_{it} + \omega_t(k_{it}, m_{it}) \tag{3-25}$$

把式（3 - 25）定义为如下形式的三阶多项式：

$$\varphi_t(k_{it}, m_{it}) = \sum_{\sigma=0}^{3} \sum_{\tau=0}^{3-\sigma} \theta_{ij} k_{it}^{\sigma} m_{it}^{\tau} \qquad (3-26)$$

将式（3-26）代入式（3-22），可以得到：

$$y_{it} = \beta_l l_{it} + \sum_{\sigma=0}^{3} \sum_{\tau=0}^{3-\sigma} \theta_{ij} k_{it}^{\sigma} m_{it}^{\tau} + \varepsilon_{it} \qquad (3-27)$$

使用 OLS 方法估计式（3-27），可得到参数 $\beta_l$ 的一致估计$\hat{\beta}_l$。

假定生产率服从一阶马尔科夫过程，即：

$$\omega_{it} = E(\omega_{it} | \omega_{it-1}) + \xi_{it} \qquad (3-28)$$

可以通过估计式（3-27），可得到 $E(\omega_{it} | \omega_{it-1})$ 一致估计量 $E(\widehat{\omega_{it} | \omega_{it-1}})$：

$$\hat{\omega}_{it} = \chi_0 + \chi_1 \omega_{it-1} + \chi_2 \omega_{it-1}^2 + \chi_3 \omega_{it-1}^3 + \upsilon_{it} \qquad (3-29)$$

在给定$\hat{\beta}_l$、$\beta_k^*$ 和 $E(\widehat{\omega_{it} | \omega_{it-1}})$，生产函数的残差可以表示为：

$$\widehat{\eta_{it} + \xi_{it}} = y_{it} - \hat{\beta}_l l_{it} - \hat{\beta}_k k_{it} - E(\widehat{\omega_{it} | \omega_{it-1}}) \qquad (3-30)$$

在式（3-30）中，$\hat{\beta}_k$ 通过求解以下最小化问题得到：

$$\min_{\beta_k^*} \sum_t (y_{it} - \hat{\beta}_l l_{it} - \beta_k^* k_{it} - E(\widehat{\omega_{it} | \omega_{it-1}}))^2 \qquad (3-31)$$

最后，企业全要素生产率可以通过下式得到：

$$TFP_{it}^{Lp} = y_{it} - \hat{\beta}_l l_{it} - \hat{\beta}_k k_{ik} \qquad (3-32)$$

由于半参数分析法，特别是 LP 方法在企业全要素生产率计算中的优点，因此，本书采用 LP 方法测度中国工业企业相应年份的全要素生产率。为了进行对比分析和进行相应的稳健性检验，除了 LP 方法，文章还使用 OP 方法测度企业全要素生产率。

**二 关于中国工业企业生产率测算与分析的解说**

1. 企业全要素生产率：总体样本分析

由于《中国工业企业数据库》公布 1999—2007 年的相关企业数据的资料比较完整、系统和正确，因此以该时间段的企业生产率作为本书的主要实证分析对象。虽然《中国工业企业数据库》的数据非常权威和丰富，但是由于企业误报或是登记错误，部分数据存在一些问题，因此有必要对相关数据进行相应筛选。结合实证分析的需要，本书参考如下标准对相关数据进行筛选。①由于西藏相关统计数据的缺失值相对较多，参考其他学者实证分析的方法，剔除西藏的相关企业数据；②剔除统计样本中的错误记录或异常值，如工业总产值、工业增加值、职工人数、销售额、总资产或固定资产净值缺失或小于零的企业，法人代码缺失或重复的企业；③剔除雇员少于 8 人的企业，删去 1949 年之前成立的企业；④匹配了一些开业年份缺失的企业样本。通过上述处理，依据企业编码和年份，我们构建了一个以 524176 家企业为截面单元，时间跨度在 1999—2007 年，共计 1770232 个观察值的非平衡面板数据的大样本。

除了样本数据的选择和剔除，为了消除价格对相关变量的影响，本书对相关变量进行价格平减以消除各个变量在不同年份由于统计口径所造成的差异；并且为了测算历年的企业全要素生产率增加和换算了一些指标数据，对相关数据的处理和计算按照现有学术研究的需要和标准，从而使企业全要素生产率的测算值更加真实和客观，具体如下：①《中国工业企业数据库》公布的企业工业增加值，采用 2000 年为基期，以企业所在地区的工业品出厂价格指数进行平减以衡量企业总产出，但是《中国工业企业数据库》缺失 2004 年工业增加值这个指标，参考刘小玄和李双杰（2008）的方法估算 2004 年企业工业增加值：工业增加值 = 产品销售额 − 期初存货 + 期末存货 − 工业中间投入 + 增值税。②OP 方法使用投资作为不可观测的生产率冲击的代理变量，采用资本积累的永续盘存法，即 $i_{it} = K_{it} − (1 − \delta) K_{i,t-1}$，计算历年投资额。借鉴其他文献的方法（Amiti & Konings，2007；余淼杰，2010），本书选取的折旧率为 15%。固定资产以 2000 年为基期的企业所在地区固定资产价格指数进行平减。③参考简泽和段永瑞（2012）的方法，企业的中间投入品使用 2000 年为基期的企业所在地区工业品出厂价格指数进行平减。

图 3 − 1 描绘了 1998—2008 年使用 OP 方法和 LP 方法估算的中国工业企业平均全要素生产率的变化情况。从图中可以得出 1998—2008 年中国工业企业全要素生产率总体表现出持续上升的趋势，反映了整个中国总体工业生产率水平不断提高的一个情况，也说明伴随中国经济的高速增长中国企业生产率水平在不断提高的事实。

为了消除生产率水平提高对企业生产率分布的影响，我们在这里采用标准差系数反映企业生产率的整体分布状况。图 3 − 2 描绘了 1998—2008 年使用 OP 方法和 LP 方法估算的中国工业企业全要素生产率的标准差系数。从图中可以得出 1998—2008 年中国工业企业全要素生产率的标准差系数不断减小，由此可以得出，从整体观察，中国工业企业之间生产率差异在不断降低。

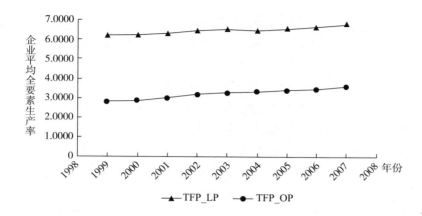

**图 3 - 1　1998—2008 年 LP 和 OP 两种方法估算的中国工业企业平均全要素生产率**

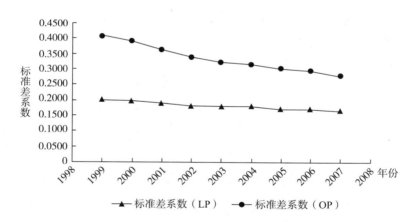

**图 3 - 2　1998—2008 年中国工业企业全要素生产率的标准差系数分布变化**

　　从图 3 - 1 和图 3 - 2 可以看出，采用 OP 和 LP 两种不同方法计算的企业全要素生产率，虽然在企业全要素生产率的动态演进和企业全要素生产率分布上有一定的差距，但是从整体看，两种方法计算的企业全要素生产率的变动趋势基本一致，保持着相对的稳定性。因此，本章接下来内容如无特殊情况一般采用 OP 方法估算的企业全要素生产率进行相关问题分析；而在第五章和第六章的实证分析中，为了验证计量回归的稳健性，会使用两种方法计算的相应值进行对比分析。

　　为了更加清楚地反映中国工业企业总体生产率水平的构成和变化，

本书力图说明企业之间全要素生产率的差异性和在样本研究期间的动态变化特征。为此，本书绘出图3-3。图3-3将历年样本企业全要素生产率的核密度函数图叠加到一幅图中，这样便于进行历年比较分析。由于本书研究样本数据较大，符合偏态系数的偏度统计量可靠性要求，通过偏度—峰度检验发现历年的企业全要素生产率均拒绝正态性假设，且置信水平较高；虽然历年的核密度估计曲线的形状相似，但是仍然存在一些差异：核密度估计曲线的波峰在2007年达到最小值，分布最为陡峭，说明相对于其他时期企业间生产率差异达到最小值，并且核密度估计曲线的波峰总体呈现递减的特征。另外，对比历年企业全要素生产率的核密度估计曲线的位置，可以看出，历年的核密度估计曲线都出现了向右移动，这也反映出1999—2007年的企业全要素生产率整体水平得到了提高。

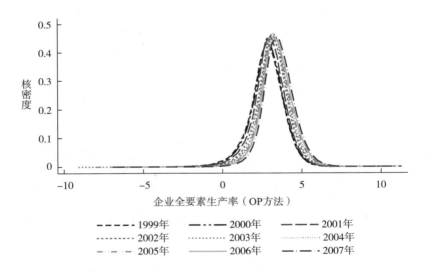

图3-3　1999—2007年中国工业企业全要素生产率的动态演进

2. 企业全要素生产率水平与增长的地区比较研究

中国经济由于地区发展的不平衡，地区差异比较大，其中一个具体表现就是企业生产率水平及其提高速度表现出来的差异性。为了回答这一问题，本书计算了除西藏以外的30个省（自治区、直辖市）1999—2007年各省份地区工业企业全要素生产率历年平均值，计算结果如

表3-3所示；1999—2007年各省份地区工业企业全要素生产率总体平均值及增长率，计算结果如表3-4所示。

**表3-3** 　　　　　**1999—2007年中国各省份地区工业企业**

**全要素生产率历年平均值**

| 年份 | 1999 | 2000 | 2001 | 2002 | 2003 | 2004 | 2005 | 2006 | 2007 |
|---|---|---|---|---|---|---|---|---|---|
| 北京 | 2.8465 | 2.9752 | 3.0743 | 3.2456 | 3.3056 | 3.6614 | 3.3494 | 3.4476 | 3.5484 |
| 天津 | 2.9007 | 2.8205 | 3.0400 | 3.0873 | 3.2506 | 3.4151 | 3.3622 | 3.3283 | 3.5195 |
| 河北 | 2.8772 | 2.8837 | 2.9468 | 2.9985 | 3.0218 | 3.1174 | 3.1081 | 3.2243 | 3.2842 |
| 山西 | 2.5162 | 2.5040 | 2.6106 | 2.7093 | 2.6768 | 2.6434 | 2.5983 | 2.6633 | 2.7412 |
| 内蒙古 | 2.3687 | 2.5396 | 2.7075 | 2.8777 | 3.0642 | 3.3210 | 3.3985 | 3.5883 | 3.8063 |
| 辽宁 | 2.8030 | 2.7596 | 2.8839 | 3.0009 | 3.1492 | 3.2371 | 3.2307 | 3.3811 | 3.4789 |
| 吉林 | 2.4979 | 2.5845 | 2.6946 | 2.8210 | 3.0296 | 3.1075 | 3.2102 | 3.3769 | 3.5593 |
| 黑龙江 | 2.7738 | 2.5118 | 2.7150 | 2.9104 | 2.8093 | 2.8237 | 2.6281 | 2.5334 | 2.6843 |
| 上海 | 3.1028 | 3.0978 | 3.3356 | 3.3855 | 3.5459 | 3.7781 | 3.6637 | 3.8455 | 3.8619 |
| 江苏 | 2.9149 | 3.0466 | 3.1479 | 3.3408 | 3.4478 | 3.4252 | 3.5604 | 3.6946 | 3.7554 |
| 浙江 | 2.7791 | 2.9031 | 3.0043 | 3.1564 | 3.2364 | 3.2360 | 3.2090 | 3.2156 | 3.3149 |
| 安徽 | 2.4697 | 2.5456 | 2.6979 | 2.8191 | 2.9219 | 3.0972 | 3.1813 | 3.2723 | 3.4376 |
| 福建 | 2.8026 | 2.9079 | 2.9833 | 3.1584 | 3.2645 | 3.3797 | 3.4187 | 3.5837 | 3.7467 |
| 江西 | 2.2596 | 2.2958 | 2.4520 | 2.6266 | 2.8474 | 3.0438 | 3.1106 | 3.1322 | 3.3728 |
| 山东 | 2.9542 | 2.9903 | 3.1164 | 3.2910 | 3.4008 | 3.3640 | 3.5663 | 3.6606 | 3.8094 |
| 河南 | 2.8960 | 2.9050 | 2.9261 | 3.0446 | 3.1906 | 3.1465 | 3.4164 | 3.5039 | 3.7011 |
| 湖北 | 2.7750 | 2.8400 | 2.9962 | 3.1602 | 3.2709 | 3.1664 | 3.2776 | 3.3611 | 3.5046 |
| 湖南 | 2.3298 | 2.4263 | 2.5751 | 2.7921 | 3.0020 | 3.0998 | 3.2905 | 3.3573 | 3.4853 |
| 广东 | 2.9929 | 3.0183 | 3.1739 | 3.3344 | 3.4124 | 3.4850 | 3.5000 | 3.5938 | 3.7015 |
| 广西 | 2.3741 | 2.3970 | 2.3616 | 2.5757 | 2.7371 | 2.8415 | 2.9735 | 3.1038 | 3.4163 |
| 海南 | 2.3059 | 2.1680 | 1.8656 | 2.6047 | 2.8719 | 3.3009 | 3.2829 | 3.3541 | 3.4757 |
| 重庆 | 2.4904 | 2.5330 | 2.7777 | 2.8904 | 3.1066 | 3.2915 | 3.2981 | 3.4392 | 3.6247 |
| 四川 | 2.4520 | 2.6263 | 2.7553 | 2.9518 | 3.0768 | 3.2571 | 3.2939 | 3.4517 | 3.6667 |
| 贵州 | 2.1190 | 2.1930 | 2.2211 | 2.2722 | 2.4419 | 2.6180 | 2.6270 | 2.7311 | 3.0252 |

| 年份 | 1999 | 2000 | 2001 | 2002 | 2003 | 2004 | 2005 | 2006 | 2007 |
|------|------|------|------|------|------|------|------|------|------|
| 云南 | 2.2841 | 2.3387 | 2.4535 | 2.5575 | 2.7841 | 3.0266 | 2.9237 | 3.0548 | 3.1301 |
| 陕西 | 2.1554 | 2.2776 | 2.4298 | 2.5324 | 2.6431 | 2.8927 | 2.8583 | 2.8905 | 3.2048 |
| 甘肃 | 2.3255 | 2.2182 | 2.2655 | 2.8320 | 2.1278 | 2.7020 | 2.7140 | 2.7174 | 2.7486 |
| 青海 | 1.9796 | 2.2052 | 2.3745 | 2.6572 | 2.6179 | 2.8474 | 2.7999 | 2.8389 | 3.0509 |
| 宁夏 | 2.1442 | 2.4659 | 2.5016 | 2.5692 | 2.7701 | 2.8804 | 2.9621 | 3.0026 | 3.2243 |
| 新疆 | 2.4638 | 2.0502 | 2.3852 | 2.5944 | 2.4310 | 2.6631 | 2.2765 | 2.1479 | 2.4060 |

表 3 - 4　　　　　　1999—2007 年中国各省份地区工业企业
全要素生产率总体平均值与增长率

| 地区 | 地区工业企业全要素生产率 | | 地区 | 地区工业企业全要素生产率 | |
|------|------|------|------|------|------|
| | 平均值 | 年均增长率（%） | | 平均值 | 年均增长率（%） |
| 北京 | 3.3337 | 2.7936 | 河南 | 3.2464 | 3.1141 |
| 天津 | 3.2270 | 2.4467 | 湖北 | 3.1809 | 2.9606 |
| 河北 | 3.0807 | 1.6677 | 湖南 | 3.0492 | 5.1636 |
| 山西 | 2.6382 | 1.0763 | 广东 | 3.4184 | 2.6918 |
| 内蒙古 | 3.2541 | 6.1081 | 广西 | 2.8198 | 4.6545 |
| 辽宁 | 3.2144 | 2.7372 | 海南 | 2.7604 | 5.2629 |
| 吉林 | 3.0909 | 4.5258 | 重庆 | 3.1684 | 4.8032 |
| 黑龙江 | 2.7048 | - 0.4096 | 四川 | 3.1947 | 5.1586 |
| 上海 | 3.5866 | 2.7733 | 贵州 | 2.5003 | 4.5513 |
| 江苏 | 3.4513 | 3.2174 | 云南 | 2.7694 | 4.0175 |
| 浙江 | 3.1837 | 2.2283 | 陕西 | 2.6984 | 5.0833 |
| 安徽 | 3.0093 | 4.2204 | 甘肃 | 2.4890 | 2.1113 |
| 福建 | 3.3624 | 3.6957 | 青海 | 2.5840 | 5.5557 |
| 江西 | 2.8880 | 5.1346 | 宁夏 | 2.7772 | 5.2316 |
| 山东 | 3.4753 | 3.2293 | 新疆 | 2.3732 | - 0.2963 |

　　通过分析表 3 - 3 和表 3 - 4，我们可以得出，除黑龙江和新疆外，全国各个地区历年的企业全要素生产率基本呈现为逐年增长，表现出各个地区的工业企业总体生产率水平提高的趋势。从企业全要素生产率平均值的指标分析，企业全要素生产率平均值最高的三个地区分别为上

海、山东和江苏，它们都分布在东部地区；企业全要素生产率平均值最低的三个地区分别为新疆、甘肃和贵州，它们都分布在西部地区。从企业全要素生产率增长率指标分析，增长率最高的三个地区分别为内蒙古、青海和海南，它们分别分布在中部、西部和东部地区；而增长率最低的三个地区分别为黑龙江、新疆和山西，它们分别分布在中部和西部地区，反映了西部地区内部各省份企业全要素生产率增长率的差异非常显著。

3. 企业生产率增长来源的地区比较研究

为了确定总体企业生产率增长的来源，从而明确金融发展对生产率作用的研究方向和重点，我们对企业生产率增长进行分解。现有关于总体技术效率分解的文献主要集中于两大类：一类是运用 DEA 方法将总体技术效率分解出来进行分析；另一类是基于随机前沿分析方法将总体技术效率分解出来进行研究。考虑到这两种方法是基于地区的宏观数据，通过一些前沿的分析方法得到技术效率和要素配置效率，在没有企业微观数据的情况下不失为一种好的研究方法。但从某种程度上看，这种分析方法导致了其准确性有待商榷。而本部分的内容重点之一在于采用微观企业的数据，从最基本的生产单位出发对总体技术效率进行测度。鉴于现有的相关宏观数据一般都是从相应的企业微观数据加总而得，因此，从数据处理的逻辑角度看，本书的测度方法具有相对较好的科学性和正确性。

参考 Baily 等（1992）、Baldwin 和 Gu（2006）的分析框架，本部分内容构建了一个分析框架，将总体生产率的增长从企业微观层面分解成为技术效率和要素重置两个部分，并基于 1999—2007 年中国 1770232 家企业的观察样本，测度总体生产率中各个部分的贡献程度，为从不同作用渠道研究金融发展对生产率影响做相应的铺垫和准备。行业总体生产率为行业内不同企业生产率的加权平均值，其表达式为：

$$tfp_{jt}^{agg} = \sum_{i \in I_j} \theta_{it} \cdot tfp_{it} \qquad (3-33)$$

在式（3-33）中，下标 $t$ 表示时间，$j$ 表示行业，$i$ 表示企业，$I_j$ 表示行业 $j$ 的企业集合，$tfp_{jt}^{agg}$ 表示行业 $j$ 在 $t$ 时期的总体生产率，$\theta_{it}$ 表示企业 $i$ 在 $t$ 时期的权重，在这里用企业 $i$ 在 $t$ 时期的市场份额来衡量，反映资源在不同企业间的配置情况。

通过式（3-33）可以得到行业总体生产率增长的表达式为：

$$\Delta tfp_{jt}^{agg} = \sum_{i \in I_j} \theta_{it} \cdot tfp_{it} - \sum_{i \in I_j} \theta_{it-1} \cdot tfp_{it-1} \qquad (3-34)$$

式（3-34）表示行业总体生产率在 $t$ 时期和 $t-1$ 时期之间的变化。

从 $t-1$ 时期到 $t$ 时期，一些企业在两个时期持续生产经营，这些企业被称为存活企业，构成集合 $C$。一部分企业在 $t-1$ 时期生产经营但在 $t$ 时期退出生产活动，这部分企业被称为退出企业，构成集合 $X$。一些企业在 $t-1$ 时期不存在，但在 $t$ 时期进入生产经营，这些企业被称为进入企业，构成集合 $E$。通过分析参与生产经营活动企业的构成及其变化，借鉴 Baily 等（1992）、Baldwin 和 Gu（2006）的总体生产率增长的分解方法，式（3-34）可以具体表示为：

$$\Delta tfp_{jt}^{agg} = \sum_{i \in C} (\theta_{it} \cdot tfp_{it} - \theta_{it-1} \cdot tfp_{it-1}) + \sum_{i \in E} \theta_{it} \cdot tfp_{it} - \sum_{i \in X} \theta_{it-1} \cdot tfp_{it-1}$$
$$(3-35)$$

研究存活企业对行业总体生产率的影响，我们发现主要有两个作用渠道：一是企业自身生产率水平的变化对行业总体生产率的决定，二是存活企业市场份额的变化对行业总体生产率的影响。由此，存活企业对行业总体生产率增长的决定可以具体表示为：

$$\sum_{i \in C} \theta_{it} \cdot tfp_{it} - \theta_{it-1} \cdot tfp_{it-1} = \sum_{i \in C} \theta_{it} \cdot \Delta tfp_{it} - \sum_{i \in C} \Delta \theta_{it} \cdot tfp_{it} \quad (3-36)$$

将式（3-35）代入式（3-36）进行整理，可以得到关于行业总体生产率增长的表达式：

$$\Delta tfp_{jt}^{agg} = \sum_{i \in C} \theta_{it-1} \cdot \Delta tfp_{it} + \sum_{i \in C} \Delta \theta_{it} \cdot tfp_{it} + \sum_{i \in E} \theta_{it} \cdot tfp_{it} - \sum_{i \in X} \theta_{it-1} \cdot tfp_{it-1}$$
$$(3-37)$$

式（3-37）可以分解为四个部分：

其中，$\sum_{i \in C} \theta_{it-1} \cdot \Delta tfp_{it}$ 为组内效应，表示存活企业所占市场份额在 $t$ 时期和 $t-1$ 时期保持不变的假定条件下，由存活企业自身生产率水平变动而引起的行业总体生产率增长。由此，$\sum_{i \in C} \theta_{it-1} \cdot \Delta tfp_{it}$ 反映了企业技术效率提高对行业总体生产率的影响。

$\sum_{i \in C} \Delta \theta_{it} \cdot tfp_{it}$ 为份额效应，表示存活企业自身生产率水平在 $t$ 时期和 $t-1$ 时期保持不变的假定条件下，由存活企业市场变化而引致的行业总体生产率增长。

$\sum\limits_{i \in E} \theta_{it} \cdot tfp_{it}$ 为进入效应，表示企业进入对行业总体生产率增长的影

响。$\sum\limits_{i \in X} \theta_{it-1} \cdot tfp_{it-1}$ 为退出效应，表示企业退出对行业总体生产率增长的

影响。$\sum\limits_{i \in E} \theta_{it} \cdot tfp_{it} - \sum\limits_{i \in X} \theta_{it-1} \cdot tfp_{it-1}$ 为净进入效应，表示企业进入和退出

对行业总体生产率增长的总效应。

$\sum\limits_{i \in C} \Delta\theta_{it} \cdot tfp_{it} + \sum\limits_{i \in E} \theta_{it} \cdot tfp_{it} - \sum\limits_{i \in X} \theta_{it-1} \cdot tfp_{it-1}$ 为要素重置对行业总体

生产率的总效应。

根据式（3 - 37）对生产率增长进行分解，并借鉴毛其淋（2013）
的计算方法，求得 30 个省（自治区、直辖市）的总体生产率增长中各
个组成部分的贡献，结果报告在表 3 - 5 中。

从表 3 - 5 的相关数据可以得出，从 1999 年到 2007 年，除了黑龙
江、海南和云南外，其他 27 个省份地区全要素生产率增长值都为正。
由于计算时权重的不同，表 3 - 4 和表 3 - 5 的少部分结果有差异，但是
总体结果相同。通过分解总体生产率的增长，我们发现企业组内效应和
企业净进入效应是企业总体生产率增长的主要来源。企业组内效应反映
了微观企业生产率提高的作用效应。企业净进入效应则体现了资源在不
同微观经济主体之间配置的作用效果。

**表 3 - 5　　　　　　1999—2007 年中国各省份地区工业企业**
**全要素生产率增长及分解结果**

| 地区 | 持续在位企业的贡献 | | 进入和退出企业的贡献 | | 企业更替的效应<br>（净进入效应） | 生产率总体<br>增长效应 |
| | 组内效应 | 份额效应 | 进入效应 | 退出效应 | | |
| | （1） | （2） | （3） | （4） | （5）＝<br>（3）－（4） | （6）＝（1）+<br>（2）+（3）－（4） |
| 北京 | - 0.1473 | - 2.2561 | 7.3857 | 4.0398 | 3.3459 | 0.9425 |
| 天津 | 0.1755 | - 1.4525 | 7.8608 | 4.2671 | 3.5938 | 2.3167 |
| 河北 | - 0.2086 | - 2.4715 | 6.7059 | 3.6820 | 3.0239 | 0.3437 |
| 山西 | - 0.0249 | - 0.4339 | 6.2533 | 5.2409 | 1.0124 | 0.5535 |
| 内蒙古 | 0.0497 | - 2.0471 | 8.4189 | 5.1662 | 3.2527 | 1.2553 |
| 辽宁 | 0.1157 | - 2.0207 | 6.5381 | 4.1926 | 2.3455 | 0.4405 |
| 吉林 | 0.1512 | - 2.3989 | 6.5719 | 3.5726 | 2.9993 | 0.7516 |

续表

| 地区 | 持续在位企业的贡献 | | 进入和退出企业的贡献 | | 企业更替的效应（净进入效应）(5) = (3) - (4) | 生产率总体增长效应(6) = (1) + (2) + (3) - (4) |
| | 组内效应(1) | 份额效应(2) | 进入效应(3) | 退出效应(4) | | |
|---|---|---|---|---|---|---|
| 黑龙江 | -1.9719 | -5.6330 | 8.2152 | 2.6368 | 5.5784 | -2.0264 |
| 上海 | 0.1534 | -1.1956 | 6.0674 | 4.6345 | 1.4329 | 0.3908 |
| 江苏 | 0.1356 | -1.8675 | 6.8146 | 4.1310 | 2.6836 | 0.9518 |
| 浙江 | 0.1753 | -1.1198 | 6.3589 | 4.9027 | 1.4563 | 0.5117 |
| 安徽 | 0.1071 | -0.4149 | 5.8760 | 4.8708 | 1.0052 | 0.6973 |
| 福建 | 0.2212 | -2.8224 | 6.0904 | 2.7744 | 3.3160 | 0.7148 |
| 江西 | 0.0045 | -0.9579 | 6.6861 | 5.4548 | 1.2313 | 0.2779 |
| 山东 | 0.1629 | -1.2825 | 6.8307 | 5.2184 | 1.6123 | 0.4927 |
| 河南 | 0.0357 | -1.0882 | 6.4531 | 4.5701 | 1.8830 | 0.8305 |
| 湖北 | 0.0886 | 0.2083 | 6.4212 | 5.8541 | 0.5671 | 0.8640 |
| 湖南 | 0.2588 | -1.1966 | 6.4382 | 5.1827 | 1.2554 | 0.3176 |
| 广东 | 0.1288 | -1.0661 | 6.4198 | 4.4937 | 1.9261 | 0.9888 |
| 广西 | -0.0174 | -0.9535 | 7.3256 | 5.7832 | 1.5423 | 0.5715 |
| 海南 | 0.0613 | 0.5321 | 6.7201 | 7.5658 | -0.8457 | -0.2524 |
| 重庆 | 0.4716 | -2.4302 | 6.3185 | 3.2065 | 3.1120 | 1.1534 |
| 四川 | 0.2099 | -1.8039 | 7.6980 | 4.9446 | 2.7534 | 1.1594 |
| 贵州 | -0.0837 | 0.1546 | 5.8229 | 5.3825 | 0.4404 | 0.5113 |
| 云南 | 0.0454 | -2.8753 | 5.0484 | 2.8102 | 2.2382 | -0.5917 |
| 陕西 | -0.2777 | -1.8437 | 5.8372 | 3.6329 | 2.2043 | 0.0829 |
| 甘肃 | 0.0224 | -0.3860 | 7.3122 | 5.6027 | 1.7094 | 1.3458 |
| 青海 | -0.0632 | -0.1576 | 7.9046 | 7.1035 | 0.8011 | 0.5803 |
| 宁夏 | -0.0073 | -0.2133 | 5.9822 | 5.3088 | 0.6734 | 0.4528 |
| 新疆 | -0.8410 | -2.4194 | 8.6708 | 4.2274 | 4.4434 | 1.1830 |

4. 企业生产率分布的地区比较研究

企业生产率分布是微观层面对生产率研究的一个主要内容，为了弥补全国总体层面的分析可能会掩盖地区之间的差异性特征，本部分内容重点分析省份地区企业生产率分布的特点，从省份地区的角度考察企业生产率分布的规律。标准差是企业生产率分布的一个重要测度指标，为了能与前面的标准差系数指标形成对比和补充，接下来的内容，我们将计算出在1999—2007年各省份地区历年的工业企业全要素生产率标准差，以观测企业生产率分布在省份地区的表现和变化，进而通过省份地区之间和省份地区不同时间的对比分析，得出关于企业生产率分布的相关结论。通过计算，得到表3-6。

表3-6　1999—2007年各省份地区工业企业全要素生产率标准差

| 年份 | 1999 | 2000 | 2001 | 2002 | 2003 | 2004 | 2005 | 2006 | 2007 | 均值 |
|---|---|---|---|---|---|---|---|---|---|---|
| 北京 | 1.3612 | 1.3181 | 1.3269 | 1.2838 | 1.2588 | 1.2668 | 1.2835 | 1.2893 | 1.2667 | 1.2950 |
| 天津 | 1.0505 | 1.1671 | 1.0607 | 1.3251 | 1.3454 | 1.4125 | 1.4329 | 1.4080 | 1.3522 | 1.2838 |
| 河北 | 1.2135 | 1.2230 | 1.2335 | 1.2479 | 1.2553 | 1.2575 | 1.2642 | 1.3014 | 1.3091 | 1.2562 |
| 山西 | 1.1943 | 1.1512 | 1.1400 | 1.1192 | 1.1686 | 1.1949 | 1.1965 | 1.1773 | 1.1417 | 1.1649 |
| 内蒙古 | 1.3674 | 1.3369 | 1.3402 | 1.3234 | 1.3352 | 1.2129 | 1.3120 | 1.2631 | 1.2276 | 1.3021 |
| 辽宁 | 1.2482 | 1.2455 | 1.2316 | 1.1954 | 1.1210 | 1.1980 | 1.1082 | 1.0918 | 1.0820 | 1.1691 |
| 吉林 | 1.4337 | 1.4298 | 1.4163 | 1.4095 | 1.2802 | 1.3611 | 1.2417 | 1.1971 | 1.2142 | 1.3315 |
| 黑龙江 | 1.4172 | 1.3836 | 1.3941 | 1.3193 | 1.3264 | 1.3070 | 1.2450 | 1.2221 | 1.1849 | 1.3111 |
| 上海 | 1.1584 | 1.1501 | 1.0793 | 1.1396 | 1.0715 | 1.1587 | 1.1215 | 1.0573 | 1.1613 | 1.1220 |
| 江苏 | 1.0460 | 1.0492 | 1.0143 | 0.9892 | 1.0103 | 1.0180 | 1.0281 | 0.9916 | 0.9966 | 1.0159 |
| 浙江 | 0.9888 | 0.9228 | 0.8713 | 0.8697 | 0.8733 | 0.9531 | 0.8609 | 0.8841 | 0.8976 | 0.9024 |
| 安徽 | 1.1858 | 1.1839 | 1.1094 | 1.0996 | 1.1290 | 1.1603 | 1.0926 | 1.1297 | 1.1192 | 1.1344 |
| 福建 | 1.1140 | 1.0966 | 1.1014 | 1.1292 | 0.9766 | 0.9954 | 1.0625 | 1.0374 | 0.9810 | 1.0549 |
| 江西 | 1.3464 | 1.3692 | 1.3827 | 1.2950 | 1.2073 | 1.1893 | 1.0461 | 1.0451 | 1.0296 | 1.2123 |
| 山东 | 1.2110 | 1.1596 | 1.1637 | 1.1340 | 1.1391 | 1.1675 | 1.1087 | 1.1271 | 1.1354 | 1.1496 |
| 河南 | 1.0945 | 1.1351 | 1.1447 | 1.1485 | 1.1328 | 1.1432 | 1.1073 | 1.1690 | 1.1322 | 1.1341 |
| 湖北 | 1.2890 | 1.2754 | 1.2210 | 1.1802 | 1.1088 | 1.1827 | 1.1417 | 1.1375 | 1.1071 | 1.1826 |
| 湖南 | 1.2222 | 1.2069 | 1.1842 | 1.1567 | 1.0698 | 1.0788 | 1.0047 | 1.0190 | 0.9976 | 1.1044 |
| 广东 | 1.2351 | 1.1692 | 1.1226 | 1.1422 | 1.1180 | 1.1934 | 1.0933 | 1.0939 | 1.0712 | 1.1377 |
| 广西 | 1.4162 | 1.3975 | 1.4318 | 1.4208 | 1.3314 | 1.3629 | 1.2873 | 1.2878 | 1.1152 | 1.3390 |
| 海南 | 1.6058 | 1.6611 | 1.8755 | 1.4197 | 1.3239 | 1.1338 | 1.2925 | 1.3045 | 1.3789 | 1.4440 |
| 重庆 | 1.1447 | 1.2695 | 1.1627 | 1.2160 | 1.0766 | 1.1446 | 1.0173 | 1.0540 | 1.0244 | 1.1233 |
| 四川 | 1.3302 | 1.2861 | 1.2535 | 1.2361 | 1.2908 | 1.2520 | 1.1914 | 1.1970 | 1.1514 | 1.2432 |
| 贵州 | 1.4275 | 1.4181 | 1.3056 | 1.3289 | 1.4401 | 1.4215 | 1.4388 | 1.4173 | 1.2479 | 1.3829 |

| 年份 | 1999 | 2000 | 2001 | 2002 | 2003 | 2004 | 2005 | 2006 | 2007 | 均值 |
|------|------|------|------|------|------|------|------|------|------|------|
| 云南 | 1.4008 | 1.4272 | 1.4318 | 1.4221 | 1.3401 | 1.3518 | 1.3462 | 1.2988 | 1.3216 | 1.3712 |
| 陕西 | 1.4697 | 1.4274 | 1.4086 | 1.3823 | 1.3928 | 1.4141 | 1.3240 | 1.2506 | 1.1824 | 1.3613 |
| 甘肃 | 1.4478 | 1.4401 | 1.3968 | 1.0099 | 1.9332 | 1.3802 | 1.2430 | 1.2757 | 1.2777 | 1.3783 |
| 青海 | 1.8844 | 1.7506 | 1.7791 | 1.4924 | 1.5694 | 1.5904 | 1.4415 | 1.4802 | 1.4677 | 1.6062 |
| 宁夏 | 1.3480 | 1.3095 | 1.2873 | 1.2443 | 1.1779 | 1.3561 | 1.2032 | 1.1574 | 1.0870 | 1.2412 |
| 新疆 | 1.4270 | 1.5330 | 1.4686 | 1.4149 | 1.3712 | 1.3957 | 1.3304 | 1.3304 | 1.2299 | 1.3890 |

对比分析各省份地区在历年的工业企业全要素生产率标准差，我们发现，除个别省份偶尔会出现标准差递增的情况外，总体上，各省份的工业企业全要素生产率标准差表现为逐年递减的趋势。这也就意味着企业之间生产率差异不断在缩小，企业生产率分布在各省份层面表现为企业间生产率的均等化倾向，这与用标准差系数计算的全国工业企业生产率分布的结果基本相同。

表 3-6 显示，虽然从 1999 年至 2007 年各省份地区的工业企业全要素生产率标准差的总体演变趋势基本相同，但是在具体的递减幅度上各省份间存在差别。其中，标准差降低幅度最大的三个省份为青海、江西和广西，分别为 0.4167、0.3168 和 0.3010；标准差降低幅度最小的三个省份为江苏、山西和安徽，分别为 0.0494、0.0526 和 0.0666。

比较各个省份间工业企业全要素生产率标准差的差异，其值呈现出地区经济发展特征。浙江、江苏和福建在 1999—2007 年的均值最小，分别为 0.9024、1.0159 和 1.0549，说明这三个省份企业生产率之间差异最小；青海、海南和新疆在 1999—2007 年的均值最大，分别为 1.6062、1.4440 和 1.3890，这体现了这三个省份企业生产率之间差异最大。均值最小的三个省份都在东部沿海地区；青海和新疆作为均值最大的其中两个省份，都在西部地区，不难发现，企业生产率分布有地区差异化特征。

## 第三节　中国金融发展与企业生产率相互关联的特征性事实

根据中国各省份地区金融发展和生产率的相关数据，我们发现两者之间存在一定的相互关联。为了呈现两者的各种关系，本部分首先将各个地区的金融发展与中国工业企业生产率的相应测度结果在同一坐标图中作折线图和散点图。基于图形的直观分析，推导出金融发展与企业生产率不同方面的相互关联，从而为后续的相关分析奠定基础。

**一 金融发展与企业技术进步的关系**

中国工业企业的组内效应能够较好地体现企业技术进步的情况，为了直观地反映金融发展与企业技术进步的关系，本章从金融发展的金融规模和金融效率两个方面分析金融发展与中国工业企业组内效应的关系，基于表3－1、表3－2和表3－5的数据绘制了1999—2007年各省份地区平均金融规模和平均金融效率与中国工业企业组内效应的折线图，具体见图3－4和图3－5。[①]

在图3－4的折线图中，1999—2007年各省份地区平均金融规模与中国工业企业组内效应密切相关，两者呈现出同向变动的关系，结合表3－1和表3－5的数据，不难得出，金融规模扩大会促进企业技术水平提高。与此类似，在图3－5的折线图中，1999—2007年各省份地区平均金融效率与中国工业企业组内效应密切相关，两者同样呈现出同向变动的关系，结合表3－2和表3－5的数据，不难得出，金融效率提高会促进企业技术水平提高。综合金融规模和金融效率两个方面与企业技术水平的关系，我们可以得出金融发展有利于企业技术进步。

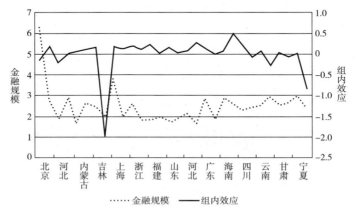

**图3－4 1999—2007年各省份地区平均金融规模与中国工业企业组内效应的折线图**

① 由于横轴的空间有限，在图3－4和图3－5中，横坐标只标出了部分省份地区。

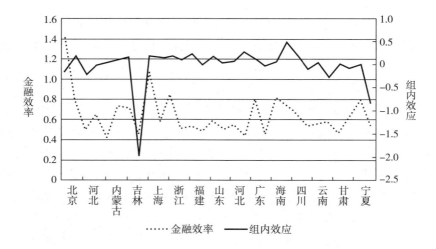

**图 3 – 5  1999—2007 年各省份地区平均金融效率与**
**中国工业企业组内效应的折线图**

## 二  金融发展与企业生产率分布的关系

为了更加直观地反映地区金融发展水平和企业生产率分布的关系，本章从金融发展的金融规模和金融效率两个方面进行分析。基于表 3 – 1、表 3 – 2 和表 3 – 6 的数据，本章绘制了 1999—2007 年各省份地区金融规模和金融效率与中国工业企业生产率标准差的散点图，具体见图3 – 6和图 3 – 7。

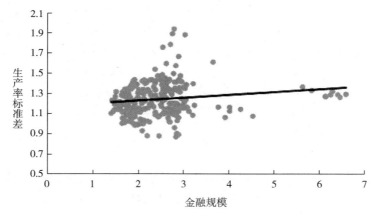

**图 3 – 6  1999—2007 年各省份地区金融规模与中国**
**工业企业生产率标准差的散点图**

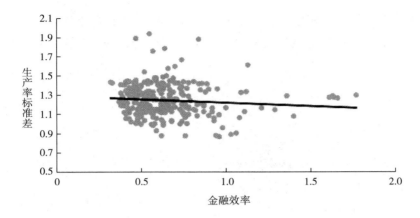

**图 3 - 7　1999—2007 年各省份地区金融效率与中国**
**工业企业生产率标准差的散点图**

　　不难发现，金融规模和金融效率对企业生产率分布有不同的影响效果。在图 3 - 6 的散点图中，趋势线的斜率为正，由此可以得出，在总体趋势上，不同省份地区的金融规模与企业生产率标准差存在正相关性，这反映了金融规模的扩大可能增大了企业生产率分布的离散程度。而在图 3 - 7 的散点图中，趋势线的斜率为负，由此可以得出，在总体趋势上，不同省份地区的金融效率与企业生产率标准差之间存在负相关，这反映了金融效率的提高能降低企业生产率分布的离散程度。综合不同省份地区金融规模和金融效率对企业生产率分布的影响，可以得出金融发展的两个方面对企业生产率分布的影响存在显著差异。

　　**三　金融发展与企业总体生产率水平的关系**

　　为了更加直观地反映地区金融发展水平和企业总体生产率水平的关系，本章从金融发展水平的金融规模和金融效率两个方面进行分析。基于表 3 - 1、表 3 - 2 和表 3 - 3 的相关数据，本章绘制了 1999—2007 年各省份地区金融规模和金融效率与中国工业企业总体生产率水平的散点图。在图 3 - 8 的散点图中，趋势线的斜率为正，由此可以得出，在总体趋势上，不同省份地区的金融规模与中国工业企业总体生产率水平显著正相关，这反映了金融规模对企业总体生产率水平提高可能存在促进作用。在图 3 - 9 的散点图中，趋势线的斜率为正，由此可以得出，在总体趋势上，不同省份地区的金融效率与中国工业企业总体生产率水平显著正相关，这反映了金融效率对企业总体生产率水平提高也可能存在促进作用。综合不同省份地区金融规模和金融效率对企业总体生产率的影响，不难得出，金融发展对企业总体生产率水平提高存在显著促进作用。

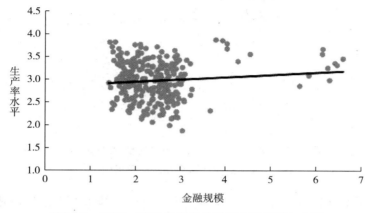

**图 3 - 8　1999—2007 年各省份地区金融规模与中国
工业企业总体生产率水平的散点图**

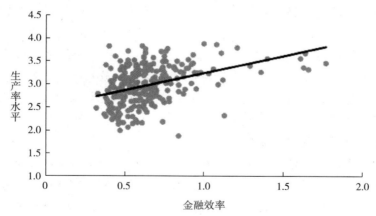

**图 3 - 9　1999—2007 年各省份地区金融效率与中国
工业企业总体生产率水平的散点图**

# 第四节　本章小结

关于金融发展对生产率影响的实证分析的基础和关键是将金融发展

和企业生产率进行量化，即构建相应的指标以反映金融发展水平和企业生产率水平。鉴于数据的可得性和特征，本书选择和构建相应的指标以量化金融发展水平和企业生产率水平，以充分体现金融发展和生产率的基本特征。在测度金融发展和企业生产率的基础上，本章通过图形分析，直观体现出金融发展与企业生产率相关特征的关系。本章第一节从金融规模和金融效率两个方面回顾了传统理论对金融发展的测度方法，在此基础上，构建金融规模和金融效率指标。两个方面的指标测度结果显示，中国金融发展水平在不断提高，但金融发展水平在各省份之间存在显著差异，且金融发展水平的提高速度也不同。本章第二节分析了企业全要素生产率的不同测度方法，即索洛残差法、数据包络法、随机前沿分析方法和半参数分析法。由于半参数分析法的优点，本章采用最近经济学界普遍使用的 LP 方法和 OP 方法测算中国工业企业的生产率。基于企业生产率的相关数据，分析发现，从整体看，1999—2007 年中国工业企业全要素生产率水平呈不断提高的趋势，不同生产率企业的替代和企业生产率的提高对总体生产率都具有积极作用，且企业之间的全要素生产率差异在不断降低；从地区差异看，各省份之间的全要素生产率平均水平存在差异且全要素生产率增长速度也存在差异，各省份之间的企业全要素生产率标准差也有差异。本章第三节从金融规模和金融效率两个方面初步分析金融发展与企业技术进步、企业生产率分布和企业总体生产率关系，从图形中描述两者可能存在的各种关系，为下文的理论机理分析和进一步实证研究引出研究的方向和重点。

本章的相关内容为后续章节的分析奠定了良好的基础，为我们揭示中国金融发展对企业生产率的作用机制和效果提供了现实依据，在随后的第四章到第六章，我们将利用本章测算得到的金融发展和企业生产率的相关数据全面和系统地检验金融发展对企业生产率的作用效果。

# 第四章　金融发展与企业技术进步

## ——基于研发投入的视角

# 第一节　引言

　　金融发展水平是一个国家经济整体发展环境的重要衡量指标，是一个国家经济可持续发展的重要保证。由于企业作为一个国家经济运行的主体，其技术水平和生产率水平是一国整体经济的基础，企业技术进步则是一个企业提高其生产率和竞争力的重要表现形式和渠道。从金融发展和企业技术水平两者的相互关系看，在现实经济中，企业生产活动需要金融体系的支持，在某些特定的发展阶段，企业技术进步和生产率提高需要以金融发展为前提条件；而企业技术水平和企业生产率水平在一定程度上反映了金融发展水平。从已有的内生经济增长理论看，企业研发投入是企业技术进步和企业生产率提高的重要渠道和方式。相关理论分析和实证研究都显示，金融体系是影响企业技术进步的重要因素，金融发展通过缓解企业融资约束增加了企业研发投入并且促进了企业技术创新，最终提高微观企业层面和总体宏观层面的生产率。虽然金融发展与技术进步关系得到了理论和实证的支持和验证，但是在现有的内生经济增长理论分析框架中对于金融因素与技术进步逻辑自洽的阐述相对缺乏，而且将宏观金融体系和微观企业生产率相结合的实证分析相对较少。

　　为此本章在内生经济增长理论框架中引入金融因素，以阐述金融发展对技术进步的作用机理。在实证分析中努力实现宏观金融体系和企业的微观特征相结合，具体的实证分析按照以下部分进行展开：首先利用地区宏观数据和企业微观数据，在考虑地区层面和企业层面变量的同时，研究金融发展对企业研发投入的影响，从企业技术进步的作用渠道进行了两者关系的验证；其次，从整体的角度考察了金融发展对企业全要素生产率的作用，实证检验了金融发展对企业技术水平的作用效果；最后，鉴于企业所有制对企业行为决策和结果的重要影响，研究中国特殊经济发展模式下金融发展对不同所有制企业技术水平作用的差异，差异化的研究视角对金融发展下的企业技术进步效应的实证结果提供了有益的对比和完善。本章从技术进步的角度研究金融发展对企业生产率的作用效果，从而提供金融发展促进企业生产率提高的经验证据，为相关经济主体参与决策提供具有现实意义和价值的一些参考依据。

## 第二节　金融发展与企业技术进步的关联机制

金融体系对于技术进步和生产率提高的重要作用已经得到了经济学家的大量关注。随着相关研究的进一步深入，金融发展对企业技术进步的作用渠道和机制也日益受到重视。特别是 Romer（1990）、Grossman 和 Helpman（1991）、Aghion 和 Howitt（1992）等学者将企业研发投入纳入其理论范畴而建立了一套新的分析框架，发展了以技术内生增长为前提条件下的研发投入为研究重点的内生经济增长理论，从而拓展了生产率内容研究的边界，丰富了相关研究内容。本节内容以 Howitt 和 Aghion（1998）的内生技术进步模型为基础，在模型中引入金融部门；在此研究框架下，本章从企业研发投入的决策出发分析了金融发展对研发创新的作用机理，为研究金融发展对技术进步和生产率提高提供了一个研究视角。

本章理论机制模型以 Howitt 和 Aghion（1998）熊彼特式垂直创新的内生技术进步模型为基础，是一个考察包括五个部门的封闭经济体模型：家庭部门、金融部门、最终产品生产部门、中间产品生产部门和研发部门。在本部分的理论模型中，金融发展作用于企业研发投入和技术进步的运行机制为：金融发展有利于外部融资成本降低，而外部融资成本的降低会影响研发投入的成本和提高创新产品利润的贴现值，最终促进企业的研发投入和技术进步。

## 一　家庭部门

假定代表性家庭选择消费 $C_t$，其效用函数为在无限时域内的固定弹性效用函数，表达式为：

$$U(C_t) = \int_0^\infty \frac{C_t^{1-\sigma} - 1}{1 - \sigma} e^{-\rho t} \mathrm{d}t, \sigma > 0, 0 < \rho < 1 \qquad (4-1)$$

在式（4-1）中，$C_t$ 为代表性家庭的消费水平；$\sigma$ 为边际效用弹性，是跨期替代弹性的倒数；$\rho$ 表示主观时间偏好率。

假定家庭的预算约束方程为：

$$\dot{a}_t = r_t a_t + w_t - C_t \qquad (4-2)$$

在式（4-2）中，$w_t$ 为工资，$r_t$ 为资本利率，$a_t$ 为家庭的人均资本存量。

通过代表性家庭的最优化方法，可以得到在均衡时消费增长率的表达式：

$$\frac{\dot{C}_t}{C_t} = \frac{r_t - \rho}{\sigma} \qquad (4-3)$$

## 二　最终产品生产部门和中间产品生产部门

假设该经济体中最终产品生产部门只有一种最终产品 $Y_t$，其生产的投入品为劳动力和中间产品生产部门的中间产品，生产函数的表达式为：

$$Y_t = \int_0^1 A_{it} x_{it}^\alpha L^{1-\alpha} \mathrm{d}i, 0 < \alpha < 1 \qquad (4-4)$$

在式（4-4）中，$x_{it}$ 表示投入最终产品生产的第 $i$ 种中间产品的数量，而 $A_{it}$ 为相对应中间产品的生产技术参数，在下文的分析中，垂直研发部门的投入会提高中间产品的生产技术参数 $A_{it}$；$L$ 为投入最终产品生产的劳动力数量。

假定最终产品在完全竞争市场中，其价格单位化为 1，根据利润最大化的原则，在 $t$ 时刻第 $i$ 种中间产品的价格 $P_{it}$ 和劳动力的工资 $w_{it}$ 的表达式分别为：

$$P_{it} = A_{it} \alpha L^{1-\alpha} x_{it}^{\alpha-1} \qquad (4-5)$$

$$w_{it} = (1 - \alpha) L^{-\alpha} \int_0^1 A_{it} x_{it}^\alpha \mathrm{d}i \qquad (4-6)$$

为了简化分析，借鉴 Howitt 和 Aghion（1998）的分析假定，资本是中间产品生产的唯一投入，其生产函数表达式为：

$$x_{it} = K_{it}/A_{it} \qquad (4-7)$$

在式（4-7）中，$K_{it}$ 为 $t$ 时刻第 $i$ 种中间产品生产的资本投入。

假定资本的利率是 $r_t$，则产量为 $x_{it}$ 的中间产品生产企业的利润函数为：

$$\pi_{it} = P_{it}x_{it} - r_t A_{it}x_{it} \qquad (4-8)$$

根据利润最大化的一阶条件可以得到中间产品的产量表达式为：

$$x_{it} = L\left(\frac{\alpha^2}{r_t}\right)^{\frac{1}{1-\alpha}} \qquad (4-9)$$

将中间产品产量表达式代入利润函数，得到最大化的利润为：

$$\pi_{it} = \alpha(1-\alpha)L^{1-\alpha}A_{it}x_{it}^{\alpha} \qquad (4-10)$$

根据对称性原理，不失一般性地假定在最终产品的生产过程中每一种中间产品的投入数量相同，即 $x_{it} = x_t$，由此可以得到 $t$ 时刻中间产品 $i$ 的生产过程中资本投入量 $K_{it} = A_{it}x_t$，而中间产品部门的总资本投入 $K_t = \int_0^1 A_{it}x_{it}\mathrm{d}i$。令 $A_t$ 为 $t$ 时间所有中间产品的平均生产效率系数，则 $A_t = \int_0^1 A_{it}\mathrm{d}i$，由此相应可以推出：$K_t = A_t x_t$，并且可以得到：

$$r_t = \alpha^2\left(\frac{K_t}{A_t L}\right)^{\alpha-1} = \alpha^2(k_t)^{\alpha-1} \qquad (4-11)$$

令 $k_t = \dfrac{K_t}{A_t L}$，表示人均有效资本。

### 三 研发部门

假定研发部门进行熊彼特式的垂直创新，一旦研发成功，较高生产效率的中间产品厂商就会取代生产效率低的厂商，从而获得相应该种中间产品生产的垄断利润直至被其他厂商取代。借鉴 Howitt 和 Aghion（1998）的假设，创新的发生率服从 Poisson 过程：

$$\varphi_t = \lambda n_t, n_t \equiv N_t/A_t^{\max}, \lambda > 0 \qquad (4-12)$$

在式（4-12）中，$\lambda$ 为单位投入的研发成功的概率，用以表示研发部门的研发效率，$N_t$ 为研发的投入，$n_t$ 表示经生产率调整的研发投入水平，也称为研发密集度。

技术前沿参数 $A_t^{\max}$ 是由创新带来的技术外溢造成的，它的增长率取决于总创新速度。前沿技术参数的增长率为：

$$g_t = \frac{\dot{A}_t^{\max}}{A_t^{\max}} = \lambda n_t \ln\gamma , \gamma > 1 \tag{4-13}$$

在式（4-13）中，每个创新使前沿技术参数从 $A_{t-1}^{\max}$ 提高到 $A_t^{\max} = \gamma A_{t-1}^{\max}$，比例因子 $\ln\gamma$ 反映了一次创新对前沿技术参数的边际贡献。与 Howitt 和 Aghion（1998）的假设一致 $A_t^{\max} = A_t(1 + \ln\gamma)$，因此平均生产效率参数的增长率等于前沿技术参数的增长率。

熊彼特式创新是一种创造性的毁灭，创新的产品会取代原有的产品。稳定状态下 $t$ 时刻的一个创新产品一直存在直至下一个创新出现，该创新产生流量的贴现值为：

$$V_t = \int_t^{+\infty} \pi(\tau) \exp\left( -\int_t^\tau [r(s) + \lambda n(s)] ds \right) d\tau \tag{4-14}$$

我们假定企业单位研发投入的成本为 $(1 + r_t)$，从而给下文的金融发展对企业研发投入作用之分析做铺垫。在此条件下，研发部门的利润函数可以表示为：

$$\max_{n_t} \pi_{R\&D} = \lambda n_t V_t - (1 + r_t) N_t = \lambda n_t V_t - n_t (1 + r_t) A_t^{\max} \tag{4-15}$$

### 四 竞争性均衡的求解

当经济处于平衡增长路径时，根据产出、技术、消费和资本之间关系可以得到如下关系式：

$$g = g_Y = g_A = g_C = g_K = g_N = \lambda n \ln\gamma \tag{4-16}$$

在式（4-16）中，增长率分别为最终产品产量增长率、前沿技术参数（平均生产效率参数）增长率、消费增长率、资本增长率和研发投入增长率。

当经济处于平衡增长路径时，结合消费增长率的表达式，可以得到资本利率的表达式为：

$$r = \rho + \lambda n \sigma \ln\gamma = \alpha^2 k^{\alpha-1} \tag{4-17}$$

提高研发密集度 $n$ 一单位的边际收益为 $\lambda V_t$，边际成本为 $(1 + r_t) A_t^{\max}$，结合利润最大化条件，研发部门的研发投入在平衡增长路径上研发边际收益等于边际成本，通过整理可以得到：

$$1 + \rho + \lambda n \sigma \ln\gamma = \lambda \frac{(1-\alpha)\alpha L^{1-\alpha} k^\alpha}{(\rho + \lambda n \sigma \ln\gamma) + \lambda n} \tag{4-18}$$

根据资本利率曲线的表达式（4-17），可得 $\frac{\mathrm{d}n}{\mathrm{d}k} < 0$，两者负相关性

的经济关系运行逻辑是：研发密集度的提高会加快增长速度，而增长速度的加快导致资本利率增加，最终抑制人均有效资本的投入。根据研发投入的成本收益曲线的表达式（4 - 18），可得 $\dfrac{\mathrm{d}n}{\mathrm{d}k} > 0$，两者正相关性的经济关系运行逻辑是：一方面人均有效资本投入的增加会提高成功研发投入的垄断利润 $\pi_{it} = \alpha (1 - \alpha) L^{1-\alpha} A_{it} x_{it}^{\alpha}$；另一方面人均有效资本投入的增加会使资本利率降低，资本利率的降低会减少研发投入成本和增加相同垄断利润贴现值，垄断利润和资本利率这两方面因素的作用使研发投入增加和研发密集度提高。为了更加直观和形象地体现变量之间的相互关系，将资本利率曲线的表达式（4 - 17）和研发投入的成本收益曲线的表达式（4 - 18）表示在图 4 - 1 中。显然，在图 4 - 1 中，资本利率曲线（4 - 17）向右下方倾斜，研发投入的成本收益曲线（4 - 18）向右上方倾斜。与 Howitt 和 Aghion（1998）分析相同，资本利率曲线和研发投入的成本收益曲线的斜率相反使两条曲线在图中只有一个交点，即稳态具有唯一性。

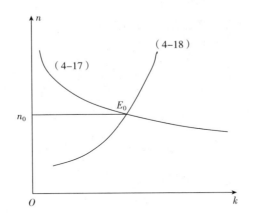

**图 4 - 1　均衡时的人均有效资本和研发密集度的决定**

## 五　引入金融部门的均衡

为了简化分析，突出金融发展对企业研发投入的影响，我们忽略金融部门在消费、中间产品生产和最终产品生产方面的作用，主要考虑金融部门对企业研发融资和投入的影响。企业进行研发投资活动时一般需要融资，而无论是进行内部融资还是外部融资，企业都需要以某种形式支付融资成本。在忽略金融体系作用或者以金融市场完全的假定前提下，内部融资和外部融资成本相同，融资方式对企业研发融资成本没有影响。但是在现实经济中，金融市场是不完全的，融资方式的不同对企业研发融资成本有重大的影响。一般而言，单位资本的外部融资成本高于内部融资成本，金融发展水平越高两者差异越小。假定企业进行研发投资时，有 $q$ 比例的研发投入由内部融资完成，而 $1-q$ 比例的研发投入通过外部融资完成。当企业研发投入通过内部融资时，单位融资成本为利率 $r$；而企业研发投入通过外部融资时，单位外部融资成本是内部融资成本的 $\theta$ 倍，即单位外部融资成本为 $\theta \times r$，并且 $\theta > 1$。由上述分析可得，金融发展水平越低，企业内外部融资的成本差异越大，$\theta$ 值越大；反之，金融发展水平越高，企业内外融资的成本差异越小，$\theta$ 值越小。

引入金融部门后，研发部门的利润函数变为：

$$\max_{n_t}\pi_{R\&D} = \lambda n_t V_t - N_t - r_t q N_t - \theta r_t (1-q) N_t = \lambda n_t V_t - [1 + r_t q + \theta r_t (1-q)] N_t = \lambda n_t V_t - [1 + r_t q + \theta r_t (1-q)] n_t A_t^{\max} \quad (4-19)$$

引入金融部门后，根据研发部门的研发投资在平衡增长路径上处于利润最大化的条件，可以得到关系式：

$$[1 + (\rho + \lambda n \sigma \ln\gamma)q + \theta(\rho + \lambda n \sigma \ln\gamma)(1-q)] = \lambda \frac{(1-\alpha)\alpha L^{1-\alpha}k^{\alpha}}{(\rho + \lambda n \sigma \ln\gamma) + \lambda n}$$

$$(4-20)$$

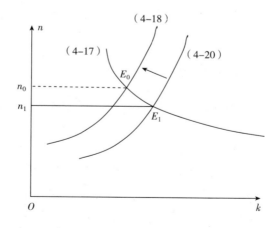

**图 4-2　引入金融部门均衡时的人均有效资本和研发密集度的决定**

引入金融部门后研发部门的投入成本收益曲线的表达式更为复杂，因此求解与资本曲线的交点的显性表达式更加困难。但是我们可以运用图形，通过均衡点位置的变动非常直观形象地体现出引入金融部门后金融发展对企业研发投入的影响。在式（4 - 20）中 $\frac{\mathrm{d}n}{\mathrm{d}\theta} < 0$，即 $n$ 和 $\theta$ 呈反向变动关系，由此可以得到在其他变量保持不变的情况下，金融发展水平与研发密集度呈正向变动关系。在由人均有效资本和研发密集度构成的坐标图中表现为，随着 $\theta$ 降低研发投入成本曲线向左上方移动，导致均衡点的变化，具体变化体现在图 4 - 2 中。

随着金融发展水平提高即 $\theta$ 降低，对研发投入成本收益曲线的作用在图 4 - 2 中表现为曲线向左上方移动，导致在均衡状态下研发密集度提高，但在均衡状态下人均有效资本却减少。由于上述两个表达式比较复杂，无法从中得到研发密集度 $n$ 关于 $\theta$ 的显示解。但是通过上述图形分析，我们可以得到一个结论：在均衡状态时，研发密集度与金融发展之间存在正向变动关系。因此再结合在平衡增长路径时关于技术进步的关系式（4 - 16），可以得到命题：金融发展有利于企业开展研发投入，从而促进企业技术进步和提高企业生产率。

# 第三节　金融发展对企业技术进步
## 作用机制的实证检验

上述理论机理模型得出金融发展有利于企业研发投入和企业技术进步。由于企业研发投入对于企业技术进步和生产率提高的作用，舒元和才国伟（2007）认为，可以使用研发投入来衡量技术进步和生产率提高。鉴于研发投入在企业生产率提高中的重要作用，本节内容的实证分析采用企业研发投入作为被解释变量来检验金融发展对企业技术水平的作用机制，从另一个角度来检验金融发展对企业技术水平的影响效果。

### 一　方法选择和模型设定

在金融发展对企业研发投入的影响研究中，变量层次存在显著的差异，一些变量指标体现企业微观的特征，而一些变量指标则反映宏观经济特征。如企业工资水平、企业规模和企业年龄属于企业层面的微观特征，而金融规模、金融效率和基础设施属于宏观层面的经济特征。进一步深入分析，企业的特征隶属于省份层面的特征，这种具有隶属关系的数据结构被称为多层数据结构；结合被解释变量为二分类变量，我们采用应用较广的多层非线性 Logistic 回归分析方法进行实证分析。杨菊花（2012）指出，虽然多层非线性模型与多层线性模型的表达式的形式存在差别，但是两者的基本原理相同。因此，本章接下来的内容使用多层模型的相关理论和前提假设来分析多层非线性 Logit 模型的适用性。由于同一省份内的企业受省内一些相同因素的影响导致企业的特征具有相似性，省份内企业并不相互独立；并且不同省份之间相同的企业特征对企业生产行为的影响效果也可能不同，因此企业—省份的双层结构数据不能满足传统回归方程的等方差和样本之间相互独立的假定前提，因此传统的回归模型并不适用于本书双层数据的分析。而多层模型没有传统模型的严格前提假设，只需要满足变量间存在线性关系和变量总体上服从正态分布两个假设。因此，采用多层模型处理本书双层次结构的数据，能够在一定程度上解决模型的估计问题，从而使相关参数估计结果更加准确和可靠；而且，相对于传统的回归模型，多层模型还能区分企业微观和省份宏观不同层次自变量的影响效果，并测度跨层因素的交互作用效果。

多层模型的基本原理在于将因变量的变异分解成两部分：同一群体的个体差异（群内变异）和不同群体之间的个体差异（群间差异）。通过相应分解，多层模型划分个体效果和群体效果。在实际计算时，多层模型先对低层的变量建立回归方程，然后将该方程中的截距和斜率作为因变量，使用高层变量作为自变量，再建立两个新的方程，从而测度不同层面的自变量对因变量的影响。具体而言，多层模型具有以下优点：能够纠正由于同一层次内样本的相似性而引起的参数估计误差；精确的标准方差可以改善置信区间和显著性检验；既可以解决群内样本的不独立性问题，又能解决跨层研究变量之间的关系（Guo & Zhao，2000）。

企业的研发投入一方面受到企业自身条件的制约，另一方面受到所在地区金融发展水平的影响，因此，本书实证分析的数据为地区和企业的双层数据结构。为了更好地处理这种结构的数据，本书采用多层模型分析。根据《中国工业企业数据库》的信息，在 2005—2007 年，只有不到20%的企业有研发投入，因此企业研发投入的数量不能很好地体现中国整体企业的研发活动情况，并且可能由于未满足线性模型的一些条件，若使用多层线性回归模型对研发投入进行计量分析就会产生很多问题。为此，本书采用是否有研发投入作为判断企业研发活动的指标，使用二元多层 Logistic 回归方法进行分析。当企业有研发投入，则定义变量 $RD=1$；反之，当企业没有研发投入，则定义变量 $RD=0$，其相应方程式为：

$$P(RD=1\mid X)=F(X',\beta)\equiv\frac{1}{1+e^{-X'\beta}} \qquad (4-21)$$

在式（4-21）中，$P(RD=1\mid X)$ 为企业进行研发投入的概率，$X$ 为向量形式的解释变量集合，表示影响企业研发投入的因素，$\beta$ 为待估计系数。

根据前文的分析内容，文章首先将核心解释变量金融发展纳入对企业研发投入影响的分析框架中，同时考虑地区的基础设施和企业层面的影响因素。为了减轻企业层面数据变化较大而出现的异方差性，除了企业研发投入（$RD$）二元离散变量外，企业层面的数据都采用对数形式表示。为了简化分析，本书假定群体的回归斜率是固定的，而被解释变量的截距随群体而发生变化，由此确定随机截距的计量模型为：

$$L1:logit(P_{ijt})=\log\left(\frac{P_{ijt}}{1-P_{ijt}}\right)=\alpha_{oj}+\alpha_1\ln wage_{ijt}+\alpha_2\ln manage_{ijt}$$

$$+\alpha_3\ln asset_{ijt}+\alpha_4\ln age_{ijt}+\alpha_5\ln export_{ijt}+\sum\alpha_{6s_1}ind_{s_1}+\sum\alpha_{7s_2}type_{s_2}+\varepsilon_{ijt}$$

$$L2:\alpha_{oj}=\beta_{00}+\beta_{01}fin_j+\beta_{02}infra_j+\mu_{0j} \qquad (4-22)$$

在式（4-22）中，$L1$ 为企业层级的回归方程，而 $L2$ 为地区层级的回归方程，下标 $i$ 表示企业，下标 $j$ 表示省份地区（下文简称地区），下标 $t$ 表示时间。$P$ 为企业有研发投入 $RD=1$ 的概率。基于企业微观视角，我们将影响企业研发投入的微观因素纳入企业层级模型，企业层级的自变量包括：企业平均工资（$wage$）、企业管理水平（$manage$）、企业规模（$asset$）、企业年龄（$age$）和企业出口规模（$export$）。地区层级的自变量包括：地区金融发展水平（$fin$）和地区基础设施水平（$infra$），并且地区金融发展水平从金融规模（$finscale$）和金融效率（$fineff$）两个方面进行考察。$ind$ 为地区行业虚拟变量，$type$ 为企业所有制虚拟变量，$s_1$ 区分不同的地区行业虚拟变量，$s_2$ 区分不同的企业所有制虚拟变量，$\mu$ 为地区随机误差项，$\varepsilon$ 为企业个体的随机误差项。

## 二 数据来源说明和变量设定

由于企业研发投入是本书实证分析的核心变量,但是《中国工业企业数据库》只公布 2005—2007 年连续三年的企业研发投入,为此本书金融发展对企业研发投入的实证分析的时间确定为 2005—2007 年。为了保持企业样本的连续性,只保留 3 年连续存在的企业样本。为了避免异常企业样本对估计结果的影响,进行如下处理:①由于西藏相关统计数据的缺失值相对较多,剔除西藏的相关企业数据;②剔除统计样本中的错误记录或异常值,如工业总产值、工业增加值、职工人数、销售额、总资产或固定资产净值缺失或小于零的企业,法人代码缺失或重复的企业;③剔除雇员少于 8 人的企业,删去 1949 年之前成立的企业;④匹配了一些开业年份缺失的企业样本。通过处理企业样本,最终保留了 200916 家企业。在地区层面的数据上,则涵括了除西藏外的 30 个省(自治区、直辖市)的数据,地区层面的各项数据均来自历年的《中国统计年鉴》《中国金融年鉴》和《中国区域经济统计年鉴》。为了消除价格的影响,一些相关企业和地区的数据以 2000 年为基期,通过相应企业所在省份的居民消费价格指数、固定资产价格指数和工业品出厂价格指数进行平减。

被解释变量。被解释变量为企业的研发投入状态,根据《中国工业企业数据库》的数据,如果企业有研发投入,则 $RD = 1$;如果企业没有研发投入,则 $RD = 0$。

核心解释变量。金融发展。在本章的理论分析框架中,金融体系通过降低内外融资成本差异,为企业研发投入提供资金,因此预期金融发展能够促进企业研发投入。结合中国金融市场的特点,构造金融规模和金融效率两个方面来衡量金融发展水平。金融规模采用各省份地区总存贷款余额与该地区国内生产总值的比值;金融效率使用各省份地区非国有企业贷款余额与该地区国内生产总值的比值。由于国内的相关统计机构没有公布国有企业和非国有企业的信贷数据,因此无法直接计算金融效率。借鉴张军和金煜(2005)、李敬等(2007)和李青原等(2013)的研究方法,计算出不同省份地区相应年份的非国有企业贷款余额。

其他变量。本书还在解释变量中加入了其他变量:企业平均工资、企业管理水平、企业规模、企业年龄、企业出口规模和基础设施水平。

企业平均工资。企业工资水平是企业人力资本的重要体现,而内生经济增长理论的代表学者 Romer（1990）认为，人力资本积累有利于企业研发投入和创新。因此，企业工资水平越高，企业研发投入的可能性越高，预期估计系数为正。本书企业平均工资水平采用（应付工资＋应付福利）/企业员工数，并取对数予以衡量。

企业管理水平。高水平的企业管理有利于其开展研发创新活动，因此，企业管理水平与研发投入正相关，预期企业管理水平的估计系数为正。本书采用企业管理经费与企业从业人数的比值测度企业管理水平，并对其取对数。

企业规模。企业规模是影响企业研发融资和规模经济发挥的重要因素，著名的"熊彼特假说"认为大企业在融资渠道、风险分担和规模经济等方面拥有优势，因此相对于小企业，其创新能力相对更强（Schumpeter，1942）。由此，企业规模越大，研发投入进行创新的概率越大，预期企业规模的估计系数为正。为了避免变量之间的共线性问题，本书以总资产来体现企业规模，并对总资产取对数。

企业年龄。按照企业生命周期理论，在企业生命周期的不同阶段，企业会采取不同的生产经营行为。研发投入作为企业生产经营活动的重要组成部分在企业不同生命阶段呈现出不同的特征。在早期阶段，企业的创新能力和创新的可能性较高；在企业成熟阶段，企业生产经营和研发投入稳定；在进入衰退期后，企业的创新投入减少。因此，根据企业生命周期理论，企业研发投入与企业年龄负相关。但是从另一个角度看，企业年龄是企业可持续性发展和综合实力的体现，企业年龄越长越有条件进行研发投资和技术创新。由此，预期企业年龄的估计系数不确定。企业年龄采用当期减去企业注册时间加 1，所得结果再取对数。

企业出口规模。企业出口贸易的开展使企业面临更加激烈的市场竞争，从而迫使企业通过研发创新提高企业的竞争优势，而企业出口规模的扩大也有利于企业研发规模经济的实现，因此出口贸易有利于企业研发投入，企业出口规模越大越倾向于研发创新，预期企业规模的估计系数为正。企业出口规模以出口交货值来衡量，并对其取对数。

基础设施水平。基础设施水平越高，资源的流动和技术的传播越容易实现。基础设施对资源流动的作用导致企业之间的竞争越激烈，企业为了在竞争中保持和获取优势的一个重要方式是进行研发活动；但是，基础设施对技术传播作用使技术的空间溢出效应更易发挥，抑制了企业自身研发投资。基础设施对研发投入存在两个方向作用，因此，预期基础设施水平的估计系数为不确定。本书以地区拥有的公路里程与该地区土地面积的比值来衡量地区的基础设施水平。

虚拟变量。为了提高实证分析的准确性，设置地区行业虚拟变量和企业所有制虚拟变量。地区行业虚拟变量控制不同行业对企业研发投入的影响差异，根据行业代码生成40个行业虚拟变量。企业所有制虚拟变量控制不同所有制对研发投入的影响差异，按照企业注册类型代码，将企业分成六种类型：国有企业、集体企业、私营企业、港澳台投资企业、外商投资企业及其他类型企业，相应企业类型生成对应企业所有制虚拟变量。

通过相应的处理，文章得到关于各主要变量的描述性统计结果，具体如表4-1所示。

表4-1　　　　　　　　　各变量的描述性统计结果

| 变量名称 | 样本数 | 平均值 | 标准差 | 最小值 | 最大值 |
| --- | --- | --- | --- | --- | --- |
| RD | 602748 | 0.1043 | 0.3056 | 0 | 1 |
| lnwage | 602257 | 2.6691 | 0.6008 | -2.8322 | 10.1461 |
| lnmanage | 602689 | 6.8520 | 1.5839 | -0.1789 | 16.2993 |
| lnasset | 602748 | 9.7474 | 1.4126 | -0.1325 | 20.0381 |
| lnage | 602567 | 2.0410 | 0.7335 | 0 | 4.0775 |
| lnexport | 602717 | 3.3919 | 5.3872 | 0 | 20.5711 |
| finscale | 602748 | 2.4294 | 0.8458 | 1.4203 | 6.6101 |
| fineff | 602748 | 0.7454 | 0.2324 | 0.3211 | 1.7725 |
| infra | 602748 | 0.8446 | 0.3896 | 0.0411 | 1.7719 |

### 三　计量结果与分析

对模型（4-22）采用二元多层Logit模型进行检验，基于最大似然估计法得到表4-2的估计结果。表4-2的模型1—模型3都采用了地区行业虚拟变量和企业所有制虚拟变量来分别控制行业和所有制的固定效应；从其他变量分析看，模型1只分析企业层面因素，模型2和模型3除了加入基础设施，还分别加入代表金融发展的两个衡量指标即金融规模和金融效率。对比模型1和模型2以及模型1和模型3，整体上相对于模型 1，另外两个模型的 likelihood 对数值的绝对值相对较小，AIC 和 BIC 的取值也变小。因此可以得出，引入地区层级数据的模型 2 和模型 3 的拟合度提高，解释能力增强，这也体现了采用多层模型的合理性。

从本书的核心变量金融规模和金融效率看，金融发展两个方面的变量对企业研发投入影响的估计系数都为正，且在 1% 的水平上都通过了显著性检验，说明金融规模扩大和金融效率提高都显著地促进了企业研发投入，金融发展是企业研发投入的重要促进因素，估计结果符合理论分析的结论和预期。随着金融规模的扩大，金融体系的融资能力越强，企业获得的融资总量增加，这有助于缓解企业研发投入的融资约束；同时金融规模扩大的资金供给效应有利于企业融资成本的降低，促进企业增加研发投入。金融效率是金融体系资金配置效率的表现形式。金融效率的提高使资金更多配置于有研发投资需求的企业。对比金融规模和金融效率的估计系数，金融效率对企业研发投入的影响相对于金融规模的更加大，显著性更高。

从企业平均工资变量看，其估计系数为正，且都在 1% 的水平上显著，体现了企业工资对研发投入的促进作用。究其原因，一般来说，平均工资高的企业拥有较高的研发能力和人力资本，而人力资本是决定企业研发投入和促进企业技术进步的重要因素。从企业管理水平变量看，其估计系数为正，且都在 1% 的水平上显著，这说明企业管理水平显著促进研发投入，其原因在于，企业管理费用与管理水平密切相关，一般情况下，管理费用高的企业管理水平也较高，高管理水平的企业倾向于研发投入。从企业规模变量看，其系数为正，且在 1% 的水平上显著。这说明企业规模越大，在生产上容易实现规模经济，并且企业承担研发投资风险的能力越强，该变量对企业研发投入有正向影响。从企业年龄变量看，其估计系数都为正，且在 1% 的水平上显著。企业年龄是企业可持续性发展的体现，成熟和历史悠久的企业可能拥有的资源较多从而倾向于研发投入。从企业出口变量看，其估计系数为正，且在 1% 的水平上显著，说明出口规模较大的企业倾向于增加研发投入。这一结果与已有的研究结论相类似。异质性贸易理论显示出口企业的生产率相对国内的其他企业生产率要高。这表现为在现实经济中，出口企业拥有的资源相对较多，并且通过增加研发投入以保持竞争优势和提高生产率。

表 4 - 2　　　　　　　　金融发展对企业研发投入的回归结果

| 被解释变量 | 模型 1 | 模型 2 | 模型 3 |
|---|---|---|---|
| | RD | RD | RD |
| lnwage | 0.2989 *** <br> (36.13) | 0.2964 *** <br> (33.83) | 0.2957 *** <br> (33.73) |
| lnmanage | 0.4040 *** <br> (71.39) | 0.4097 *** <br> (71.20) | 0.4097 *** <br> (71.20) |
| lnasset | 0.2228 *** <br> (41.80) | 0.2253 *** <br> (41.71) | 0.2253 *** <br> (41.71) |
| lnage | 0.1110 *** <br> (15.80) | 0.1140 *** <br> (15.97) | 0.1134 *** <br> (15.89) |
| lnexport | 0.0226 *** <br> (24.33) | 0.0215 *** <br> (22.65) | 0.0215 *** <br> (22.65) |
| finscale | | 0.1382 *** <br> (3.43) | |
| fineff | | | 0.4458 *** <br> (3.75) |
| infra | | - 0.0481 ** <br> ( - 2.27) | - 0.0886 *** <br> ( - 3.90) |
| cons | - 10.1805 *** <br> ( - 130.63) | - 10.5687 *** <br> ( - 77.27) | - 10.5033 *** <br> ( - 88.91) |
| N | 602113 | 602113 | 602113 |
| 行业效应 | 控制 | 控制 | 控制 |
| 所有制效应 | 控制 | 控制 | 控制 |
| log likelihood | - 163228.26 | - 162246.28 | - 162245.40 |
| AIC | 326562.5 | 324604.6 | 324602.8 |
| BIC | 327161.9 | 325237.8 | 325236.1 |

注：括号内为 z 值；*、** 和 *** 分别表示在 10%、5% 和 1% 的水平上显著。

从基础设施水平变量看，其估计系数为负，且都在 5% 的水平上显著。表面上，此估计系数结果与基础设施有利于技术进步的分析相悖。但是，具体观察影响现实企业技术进步的作用渠道，可以发现企业研发投入和企业技术溢出是技术进步的两个不同渠道，可能基础设施对企业技术溢出的促进作用在一定程度上会对企业研发投入具有替代效应，从而导致基础设施对企业研发投入产生抑制作用。

**四　结论与启示**

本节基于各个省份层面和企业层面的数据，运用多层 Logistic 回归模型实证检验金融发展对企业研发投入的影响。实证研究的结论显示，金融规模和金融效率均显著促进企业研发投入，即金融发展能够显著促进企业研发投入。本书的分析丰富了现有关于研发投入激励问题的研究，并为理解和验证金融发展对企业技术水平的影响提供经验证据。

根据结论我们得到以下启示：企业研发投入是增强自主创新能力和提高技术水平的重要途径，是实现由要素投入驱动型的传统经济增长方式向技术驱动型的可持续增长方式转变的重要保障。为此，我们要充分发挥金融体系对企业研发投入的支持作用，努力发展金融行业，扩大金融规模，提高金融效率，积极利用和增加金融体系的融资功能，为经济体提供充足的资金来源以满足企业研发投入的融资需求，促进企业技术水平和生产率的提高。

# 第四节　金融发展影响企业技术水平的实证检验

现有的有关金融发展与技术水平关系的实证研究，分析数据的层级一般相同，主要采用地区的金融发展水平与地区的生产率的相关数据，或者企业的融资问题与企业的生产率的相关数据。受制于早期大样本微观数据的缺乏和计量方法的落后，这两种处理方法不失为一种好的分析方法。大样本企业微观数据的出现和计量方法的改进为突破同层级的分析创造了条件。本节将地区金融发展与企业生产率两者联系起来，突破原有相关文献的金融发展对地区宏观层面生产率提高和企业微观融资问题对企业生产率决定的分析方法，基于 1999—2007 年中国工业企业和地区因素的相关数据，运用多层线性模型，研究金融发展对企业技术水平的促进作用，以充分考虑企业微观的特征和地区层级的因素对企业技术水平的影响。

### 一 计量模型的构建

由于金融发展是地区宏观数据，而企业全要素生产率则是企业微观数据，因此本部分的实证分析使用的数据不是传统计量分析的数据，而是企业微观数据与省份地区宏观数据相结合的二层结构数据。传统线性模型的计量方法应用于分析多层结构数据就无法保证结果的无偏和一致。为了克服传统计量经济学的这些问题，Lindley 和 Smith（1972）引入了多层线性模型的计量回归分析方法。根据多层线性模型的估计原理，我们先构建企业层级的回归方程。为了研究企业技术进步的决定，文章参考其他相关文献关于企业技术进步的影响变量，在此基础上加入相应的虚拟变量和随机误差项，因此得到下列计量模型：

$$\ln TFP_{ijt} = \alpha_{0j} + \alpha_1 \ln manage_{ijt} + \alpha_2 \ln wage_{ijt} + \alpha_3 \ln asset_{ijt} + \alpha_4 \ln export_{ijt}$$
$$+ \alpha_5 \ln age_{ijt} + \sum \alpha_{6s_1} ind_{s_1} + \sum \alpha_{7s_2} type_{s_2} + \varepsilon_{ijt} \qquad (4-23)$$

在式（4-23）中，$i$ 表示企业，$j$ 表示省份地区（下文简称地区），$t$ 表示时间。$TFP$ 为 LP 方法测度的企业全要素生产率，表示企业技术水平；$manage$ 表示企业管理水平；$wage$ 表示企业平均工资；$asset$ 表示企业规模；$export$ 表示企业出口规模；$age$ 表示企业年龄；$ind$ 表示地区行业虚拟变量；$type$ 表示企业所有制虚拟变量；$s_1$ 区分不同的地区行业虚拟变量；$s_2$ 区分不同的企业所有制虚拟变量；$\varepsilon$ 为随机误差项。

企业管理水平。企业生产率是投入要素在生产过程中转化为产出的效率，高水平的企业管理有利于企业各种投入要素的充分利用；因此，企业管理水平与生产率正相关，预期企业管理水平的估计系数为正。企业管理水平采用企业管理经费与企业从业人数的比值，并对其取对数予以测度。

企业平均工资。内生技术进步理论的代表学者 Romer（1990）认为，人力资本积累是提高企业技术水平和生产率的重要渠道。在现实经济中，平均工资高的企业易于吸引和招收高素质的员工；而平均工资较低的企业，很难吸引高素质的员工，即使企业已有的员工也存在逆向淘汰机制，最终结果是低工资企业的员工素质相对较低。一般来说，企业平均工资可以反映企业人力资本和企业劳动力质量的情况（Bernard & Jensen，2004），由此本书预期企业平均工资的估计系数为正。企业工资水平采用（应付工资 + 应付福利）/企业员工数，并取对数来予以衡量。

企业规模。企业规模是企业拥有的各种优势的反映，著名的"熊彼特假说"认为大企业在融资渠道和风险分担上拥有优势，因此相对小企业其创新能力相对更强（Schumpeter，1942）；并且，大企业容易实现专业化分工和规模经济，因此企业规模与生产率正相关，预期企业规模的估计系数为正。为了避免变量之间的共线性问题，本书以总资产来体现企业规模，并对总资产取对数。

企业出口规模。企业出口贸易的开展使企业面临更加激烈的市场竞争，从而迫使企业通过研发创新提高企业的竞争优势；而且出口贸易使企业能够在国际市场获得先进技术，具有一定的逆向技术溢出效应（Helpman & Krugman，1985），因此出口贸易能够促进企业生产率的提高，预期企业出口规模的估计系数为正。企业出口规模以出口交货值来衡量，并取对数。

企业年龄。按照生命周期理论，在企业生命周期的不同阶段，企业会采取不同的生产经营行为。生产经营行为的不同导致其研发投入和技术水平的不同。在早期阶段，企业的创新能力和创新的可能性较高，技术水平提高速度较快；在企业成熟阶段，企业生产经营稳定，研发投入和技术水平趋于固定；在进入衰退期后，企业的创新投入减少，技术水平甚至出现下降。因此，根据企业生命周期理论，企业技术水平与企业年龄负相关，预期企业年龄的估计系数为负。企业年龄采用当期减去企业注册时间加1，所得结果再取对数。

行业虚拟变量。不同行业具有不同的技术特征，这会影响不同行业中企业的技术水平。根据二分位的行业代码生成40个行业虚拟变量，用以控制行业差异的影响。企业所有制虚拟变量。企业所有制虚拟变量控制不同所有制对企业技术水平的影响差异，按照企业注册类型代码，将企业分成六种类型：国有企业、集体企业、私营企业、港澳台投资企业、外商投资企业和其他类型企业。相应的企业类型生成对应的企业所有制虚拟变量。

常用的多层线性模型根据回归斜率是否可变，可以分为随机截距模型、随机截距和随机斜率模型两大类（杨菊花，2012）。为了简化分析，本书假定群体的回归斜率是固定的，而被解释变量的截距随群体而发生变化，由此建立的多层线性模型为随机截距模型，其计量模型具体设定如下：

$$L1 : \ln TFP_{ijt} = \alpha_{0j} + \alpha_1 \ln manage_{ijt} + \alpha_2 \ln wage_{ijt} + \alpha_3 \ln asset_{ijt} + \alpha_4 \ln export_{ijt}$$
$$+ \alpha_5 \ln age_{ijt} + \sum \alpha_{6s_1} ind_{s_1} + \sum \alpha_{7s_2} type_{s_2} + \varepsilon_{ijt}$$
$$L2 : \alpha_{0j} = \theta_{00} + \theta_{01} infra_j + \theta_{02} fin_j + \mu_{0j} \tag{4-24}$$

在式（4-24）中，$L1$ 为企业层级的回归方程，而 $L2$ 为地区层级的回归方程，$\mu$ 为地区随机误差项，$\varepsilon$ 为企业个体的随机误差项。企业技术水平决定的核心变量为金融发展水平（$fin$），根据前文的研究内容，将其分为金融规模（$finscale$）和金融效率（$fineff$）两个方面指标。金融规模采用各地区总存贷款余额与该地区国内生产总值的比值；金融效率使用各地区非国企贷款余额与该地区国内生产总值的比值。由于国内的相关统计机构没有公布国有企业和非国有企业的信贷数据，因此无法直接计算金融效率。借鉴张军和金煜（2005）、李敬等（2007）和李青原等（2013）的研究方法，计算出不同地区相应年份的非国有企业信贷数据。$infra$ 表示基础设施水平。基础设施水平越高，资源的流动和技术的传播越容易实现，越有利于企业技术水平的提高，因此预期基础设施水平的估计系数为正。以各地区拥有的公路里程与该地区土地面积的比值来衡量各地区的基础设施水平。

为了更加全面地体现地区宏观层面的影响因素在多层线性回归方程表达式中的不同，式（4-24）中 $L1$ 方程的截距项不是常数，而是由地区层面因素决定的随机变量。对式（4-24）进行整理，得到最终的多层线性回归方程为：

$$\ln TFP_{ijt} = (\theta_{00} + \theta_{01} infra_j + \theta_{02} fin_j + \alpha_1 \ln manage_{ijt} + \alpha_2 \ln wage_{ijt} + \alpha_3 \ln asset_{ijt}$$
$$+ \alpha_4 \ln export_{ijt} + \alpha_5 \ln age_{ijt} + \sum \alpha_{6s_1} ind_{s_1} + \sum \alpha_{7s_2} type_{s_2}) + (\varepsilon_{ijt} + \mu_{0j})$$
$$\tag{4-25}$$

## 二 数据说明和变量描述

本部分的计量模型选取企业层面的影响因素指标和地区层面的影响因素指标来研究企业技术水平的决定。现有《中国工业企业数据库》公布的 1999—2007 年的企业数据比较完整和权威，因此以 1999 年至 2007 年作为实证分析的对象时间。虽然《中国工业企业数据库》的数据非常权威和丰富，但是由于企业误报或是登记错误，部分数据存在一些问题或瑕疵，因此有必要对相关数据进行相应筛选以便于实证分析。结合实证分析的需要，我们参考如下标准对相关数据进行筛选和处理。

①由于西藏相关统计数据的缺失值相对较多，剔除西藏的相关企业数据；②剔除统计样本中的错误记录或异常值，如工业总产值、工业增加值、职工人数、销售额、总资产或固定资产净值缺失或小于零的企业，法人代码缺失或重复的企业；③剔除雇员少于8人的企业，删去1949年之前成立的企业；④匹配了一些开业年份缺失的企业样本；⑤只保留1999—2007年持续存在的企业样本。通过处理，我们最终得到28381家企业样本。企业全要素生产率的数据依据第三章测度得到的相应值。除了数据的筛选和处理，本书对数据的统计口径进行了一些处理。为了消除价格对相关变量的影响，更加真实和客观地反映各个变量对企业全要素生产率的决定作用，样本中的所有变量以2000年为基期，运用企业所在地区的固定资产价格指数和消费者价格指数对相应变量进行平减。经过上述处理，主要变量的统计特征如表4-3所示，相关系数矩阵如表4-4所示。

表4-3　　　　　　　　　　主要变量的描述性统计结果

| 变量 | 观察值 | 平均值 | 方差 | 最小值 | 最大值 |
|---|---|---|---|---|---|
| lnTFP | 249924 | 6.9087 | 1.1616 | -2.2884 | 15.2773 |
| lnmanage | 255386 | 7.4657 | 1.6467 | -0.1567 | 16.2993 |
| lnwage | 255011 | 2.3793 | 0.6787 | -7.3815 | 11.2116 |
| lnasset | 255429 | 10.4112 | 1.4296 | 0 | 18.0758 |
| lnexport | 227039 | 4.5258 | 5.9008 | 0 | 20.0019 |
| lnage | 254307 | 2.5673 | 0.7172 | 0 | 4.0775 |
| infra | 255429 | 0.6121 | 0.3537 | 0.0202 | 1.7719 |
| finscale | 255429 | 2.5033 | 0.9032 | 1.4203 | 6.6101 |
| fineff | 255429 | 0.6985 | 0.2444 | 0.3211 | 1.7725 |

注：由于一些企业的出口值和总资产等于0无法取对数，因此统一加1。

表4-4　　　　　　　　　　相关系数矩阵

| | lnTFP | lnmanage | lnwage | lnasset | lnexport | lnage | finscale | fineff | infra |
|---|---|---|---|---|---|---|---|---|---|
| lnTFP | 1.0000 | | | | | | | | |
| lnmanage | 0.5037 | 1.0000 | | | | | | | |
| lnwage | 0.3785 | 0.3902 | 1.0000 | | | | | | |

续表

| | lnTFP | lnmanage | lnwage | lnasset | lnexport | lnage | finscale | fineff | infra |
|---|---|---|---|---|---|---|---|---|---|
| lnasset | 0.6114 | 0.6896 | 0.3718 | 1.0000 | | | | | |
| lnexport | 0.2230 | 0.2362 | 0.1834 | 0.2020 | 1.0000 | | | | |
| lnage | 0.0255 | 0.1276 | −0.0020 | 0.1141 | −0.1388 | 1.0000 | | | |
| infra | 0.1748 | 0.1181 | 0.3151 | 0.0600 | 0.0868 | 0.1269 | 1.0000 | | |
| finscale | 0.0393 | 0.1307 | 0.2641 | 0.0748 | 0.0556 | −0.0253 | 0.3821 | 1.0000 | |
| fineff | 0.1002 | 0.1474 | 0.3260 | 0.0864 | 0.1158 | 0.0208 | 0.5461 | 0.8850 | 1.0000 |

以上为主要变量的描述性统计结果和相关系数矩阵，为了突出核心变量金融规模和金融效率与企业技术水平的关系，下面使用散点图来进一步确定金融发展与企业全要素生产率的趋势性关系。

图4-3和图4-4的散点图分别表述了金融规模与企业全要素生产率、金融效率与企业全要素生产率的相互关系。在两个散点图中，金融规模与企业全要素生产率的变动趋势方向一致，金融效率与企业全要素生产率的变动趋势方向一致；由此我们可以得出金融发展与企业技术进步存在正向关系的初步结论。

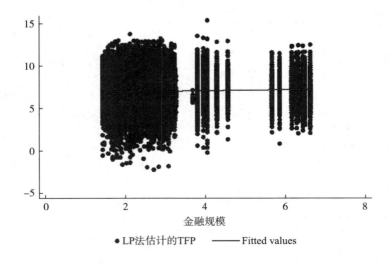

图4-3　金融规模与企业全要素生产率的散点图

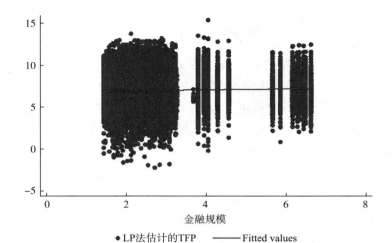

**图 4 - 4　金融效率与企业全要素生产率的散点图**

图 4 - 3 和图 4 - 4 只是反映了金融规模与企业全要素生产率、金融效率与企业全要素生产率简单的趋势性关系，未能确定具体的影响结果；且没有考虑其他因素对企业全要素生产率的影响，为此下文的内容通过使用计量方法，以给出考虑了其他因素的具体影响结果。

**三　计量结果与分析**

本部分内容使用双层线性模型对地区和企业双层数据进行分析。根据多层线性模型的分析方法，在对式（4 - 25）进行估计前，需先进行"零模型"估计。在多层线性模型中，没有任何自变量的"零模型"有三方面的作用：判断地区因素是否为企业技术水平变动的一个显著来源，从而决定是否采用多层线性模型；通过分解因变量，测度地区因素对企业技术进步的相对重要性；确定自变量对因变量的解释能力。表 4 - 5 模型 1 为"零模型"的估计结果。"零模型"为将所有影响变量都删除，进行无条件模型估计，因此模型 1 中固定效应只有截距项，而随机效应为地区随机误差项 sd（cons）与企业随机误差项 sd（Residual）的结果。两项都在 1% 的水平上显著，因此可以得出，地区因素和企业个体因素共同影响和决定了企业技术水平的变动；且组内相关系数 $\rho = \dfrac{0.3319}{0.3319 + 1.1422} = 0.2252$，说明企业技术水平的变动有 22.52% 是由地区因素引起的，由此可以得出，双层线性模型估计的方法适用于本部分内容的数据分析。由于企业技术水平对现实中很多经济因素会产生作用，因此在分析中因变量企业技术水平与自变量之间可能存在反向因果关系，从而导致联立性的内生性问题。严重的内生性会影响回归结果，使估计结果出现较大的偏差。滞后一期的自变量先于企业技术水平，因此企业技术水平不能影响滞后一期的自变量，从而使模型的内生性问题能够得到比较好的解决。为此，我们使用各自变量的滞后一期替代当期变量，采用随机截距多层线性模型回归进行分析，得到表 4 – 5 的模型 2—模型 4 的估计结论。其中，模型 2 是在不考虑地区变量的情况下，只研究企业层面变量与企业技术水平之间关系的回归结论。模型 3 是在模型 2 的基础上，引入地区影响变量金融规模和基础设施水平的回归结果。模型 4 则是在模型 2 的基础上，引入地区影响变量金融效率和基础设施水平的回归结果。

从核心解释变量看，金融规模和金融效率的回归系数均在 1% 的显著性水平上，表明金融发展对企业全要素生产率的影响显著；且金融规模和金融效率的回归系数均为正，从而证实了中国金融发展对企业技术水平的显著提高作用，验证了金融发展对企业生产率和技术水平提高的理论分析结论。具体分析金融规模和金融效率的回归系数发现，金融效率对企业技术水平的提高作用比金融规模要大，表明了中国金融规模虽然能够促进企业技术进步，但是作为金融体系改革的首要和最重要的任务则为金融效率的增进。

表 4 – 5　　　　金融发展对企业全要素生产率的回归结果

| 解释变量 | 模型 1<br>lnTFP | 模型 2<br>lnTFP | 模型 3<br>lnTFP | 模型 4<br>lnTFP |
|---|---|---|---|---|
| 企业层级固定效应 | | | | |
| lnmanage | | 0.0719 ***<br>（40.47） | 0.0744 ***<br>（41.82） | 0.0743 ***<br>（41.80） |
| lnwage | | 0.2311 ***<br>（66.38） | 0.2335 ***<br>（65.53） | 0.2320 ***<br>（65.03） |
| lnasset | | 0.3948 ***<br>（193.36） | 0.4151 ***<br>（197.78） | 0.4153 ***<br>（197.84） |
| lnexport | | 0.0121 ***<br>（32.30） | 0.0099 ***<br>（23.28） | 0.0098 ***<br>（23.15） |

续表

| 解释变量 | 模型 1 | 模型 2 | 模型 3 | 模型 4 |
|---|---|---|---|---|
| | lnTFP | lnTFP | lnTFP | lnTFP |
| 企业层级固定效应 | | | | |
| lnage | | − 0. 0815 *** | − 0. 0324 *** | − 0. 0335 *** |
| | | （ − 28. 68） | （ − 10. 31） | （ − 10. 61） |
| 地区层级固定效应 | | | | |
| infra | | | 0. 1847 *** | 0. 1687 *** |
| | | | （18. 64） | （16. 14） |
| finscale | | | 0. 1107 *** | |
| | | | （14. 45） | |
| fineff | | | | 0. 2107 *** |
| | | | | （12. 48） |
| cons | 6. 6803 *** | 1. 7458 *** | 0. 9381 *** | 1. 0955 *** |
| | （109. 56） | （34. 66） | （16. 76） | （23. 13） |
| 行业效应 | | | 控制 | 控制 |
| 所有制效应 | | | 控制 | 控制 |
| 随机效应 | | | | |
| sd（cons） | 0. 3319 *** | 0. 2588 *** | 0. 2576 *** | 0. 2159 *** |
| | （7. 47） | （7. 48） | （7. 48） | （7. 42） |
| sd（Residual） | 1. 1422 *** | 0. 8886 *** | 0. 8573 *** | 0. 8575 *** |
| | （706. 94） | （621. 07） | （621. 08） | （621. 09） |
| 其他报告项 | | | | |
| N | 249924 | 192893 | 192893 | 192893 |
| log likelihood | − 387959. 07 | − 251011. 79 | − 244097. 55 | − 244122. 68 |
| AIC | 775924. 1 | 502039. 6 | 488311. 1 | 488361. 4 |
| BIC | 775955. 4 | 502120. 9 | 488901 | 488951. 2 |

注：括号内为 z 值；＊、＊＊ 和 ＊＊＊ 分别表示在 10%、5% 和 1% 的水平上显著。

从其他变量看，首先代表地区基础设施水平的变量对企业全要素生产率的回归系数为正，且在 1% 的水平上通过了显著性检验，说明基础设施水平提高能够显著促进企业技术水平的提高，结果符合预期。从企业特征的变量看，企业管理水平对企业全要素生产率的回归系数为正，且在1%的水平上通过显著性检验，体现了企业管理水平的提升显著有利于企业技术进步，结果与预期相符；企业平均工资对企业全要素生产率的回归系数为正，且在1%的水平上通过显著性检验，反映了企业工资水平对企业技术水平的提高有重要作用，结果符合预期；企业规模对企业全要素生产率的回归系数为正，且在1%的水平上通过显著性检验，说明了企业总资产的增加有利于企业技术水平的提高，与理论分析一致；企业出口规模对企业全要素生产率的回归系数为正，且在1%的水平上通过显著性检验，说明了企业出口显著有利于企业技术水平提高，反映了出口的技术溢出效应和出口竞争对企业技术进步的显著作用，结果与预期相符；企业年龄对企业全要素生产率的回归系数为负，且在1%的水平上显著，其原因在于新企业可能具有更高的技术水平。

**四　结论与启示**

本节基于1999—2007年大样本企业微观数据和地区宏观层面经济数据，运用多层线性模型检验了金融发展对企业技术水平提高的影响效果，从经济运行的实际验证相应理论在中国经济发展中的适用性。实证结果显示，地区的金融规模和金融效率会显著促进企业全要素生产率的提高，即金融发展对企业技术水平提高具有正向作用；进一步分析金融规模和金融效率的回归系数发现，金融效率对企业技术水平的提高作用比金融规模要大。

根据结论我们得到以下启示：金融发展是提高企业技术和生产率水平的一个重要渠道。中国经济发展的现实迫切需要企业技术进步和企业生产率提高，由此中国企业需要在战略层面充分重视金融体系在企业技术进步和企业生产率提高中的作用，加快构建适宜提高企业生产率的金融体系，在扩大金融规模的同时，要努力提高金融体系的资源配置效率。

# 第五节　不同企业所有制下金融发展影响企业技术水平的实证检验

在上一部分内容中，我们从地区宏观层面和企业微观层面两个层级的多个影响因素对企业技术水平的决定进行了实证计量检验。鉴于中国经济运行中，企业所有制类型对于金融体系作用之发挥有着很大的影响。因此，在分析金融发展对企业技术水平的影响时，企业所有制是一个需要重点考虑的因素。虽然国内学者对中国经济发展模式下的不同所有制企业一直非常关注，早期的相关研究也发现了不同所有制企业之间生产率存在较大差异（钱颖一，1999；刘小玄，2000），但是金融发展对不同所有制企业技术水平的影响却未予足够关注。就中国经济发展的现实来看，不同所有制企业在金融体系获取资金的难易程度差异较大，并且随着金融发展水平的提高，这种差异程度也在发生变化。因此，在研究金融发展对企业技术水平的影响时，企业所有制差异是一个重要的视角。为了进一步完善和检验上一部分内容中金融发展对企业技术进步促进作用的结论，本节内容分析不同企业所有制下金融发展影响企业技术水平的效果，着重考虑企业所有制对研究结论的影响。

**一　特征性事实**

按照企业注册类型，企业所有制可以划分为国有企业、集体企业、股份合作企业、联营企业、有限责任公司、股份有限公司、私营企业、其他内资企业、港澳台投资企业和外商投资企业总共十种类型。在这里，本书选择典型的五种类型企业：国有企业、集体企业、私营企业、港澳台投资企业和外商投资企业。

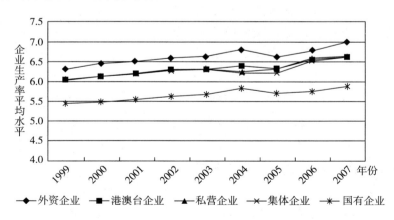

图 4-5　1999—2007 年五类典型企业的平均生产率

由图 4-5 可以得出，集体企业、私营企业和港澳台企业之间平均生产率的差距比较小，但是与其他所有制企业生产率之间存在较大差异，特别是平均生产率最高的外商投资企业与平均生产率最低的国有企业之间的生产率差距更为悬殊。现实经济中存在不同所有制企业且不同所有制企业间生产率有较大差异，这为研究金融发展对不同所有制企业生产率的影响提供了可能。根据图 4-5，进一步考察不同所有制企业平均生产率的总体变动趋势，发现不同所有制企业平均生产率的增长速度虽然存在一定差异，但是总体上都呈现递增的趋势，结合中国金融发展的事实，这又在某种程度上预示着金融发展会促进企业技术水平提高。不同所有制企业平均生产率在金融发展下既有差距又有提高的现实为从企业所有制角度实证研究金融发展对企业技术进步的影响提供了良好和丰富的实证材料。根据五类典型企业平均生产率的图形，我们可以推断得出：金融发展对不同所有制企业的技术进步都具有积极作用，并且作用程度与企业所有制之特征有密切的关系。

在接下来的分析中，本书将从企业的所有制视角作进一步的计量分析。我们按照微观企业所有制的不同进行分组，运用多层线性模型检验微观和宏观的影响因素对企业技术水平的决定，重点关注不同所有制下金融发展对企业技术进步的作用效果及差异。根据现有数据的可得性，本书选取 1999—2007 年的相关数据进行实证分析，以求进行更加详细和正确的实证分析进而得出更具有现实意义的实证结论，从而为金融体系制定相应促进技术进步的政策提供更具针对性的实证支持。

## 二 计量模型构建、变量设定和数据说明

根据上文的分析，结合中国工业企业的整体计量模型，本书设定如下计量模型：

$$L1: \ln TFP_{ijt} = \alpha_{0j} + \alpha_1 \ln manage_{ijt} + \alpha_2 \ln wage_{ijt} + \alpha_3 \ln asset_{ijt}$$
$$+ \alpha_4 \ln export_{ijt} + \alpha_5 \ln age_{ijt} + \sum \alpha_{6s_1} ind_{s_1} + \varepsilon_{ijt}$$

$$L2: \alpha_{0j} = \theta_{00} + \theta_{01} infra_j + \theta_{02} fin_j + \mu_{0j} \qquad (4-26)$$

在式（4-26）中，L1 为企业层级的回归方程，而 L2 为地区层级的回归方程，$i$ 表示企业，$j$ 表示省份地区（下文简称地区），$t$ 表示时间。$TFP$ 为 LP 方法测度的企业全要素生产率，表示企业技术水平；$manage$ 表示企业管理水平；$wage$ 表示企业平均工资；$asset$ 表示企业规模；$export$ 表示企业出口规模；$age$ 表示企业年龄；$infra$ 表示基础设施水平；$fin$ 表示金融发展水平；$ind$ 表示地区行业虚拟变量；$s_1$ 区分不同的地区行业虚拟变量；$\mu$ 为地区随机误差项；$\varepsilon$ 为企业个体随机误差

项。所有研究变量及其预期变化与本章前一节阐述内容相一致，样本数据的处理也相一致，因此在这里不再赘述。

企业管理水平采用企业管理经费与企业从业人数的比值测度，并取对数；企业平均工资以（应付工资＋应付福利）/企业员工数，并取对数所得；企业规模以企业总资产来体现企业规模，并对企业总资产取对数；企业出口规模以企业出口交货值来衡量，并取对数；企业年龄采用当期减去企业注册时间加1，所得结果再取对数；基础设施水平以各地区拥有的公路里程与该地区土地面积的比值来衡量；金融发展水平采用金融规模和金融效率两个方面指标进行测度，金融规模采用各地区总存贷款余额与该地区国内生产总值的比值；金融效率使用各地区非国企贷款余额与该地区国内生产总值的比值；根据二分位的行业代码生成40个行业虚拟变量用以控制行业差异的影响。

本部分内容的企业相关数据来源为《中国工业企业数据库》，数据处理方法与前一部分内容相同，只是这里将相关企业数据根据企业所有制的类型进行了分类，因此对具体的处理不作介绍。

### 三　计量结果与分析

我们将1999—2007年的中国工业企业中的五类典型所有制企业划分为五个子样本，并对这五个子样本进行计量分析，以期进一步验证金融发展对企业技术进步的作用效果，并检验金融发展对不同所有制企业技术进步的作用效果。我们预期对于不同所有制企业，金融发展对企业技术进步的影响程度上存在差异。为了解决自变量与企业生产率的内生性问题，我们使用各自变量的滞后一期替代当期变量，依据式（4-26）进行计量分析，具体结果见表4-6—表4-10。

表4-6—表4-10分别列出了五类所有制企业样本的计量回归结果。表4-6—表4-10中模型1随机效应为地区随机误差项sd（cons）与企业随机误差项sd（Residual），两者都在1%的水平上显著，因此可以得出地区因素和企业个体因素共同影响了企业技术进步；且组内相关系数都在20%左右，说明企业技术进步大约有20%是由地区因素引起的，由此也可以进一步验证双层线性模型估计方法适用于五类企业样本数据的分析。五类所有制企业样本的计量回归结果显示，金融发展的两个方面金融规模和金融效率对企业全要素生产率的估计系数均为正，且都通过1%的显著性检验。可见，金融规模的扩大显著有利于企业技术

进步；金融效率的增进也显著有利于企业技术进步；不难得出，在五类不同所有制中，金融发展对企业技术水平的影响方向基本相同，均表现出显著的正向促进作用，此结果与全国整体的分析结果相同，从而进一步验证了金融发展有利于企业技术进步的结论。

表4-6　　　　金融发展对国有企业全要素生产率的回归结果

| 解释变量 | 模型1 | 模型2 | 模型3 | 模型4 |
|---|---|---|---|---|
| | lnTFP | lnTFP | lnTFP | lnTFP |
| 企业层级固定效应 | | | | |
| lnmanage | | 0.0254 *** | 0.0299 *** | 0.0300 *** |
| | | (7.44) | (8.76) | (8.77) |
| lnwage | | 0.3647 *** | 0.3766 *** | 0.3739 *** |
| | | (38.66) | (38.60) | (38.11) |
| lnasset | | 0.4765 *** | 0.4470 *** | 0.4474 *** |
| | | (95.57) | (87.83) | (87.83) |
| lnexport | | 0.0246 *** | 0.0191 *** | 0.0189 *** |
| | | (13.83) | (10.47) | (10.35) |
| lnage | | 0.0148 | 0.0460 *** | 0.0444 *** |
| | | (1.62) | (5.13) | (4.94) |
| 地区层级固定效应 | | | | |
| infra | | | 0.0682 ** | 0.0340 |
| | | | (2.15) | (1.02) |
| finscale | | | 0.2379 *** | |
| | | | (9.03) | |
| fineff | | | | 0.3829 *** |
| | | | | (6.74) |
| cons | 6.4319 *** | 0.2811 *** | 0.1430 | 0.5220 *** |
| | (88.22) | (4.49) | (1.39) | (6.94) |
| 行业效应 | | | 控制 | 控制 |
| 随机效应 | | | | |
| sd（cons） | 0.3925 *** | 0.1979 *** | 0.3226 *** | 0.2177 *** |
| | (7.29) | (6.88) | (6.77) | (6.97) |

续表

| 解释变量 | 模型 1 | 模型 2 | 模型 3 | 模型 4 |
|---|---|---|---|---|
| | lnTFP | lnTFP | lnTFP | lnTFP |
| 随机效应 | | | | |
| sd（Residual） | 1. 2803 *** | 0. 9319 *** | 0. 8877 *** | 0. 8886 *** |
| | （259. 45） | （222. 63） | （222. 61） | （222. 63） |
| 其他报告项 | | | | |
| N | 33689 | 24814 | 24814 | 24814 |
| log likelihood | － 56191. 49 | － 33509. 90 | － 32319. 93 | － 32333. 80 |
| AIC | 112389 | 67035. 79 | 64737. 85 | 64765. 60 |
| BIC | 112414. 3 | 67100. 75 | 65135. 69 | 65163. 44 |

注：括号内为 z 值；＊、＊＊ 和 ＊＊＊ 分别表示在 10% 、5% 和 1% 的水平上显著。

表 4 - 7　　金融发展对集体企业全要素生产率的回归结果

| 解释变量 | 模型 1 | 模型 2 | 模型 3 | 模型 4 |
|---|---|---|---|---|
| | lnTFP | lnTFP | lnTFP | lnTFP |
| 企业层级固定效应 | | | | |
| lnmanage | | 0. 0836 *** | 0. 0803 *** | 0. 0804 *** |
| | | （16. 91） | （16. 19） | （16. 22） |
| lnwage | | 0. 1819 *** | 0. 1565 *** | 0. 1542 *** |
| | | （18. 46） | （15. 48） | （15. 23） |
| lnasset | | 0. 2470 *** | 0. 2526 *** | 0. 2522 *** |
| | | （38. 81） | （38. 95） | （38. 87） |
| lnexport | | 0. 0164 *** | 0. 0159 *** | 0. 0159 *** |
| | | （11. 77） | （10. 70） | （10. 71） |
| lnage | | － 0. 0547 *** | － 0. 0765 *** | － 0. 0787 *** |
| | | （ － 6. 33） | （ － 8. 68） | （ － 8. 90） |
| 地区层级固定效应 | | | | |
| infra | | | 0. 3959 *** | 0. 3640 *** |
| | | | （13. 32） | （11. 51） |
| finscale | | | 0. 0770 *** | |
| | | | （3. 37） | |
| fineff | | | | 0. 2191 *** |
| | | | | （4. 29） |

续表

| 解释变量 | 模型 1 | 模型 2 | 模型 3 | 模型 4 |
|---|---|---|---|---|
| | lnTFP | lnTFP | lnTFP | lnTFP |
| 地区层级固定效应 | | | | |
| cons | 6.4894 *** | 3.3266 *** | 3.1670 *** | 3.2501 *** |
| | (141.99) | (46.23) | (32.93) | (39.50) |
| 行业效应 | | | 控制 | 控制 |
| 随机效应 | | | | |
| sd（cons） | 0.2375 *** | 0.2439 *** | 0.2737 *** | 0.2540 *** |
| | (7.09) | (7.15) | (7.01) | (7.31) |
| sd（Residual） | 0.9431 *** | 0.8582 *** | 0.8468 *** | 0.8467 *** |
| | (258.70) | (215.62) | (215.62) | (215.63) |
| 其他报告项 | | | | |
| N | 33491 | 23275 | 23275 | 23275 |
| log likelihood | −45612.669 | −29517.65 | −29211.28 | −29207.39 |
| AIC | 91231.34 | 59051.31 | 58516.56 | 58508.78 |
| BIC | 91256.59 | 59115.75 | 58895.15 | 58887.37 |

注：括号内为 z 值；* 、** 和 *** 分别表示在 10%、5% 和 1% 的水平上显著。

**表 4-8 金融发展对私营企业全要素生产率的回归结果**

| 解释变量 | 模型 1 | 模型 2 | 模型 3 | 模型 4 |
|---|---|---|---|---|
| | lnTFP | lnTFP | lnTFP | lnTFP |
| 企业层级固定效应 | | | | |
| lnmanage | | 0.1065 *** | 0.1095 *** | 0.1094 *** |
| | | (21.02) | (21.57) | (21.55) |
| lnwage | | 0.1876 *** | 0.1560 *** | 0.1573 *** |
| | | (18.05) | (14.90) | (15.01) |
| lnasset | | 0.3181 *** | 0.3106 *** | 0.3105 *** |
| | | (51.90) | (50.20) | (50.14) |
| lnexport | | 0.0149 *** | 0.0149 *** | 0.0149 *** |
| | | (14.18) | (13.47) | (13.49) |
| lnage | | 0.0308 *** | 0.0225 *** | 0.0226 *** |
| | | (4.22) | (2.92) | (2.91) |

续表

| 解释变量 | 模型 1 | 模型 2 | 模型 3 | 模型 4 |
|---|---|---|---|---|
| | lnTFP | lnTFP | lnTFP | lnTFP |
| 地区层级固定效应 | | | | |
| infra | | | 0. 2710 *** | 0. 2879 *** |
| | | | （12. 10） | （12. 01） |
| finscale | | | 0. 0990 *** | |
| | | | （4. 56） | |
| fineff | | | | 0. 1661 *** |
| | | | | （3. 37） |
| cons | 6. 6223 *** | 2. 3539 *** | 2. 5959 *** | 2. 4465 *** |
| | （129. 36） | （29. 51） | （22. 16） | （21. 97） |
| 行业效应 | | | 控制 | 控制 |
| 随机效应 | | | | |
| sd （cons） | 0. 2676 *** | 0. 3304 *** | 0. 2929 *** | 0. 3131 *** |
| | （7. 01） | （7. 02） | （6. 77） | （6. 92） |
| sd （Residual） | 0. 9635 *** | 0. 8263 *** | 0. 8134 *** | 0. 8135 *** |
| | （282. 95） | （226. 73） | （226. 72） | （226. 73） |
| 其他报告项 | | | | |
| N | 40061 | 25735 | 25735 | 25735 |
| log likelihood | － 55409. 047 | － 31664. 66 | － 31258. 54 | － 31263. 03 |
| AIC | 110824. 10 | 63345. 32 | 62607. 08 | 62616. 06 |
| BIC | 110849. 90 | 63410. 56 | 62974. 08 | 62983. 06 |

注：括号内为 z 值；* 、** 和 *** 分别表示在 10% 、5% 和 1% 的水平上显著。

表 4 - 9　　金融发展对港澳台投资企业全要素生产率的回归结果

| 解释变量 | 模型 1 | 模型 2 | 模型 3 | 模型 4 |
|---|---|---|---|---|
| | lnTFP | lnTFP | lnTFP | lnTFP |
| 企业层级固定效应 | | | | |
| lnmanage | | 0. 1644 *** | 0. 1572 *** | 0. 1568 *** |
| | | （31. 17） | （29. 57） | （29. 49） |
| lnwage | | 0. 1463 *** | 0. 1434 *** | 0. 1424 *** |
| | | （18. 08） | （17. 39） | （17. 28） |

续表

| 解释变量 | 模型 1<br>lnTFP | 模型 2<br>lnTFP | 模型 3<br>lnTFP | 模型 4<br>lnTFP |
|---|---|---|---|---|
| 企业层级固定效应 | | | | |
| lnasset | | 0.4106 ***<br>(79.54) | 0.4189 ***<br>(77.90) | 0.4195 ***<br>(78.03) |
| lnexport | | 0.0040 ***<br>(4.66) | 0.0035 ***<br>(3.89) | 0.0035 ***<br>(3.82) |
| lnage | | 0.0307 ***<br>(2.79) | - 0.0269 **<br>(- 2.20) | - 0.0362 ***<br>(- 2.93) |
| 地区层级固定效应 | | | | |
| infra | | | 0.1868 ***<br>(6.75) | 0.1493 ***<br>(5.21) |
| finscale | | | 0.0964 ***<br>(5.83) | |
| fineff | | | | 0.3019 ***<br>(7.38) |
| cons | 6.9622 ***<br>(176.98) | 0.9499 ***<br>(17.25) | 0.5203 **<br>(2.16) | 0.6136 ***<br>(2.57) |
| 行业效应 | | | 控制 | 控制 |
| 随机效应 | | | | |
| sd（cons） | 0.1916 ***<br>(4.55) | 0.1610 ***<br>(5.85) | 0.2085 ***<br>(5.99) | 0.1822 ***<br>(6.06) |
| sd（Residual） | 1.1033 ***<br>(297.51) | 0.8279 ***<br>(256.09) | 0.8209 ***<br>(256.07) | 0.8207 ***<br>(256.08) |
| 其他报告项 | | | | |
| N | 44312 | 32821 | 32821 | 32821 |
| log likelihood | - 67272.927 | - 40409.72 | - 40138.02 | - 40126.80 |
| AIC | 134551.90 | 80835.44 | 80366.05 | 80343.60 |
| BIC | 134578.00 | 80902.63 | 80744.00 | 80721.55 |

注：括号内为 z 值；*、** 和 *** 分别表示在 10%、5% 和 1% 的水平上显著。

表 4 - 10　　　金融发展对外商投资企业全要素生产率的回归结果

| 解释变量 | 模型 1 | 模型 2 | 模型 3 | 模型 4 |
|---|---|---|---|---|
| | lnTFP | lnTFP | lnTFP | lnTFP |
| 企业层级固定效应 | | | | |
| lnmanage | | 0. 1238 *** | 0. 1134 *** | 0. 1133 *** |
| | | (21. 03) | (19. 23) | (19. 21) |
| lnwage | | 0. 1552 *** | 0. 1476 *** | 0. 1459 *** |
| | | (18. 44) | (17. 12) | (16. 92) |
| lnasset | | 0. 4713 *** | 0. 4825 *** | 0. 4830 *** |
| | | (81. 89) | (81. 60) | (81. 68) |
| lnexport | | 0. 0100 *** | 0. 0070 *** | 0. 0069 *** |
| | | (11. 16) | (7. 27) | (7. 16) |
| lnage | | 0. 1014 *** | 0. 0404 *** | 0. 0326 ** |
| | | (8. 79) | (3. 03) | (2. 42) |
| 地区层级固定效应 | | | | |
| infra | | | 0. 0848 *** | 0. 0757 *** |
| | | | (3. 37) | (2. 97) |
| finscale | | | 0. 1673 *** | |
| | | | (10. 58) | |
| fineff | | | | 0. 3316 *** |
| | | | | (9. 43) |
| cons | 7. 3754 *** | 0. 4639 *** | - 1. 5656 ** | - 1. 3250 |
| | (133. 44) | (9. 21) | ( - 1. 86) | ( - 1. 57) |
| 行业效应 | | | 控制 | 控制 |
| 随机效应 | | | | |
| sd（cons） | 0. 2761 *** | 0. 1000 *** | 0. 2086 *** | 0. 1319 *** |
| | (6. 43) | (5. 55) | (6. 28) | (6. 09) |
| sd（Residual） | 1. 2138 *** | 0. 8507 *** | 0. 8403 *** | 0. 8407 *** |
| | (283. 20) | (241. 48) | (241. 46) | (241. 47) |
| 其他报告项 | | | | |
| N | 40129 | 29181 | 29181 | 29181 |
| log likelihood | - 64760. 809 | - 36714. 57 | - 36370. 66 | - 36376. 04 |
| AIC | 129527. 6 | 73445. 14 | 72831. 33 | 72842. 08 |
| BIC | 129553. 4 | 73511. 39 | 73203. 99 | 73214. 74 |

注：括号内为 z 值；*、** 和 *** 分别表示在 10%、5% 和 1% 的水平上显著。

基于五类企业样本的回归结果进一步验证了上述整体样本下金融发展对企业技术水平作用效果的结论。同时，本部分实证内容继续分析不同所有制下金融发展对企业技术水平影响的差异。具体分析不同所有制企业下的金融规模和金融效率对企业全要素生产率的回归系数，我们发现存在显著的差异。金融规模对国有企业全要素生产率的回归系数最大；而金融规模对集体企业全要素生产率的回归系数最小；金融规模对外资企业全要素生产率、私营企业全要素生产率和港澳台企业全要素生产率的回归系数处于中间，且回归系数的大小依次递减。不同所有制企业回归系数的大小关系充分说明了金融体系对不同所有制企业的不同支持力度和作用效果。进一步观察，金融效率对不用所有制企业的影响，我们得到金融效率对国有企业全要素生产率的回归系数最大；而金融效率对私营企业全要素生产率的回归系数最小，金融效率对外资企业全要素生产率、港澳台企业全要素生产率和集体企业全要素生产率的回归系数处于中间，且回归系数的大小依次递减。这同样也反映了金融效率对不同所有制企业影响效果的差异。此分析结果与金融体系对不同所有制企业的金融支持差异和企业技术水平差异的现实相吻合。从所有制视角下所得的分析结论对金融发展对企业技术水平作用效果的研究提供了更为详细的经验证据，完善与补充了相关结论。值得一提的是，一方面，金融发展对不同所有制企业技术水平的作用效果表现出了金融体系对不同所有制企业支持的显著差异。究其原因，不同所有制企业在国民经济中的地位不同导致其获取金融体系的支持力度不同；另一方面，不同所有制企业自身的特征使金融体系与其耦合程度存在差异，从而也导致金融发展对不同所有制企业技术水平的影响程度也不一致。

关于其他变量，除企业年龄和基础设施水平的回归系数的符号或显著性在不同所有制企业的回归结果有所变化外，其他变量在分组回归分析中的回归结果与全国整体的回归结果基本相同，在这里就不再赘述。

## 四　结论与启示

本部分利用中国省份地区的宏观数据和中国工业企业的大样本微观数据，着重分析了不同所有制下金融发展对企业技术水平的影响，实证分析在验证金融发展对不同所有制企业技术水平发挥促进作用的同时，还发现金融发展对不同所有制企业技术水平影响存在显著的差异。无论是金融规模还是金融效率，金融体系对国有企业全要素生产率的提高效应最大；而金融规模对集体企业全要素生产率的提高效应最小，金融效率对私营企业全要素生产率的提高效应最小。

　　结合上述相关结论和分析，我们得到以下政策启示：充分发挥金融体系对不同所有制企业技术水平的促进作用。企业所有制分组回归的结果均显示了金融发展对企业全要素生产率的促进作用，其作用效果充分体现了金融体系在企业技术进步中的重要作用。为此，我们应加快金融体系的建设，改善企业的金融环境，缓解企业融资约束，为企业生产率的提高和技术进步创造更加有利的金融条件。金融机构应给予不同所有制企业以相同的金融支持，从而使企业生产率的提高效应更加显著。现实经济中，国有企业凭借其独特的地位，获取了大量的金融资源，易于提高企业生产率和技术水平；而私营企业和集体企业由于国内特殊的金融环境面临的融资约束问题较为严重，造成金融体系对私营企业和集体企业的技术进步支持相对较弱。大力发展金融行业，扩大金融规模，增加金融资产种类和数量以符合不同所有制企业对金融资产的需求，使金融中介和组织能够把更多的投资资金集中起来为企业技术进步提供充足的资金来源。

# 第六节　本章小结

　　本章构建了金融发展对企业技术进步的理论模型，从研发创新渠道阐述了金融发展对企业技术进步的作用机理。在理论分析的基础上，本章利用我国宏观和微观的相关数据实证检验了金融发展对企业技术水平的作用，本章的实证结论显示：

　　基于各地区层面和企业层面的数据，运用多层 Logistic 回归模型检验金融发展对企业研发投入的影响发现，金融规模和金融效率均显著促进企业研发投入，即金融发展能够显著促进企业研发投入。从其他变量看，除了地区层面的变量基础设施抑制企业研发投入外，企业层面变量都与企业研发投入正相关。

　　基于中国经济的整体分析发现，从核心变量看，金融规模和金融效率都对企业技术水平有正向作用，但是相对于金融规模，金融效率对企业技术水平的作用效果更大，这说明中国金融体系的效率提高是未来中国金融改革的重点和努力方向。从其他变量看，地区层面的变量基础设施水平提高能够显著促进企业技术水平的提高；企业层面的变量企业管理水平、企业平均工资、企业规模和企业出口规模对企业全要素生产率作用的回归系数为正，且在1%的水平上通过显著性检验；而企业年龄却与企业技术水平呈反向变动的关系。

基于企业所有制的分析发现，无论何种所有制，金融规模和金融效率都会促进企业技术水平的提高，但是对不同所有制企业的影响效果有差异。除企业年龄和基础设施水平，其他控制变量都显著促进企业技术水平的提高，且不受企业所有制类型的影响。

# 第五章　金融发展与企业生产率分布的关联研究

## 第一节　引言

作为企业生产率研究的一个重要内容，企业生产率分布及其变化一方面对总体生产率的提高起着重要作用，另一方面也是金融发展对企业生产率作用效果的重要体现。因此，企业生产率分布成为经济理论的一个重要研究课题。企业生产率分布衡量了在异质性企业构成的集合内，不同生产率企业分布的整体状态。企业之间生产率的差异是现实经济的一个重要特征，大量基于企业微观数据的研究发现，企业之间生产率存在显著差距，并且不同地区和行业的企业生产率分布的离散程度也不同（Syverson，2011；聂辉华和贾瑞雪，2011；孙浦阳等，2013）。企业生产率分布及其变化是影响不同层面经济运行的一个关键因素。从微观角度分析，企业之间生产率的差异会影响到不同企业的价格、产量、创新、出口和转型升级等行为决策。从宏观角度考虑，企业生产率分布的具体状态不仅反映某个地区的竞争力和资源配置效率，还对一个地区的经济结构和经济发展有重要影响。因此，关于企业生产率分布状态及各影响因素对其作用的研究具有十分重要的意义。

随着经济理论的发展和企业微观数据的广泛应用，经济学者从理论和经验的角度深入研究了企业生产率分布的决定问题。异质性贸易理论的代表人物 Melitz（2003）分析了贸易自由化对不同生产率企业的作用机理；Gatto 等（2008）在此基础上，引入企业生产率分布函数，具体分析了贸易自由化对生产率标准差的影响，并运用意大利相关经济数据检验了贸易自由化对企业生产率分布的影响。依此类似分析框架，耿伟和廖显春（2017）以中国经济为研究对象，进一步考察了贸易自由化和市场化改革交叉作用对企业生产率分布的作用。除了贸易自由化，产品替代性也对企业生产率分布有重要影响，Syverson（2004）、孙浦阳等（2013）在这一方面研究做出了重要的贡献，他们将产品替代性引入生产率异质性分布的解释框架中，从产品替代性这一需求因素出发研究了企业生产率分布的决定。需求层面的因素会对企业生产率分布产生作用，而供给层面的因素也同样会影响企业生产率分布。技术作为生产率的一个决定因素，其对企业生产率分布也有重要影响。由此，学者Syverson（2011）、Restuccia和Rogerson（2013）以技术作为研究视角，分析了技术冲击和研发投入对企业生产率分布的影响。鉴于政府在企业生产活动中的重要作用，蒋为和张龙鹏（2015）从补贴差异化的角度，分析了企业生产率分布的规律。由于供给层面的因素会影响企业生产成本和生产决策，因此学者从供给层面能够较好地阐述企业生产率分布的决定。

以上研究从供给和需求两个角度的不同影响因素深入地分析了企业生产率分布的决定，具有较大的理论和实践意义。然而，值得注意的是，鲜有文献以金融体系为切入点，将金融发展与企业生产率分布两者联系起来。本章内容试图在理论阐述金融发展对企业生产率分布作用机理的基础上利用中国微观企业层面和地区宏观层面的相关数据，从地区层面估计和检验了金融发展对企业生产率分布的影响。本章预期按照以下几个部分开展具体的实证分析。首先，基于《中国工业企业数据库》的企业数据，对本章将要使用的企业生产率分布状况进行测度；其次，从全国整体上实证分析金融发展对企业生产率分布的影响；最后，以行业为例，从行业层面检验金融发展对企业生产率分布的影响结果，进一步验证相应结论。

# 第二节 问题研究的理论机制解说

本章理论研究框架以异质性贸易理论的 Melitz 和 Ottaviano（2008）垄断竞争局部均衡模型为基础，将金融体系引入企业的利润函数中，说明企业在金融体系作用下的生产决策行为；通过分析均衡条件下企业自由进入退出行为，阐述了金融发展对企业生产率分布的影响。

**一　消费者效用和需求**

假定代表性消费者为拟线性偏好，其效用函数为：

$$U = q_0 + \alpha \int_{i \in I} q_i \mathrm{d}i - \frac{1}{2} \gamma \int_{i \in I} (q_i)^2 \mathrm{d}i - \frac{1}{2} \eta \left( \int_{i \in I} q_i \mathrm{d}i \right)^2 \qquad (5-1)$$

在式（5-1）中，$q_0$ 为消费者对计价商品的消费量，$q_i$ 为消费者对商品 $i$ 的消费量，需求参数 $\alpha$、$\gamma$ 和 $\eta$ 都大于零，$\alpha$ 和 $\gamma$ 均表示计价商品和商品 $i$ 之间的替代程度，$\eta$ 表示异质性商品之间的差异化程度。

假定所有商品的边际效用均有界，消费者对计价产品的消费量 $q_0 > 0$；结合消费者的效用函数，根据消费者效用最大化一阶条件可得到商品 $q_i$ 的需求函数为：

$$q_i = \frac{\alpha}{\eta N + \gamma} - \frac{1}{\gamma} p_i + \frac{\eta N}{\eta N + \gamma} \frac{1}{\gamma} \overline{P} \qquad (5-2)$$

在式（5-2）中，$N$ 为商品种类数，$\overline{P}$ 为所有在位企业生产商品的平均价格，其计算公式：$\overline{P} = \frac{1}{N} \int_{i \in I} p_i \mathrm{d}i$。①

由于消费者的商品消费量 $q_i \geq 0$，可以得到：

$$p_i \leq \frac{1}{\eta N + \gamma} (\gamma \alpha + \eta N \overline{P}) \equiv p_{\max} \qquad (5-3)$$

**二　不考虑金融体系的厂商生产决策**

假定厂商采用规模报酬不变的 C-D 生产函数，即：

$$q_i = A_i k_i^\alpha l_i^{1-\alpha} \qquad (5-4)$$

在式（5-4）中，$A_i$ 表示厂商 $i$ 的生产率，$k_i$ 表示资本投入量，$l_i$ 表示劳动投入量，$\alpha$ 表示资本—产出弹性，$1-\alpha$ 表示劳动—产出弹性。

假定工资为 $w_i$，利率为 $r_i$②，则产量为 $q_i$ 的厂商边际成本为：

$$MC_i = \frac{1}{A_i} \left( \frac{r_i}{\alpha} \right)^\alpha \left( \frac{w_i}{1-\alpha} \right)^{1-\alpha} \qquad (5-5)$$

式（5-4）和式（5-5）的下标 $i$ 是为了体现经济中厂商的异质

---

① 为了便于分析，在不影响研究结论的前提下，在分析中把 $\overline{P}$ 简化为一个常数。

② 此处的利率为金融体系充分发挥作用下的利率，其值由货币所有者推迟消费所取得的报酬或等待所做出牺牲的补偿决定，在理论分析时，其值一般外生给定。

性。为了简化分析，在不影响分析结论的前提下，接下去的讨论省略下标 $i$，这样厂商的利润函数表达式为：

$$\pi = pq - (wl + rk) = q\left[p - \frac{1}{A}\left(\frac{r}{\alpha}\right)^{\alpha}\left(\frac{w}{1-\alpha}\right)^{1-\alpha}\right] \tag{5-6}$$

结合式（5-2）和式（5-6）可以得到：

$$\pi = \left[\frac{\alpha}{\eta N + \gamma} - \frac{1}{\gamma}p + \frac{\eta N}{\eta N + \gamma}\frac{1}{\gamma}\overline{P}\right]\left[p - \frac{1}{A}\left(\frac{r}{\alpha}\right)^{\alpha}\left(\frac{w}{1-\alpha}\right)^{1-\alpha}\right] \tag{5-7}$$

根据企业的最优定价策略，可以得到商品的价格为：

$$p = \frac{1}{2}\left[\frac{\alpha\gamma}{\eta N + \gamma} + \frac{\eta N}{\eta N + \gamma}\overline{P} + \frac{1}{A}\left(\frac{r}{\alpha}\right)^{\alpha}\left(\frac{w}{1-\alpha}\right)^{1-\alpha}\right] \tag{5-8}$$

相应企业的产量和利润分别为：

$$q = \frac{1}{2\gamma}\left[\frac{\alpha\gamma}{\eta N + \gamma} + \frac{\eta N}{\eta N + \gamma}\overline{P} - \frac{1}{A}\left(\frac{r}{\alpha}\right)^{\alpha}\left(\frac{w}{1-\alpha}\right)^{1-\alpha}\right] \tag{5-9}$$

$$\pi = \frac{1}{4\gamma}\left[\frac{\alpha\gamma}{\eta N + \gamma} + \frac{\eta N}{\eta N + \gamma}\overline{P} - \frac{1}{A}\left(\frac{r}{\alpha}\right)^{\alpha}\left(\frac{w}{1-\alpha}\right)^{1-\alpha}\right]^{2} \tag{5-10}$$

企业处于临界生产率时，利润等于零，即式（5-10）中 $\pi = 0$，由此可以得到边际成本的临界值为：

$$CD^{*} = \frac{1}{A^{*}}\left(\frac{r}{\alpha}\right)^{\alpha}\left(\frac{w}{1-\alpha}\right)^{1-\alpha} = \frac{\alpha\gamma}{\eta N + \gamma} + \frac{\eta N}{\eta N + \gamma}\overline{P} \tag{5-11}$$

在式（5-11）中，$CD^{*}$ 表示临界边际成本，$A^{*}$ 为临界生产率。

因此，利润函数式（5-10）可以表示为：

$$\pi = \frac{1}{4\gamma}\left[CD^{*} - \frac{1}{A}\left(\frac{r}{\alpha}\right)^{\alpha}\left(\frac{w}{1-\alpha}\right)^{1-\alpha}\right]^{2} \tag{5-12}$$

### 三 引入金融体系的厂商生产决策

现有很多文献在进行研究时，为了分析的简便，潜在假定金融体系充分发挥作用，经常采用的方法是将利率外生给定，例如邵帅和杨莉莉（2011）。在现实经济中，厂商支付的利率不仅受货币所有者推迟消费或等待所做出牺牲的影响，而且与金融发展水平有密切的关系。为了更加逼近现实，提高理论的解说力，本章在分析框架中引入金融体系，并假定厂商支付的利率由以上两个因素共同决定。由此，我们令厂商支付的利率为：

$$R = rf \tag{5-13}$$

在式（5-13）中，$r$ 为最低利率水平，代表单位货币的所有者推迟消费或等待所做出牺牲的收益；$f$ 表示金融发展水平，且 $f \geqslant 1$，金融发展水平越高，其值越小，反之则反是。

结合式（5－12）和式（5－13），可以得到在考虑金融体系的情况下，厂商的利润表达式为：

$$\pi = \frac{1}{4\gamma}\Big[ CD^* - \frac{1}{A}\Big(\frac{rf}{\alpha}\Big)^{\alpha}\Big(\frac{w}{1-\alpha}\Big)^{1-\alpha}\Big]^2 \tag{5－14}$$

**四　均衡分析**

接下来，我们以企业自由进入和退出的局部均衡条件进行分析。假设市场上存在大量潜在进入的企业，其生产率是随机的，分布区间为 $[\underline{A}, \overline{A}]$，服从外生的分布函数 $G(A)$。在进入实际生产活动之前，企业需要进行一些投资以获取进入实际生产活动的生产技术，这些投资就是沉没成本 $s$。由于潜在企业事先并不知道自己的生产率水平，因此潜在进入企业只能通过比较经营期望利润与沉没成本来判断是否投资沉没成本，进行生产。虽然潜在企业进入的生产率分布区间为 $[\underline{A}, \overline{A}]$，但是根据式（5－11），只有生产率达到 $A^*$ 的进入厂商才能继续进行生产，否则退出生产。由于潜在企业获得的生产率是随机的，在付出沉没成本 $s$ 后的期望利润表达式为：

$$V^e = \int_{A^*}^{\overline{A}} \frac{1}{4\gamma}\Big[ CD^* - \frac{1}{A}\Big(\frac{rf}{\alpha}\Big)^{\alpha}\Big(\frac{w}{1-\alpha}\Big)^{1-\alpha}\Big]^2 \mathrm{d}G(A) - s \tag{5－15}$$

潜在企业自由进入的均衡条件为期望利润等于零，即：

$$V^e = \int_{A^*}^{\overline{A}} \frac{1}{4\gamma}\Big[ CD^* - \frac{1}{A}\Big(\frac{rf}{\alpha}\Big)^{\alpha}\Big(\frac{w}{1-\alpha}\Big)^{1-\alpha}\Big]^2 \mathrm{d}G(A) - s = 0 \tag{5－16}$$

根据潜在企业进入的均衡条件式（5－16），可以得到：

$$\frac{\partial V^e}{\partial CD^*} = \int_{A^*}^{\overline{A}} \frac{1}{2r}\Big( CD^* - \frac{1}{A}\Big(\frac{rf}{\alpha}\Big)^{\alpha}\Big(\frac{w}{1-\alpha}\Big)^{1-\alpha}\Big)\mathrm{d}G(A) > 0 \tag{5－17}$$

$$\frac{\partial V^e}{\partial f} = -\int_{A^*}^{\overline{A}} \frac{1}{2r}\Big( CD^* - \frac{1}{A}\Big(\frac{rf}{\alpha}\Big)^{\alpha}\Big(\frac{w}{1-\alpha}\Big)^{1-\alpha}\Big)\frac{r}{A}\Big(\frac{w}{1-\alpha}\Big)^{1-\alpha}\Big(\frac{rf}{\alpha}\Big)^{\alpha-1}$$

$$\mathrm{d}G(A) < 0 \tag{5－18}$$

根据隐函数定理，由式（5－17）和式（5－18）可以得到：

$$\frac{\mathrm{d}CD^*}{\mathrm{d}f} = -\frac{\partial V^e/\partial f}{\partial V^e/\partial CD^*} > 0 \tag{5－19}$$

借鉴 Melitz 和 Ottaviano（2008）的假定，假定所有在位企业的生产率服从帕累托分布，分布密度函数为：

$$g(A) = \begin{cases} 0, if & A < A^* \\ \dfrac{k(A^*)^k}{A^{k+1}}, if & A \geq A^* \end{cases} \qquad (5-20)$$

在式（5-20）中，$A^*$ 为临界生产率，$k > 2$。

借鉴 Melitz 和 Ottaviano（2008）的分析方法，所有在位企业生产率分布的离散度采用所有在位企业生产率的标准差来反映，即：

$$Adispersion = A^* \sqrt{\dfrac{k}{(k-1)^2(k-2)}} \qquad (5-21)$$

由式（5-21），可以得到：

$$\dfrac{\mathrm{d}Adispersion}{\mathrm{d}A^*} > 0 \qquad (5-22)$$

结合式（5-11）、式（5-14）、式（5-19）和式（5-22），可以得到关系式：

$$\dfrac{\mathrm{d}Adispersion}{\mathrm{d}f} > 0 \qquad (5-23)$$

在式（5-23）中，$Adispersion$ 为所有在位企业生产率的标准差，表示所有在位企业生产率分布离散度，体现所有在位企业生产率分布的具体特征。在式（5-23）中，$Adispersion$ 与 $f$ 呈正向变动关系，从而表明所有在位企业生产率的标准差与金融发展水平呈反向变动的关系，即随着金融发展水平的提高，所有在位企业生产率的标准差会减少，所有在位企业生产率离散度降低；反之则反是。

上述数理理论模型体现了金融体系通过在不同生产率企业之间资源配置影响企业生产率分布的作用机理。金融发展水平的提高促进了经济行为主体的"优胜劣汰"的市场竞争机制的发挥，并最终导致企业生产率离散度的降低。金融体系对所有在位企业生产率分布离散程度的作用机制在于：金融体系通过利率水平影响厂商的生产成本和生产经营状况，进而影响企业的进入退出决策和企业生产率分布的离散度。金融发展水平的提高使更多潜在高生产率企业进入生产，促进高生产率的在位企业进一步扩大生产规模和占据更多销售市场，从而使低生产率的在位企业退出生产，高生产率企业占比增加，企业生产率离散程度降低；而当金融发展水平较低时，潜在高生产率企业的进入受到抑制，高生产率的在位企业难以扩大生产规模和占据更多销售市场，低生产率的在位企业得以继续进行生产，高生产率企业占比难以提高甚至会降低，企业生产率离散程度较高。接下来，文章基于中国经济的相关数据，通过计量模型实证检验这一核心理论分析结论。

## 第三节　金融发展与企业生产率分布：来自中国的经验研究

### 一　计量模型构建与变量设定

1. 计量模型

本章利用中国经济的相关数据从金融规模和金融效率两个方面检验金融发展对企业生产率分布的决定，以企业生产率分布离散度体现企业生产率分布的具体特征，实证分析中重点考察金融发展对企业生产率分布离散度的影响，为此构建如下计量模型考察金融发展对企业生产率分布的影响：

$$dispersion_{it} = \alpha_0 + \alpha_1 fin_{it} + \varepsilon_{it} \qquad (5-24)$$

在式（5-24）中，$i$ 表示省份地区（下文简称地区），$t$ 为年份，$dispersion$ 表示企业生产率分布的离散程度，$fin$ 表示金融发展水平，$\varepsilon$ 表示随机扰动项。

被解释变量：地区企业生产率分布离散度。地区企业生产率分布离散度通过企业全要素生产率计算获得。基于《中国工业企业数据库》的相关数据，本书分别采用 OP 方法和 LP 两种方法测度企业全要素生产率，因此得到地区企业生产率分布离散度的两个不同的值。现实经济中由于技术进步的影响，各地区企业生产率平均水平随着时间逐年提高，为了消除此影响，本书采用各地区企业生产率的标准差系数作为地区企业生产率分布离散度的代理变量，以 OP 方法计算的企业全要素生产率为基础测度的地区企业生产率分布离散度记为 dispersion_ OP，以 LP 方法计算的企业全要素生产率为基础测度的地区企业生产率分布离散度记为 dispersion_ LP。

解释变量：金融发展水平（fin）。本书采用金融规模（finscale）和金融效率（fineff）来衡量各地区金融发展水平。根据理论分析的结论，地区金融发展水平越高，地区内企业生产率分布的离散程度越低，因此本书预期金融规模和金融效率的估计系数为负。

2. 数据说明和变量描述

由于西藏一些金融发展相关数据的缺失，本节内容的实证分析删去西藏的相关数据，最终数据涵括了除西藏以外的 30 个省（自治区、直辖市），并且确定实证分析的时间跨度为 1999—2007 年。企业层面的微观数据来自《中国工业企业数据库》，为了使数据更加可靠，避免异常企业样本对估计结果的影响，本章进行了相应的处理：（1）由于西藏相关统计数据的缺失值相对较多，剔除西藏的相关企业数据；（2）剔除统计样本中的错误记录或异常值，如工业总产值、工业增加值、职工人数、销售额、总资产或固定资产净值缺失或小于零的企业，法人代码缺失或重复的企业；（3）剔除雇员少于 8 人的企业，删去 1949 年之前成立的企业；（4）匹配了一些开业年份缺失的企业样本。通过处理，最终保留了 524176 家企业，共 1770232 个样本。其他相关数据均来自历年的《中国统计年鉴》和《中国区域经济统计年鉴》。通过相应的处理，得到关于各主要变量的描述性统计结果，具体见表 5 - 1。

表 5 - 1　　　　　　　各个主要变量的描述性统计结果

| 变量名称 | 样本数 | 平均值 | 标准差 | 最小值 | 最大值 |
|---|---|---|---|---|---|
| dispersion_ OP | 270 | 0.3848 | 0.1019 | 0.2130 | 0.9351 |
| dispersion_ LP | 270 | 0.1998 | 0.0378 | 0.1370 | 0.3751 |
| finscale | 270 | 2.4927 | 0.8908 | 1.4203 | 6.6101 |
| fineff | 270 | 0.6953 | 0.2416 | 0.3211 | 1.7725 |

二　计量结果与分析

1. 基本回归

面板数据在实证分析时通常有三种模型的选择：混合模型、固定效应模型和随机效应模型。根据计量分析的原理，在面板数据模型的具体选择上，一般先采用 F 检验决定是建立混合模型还是固定效应模型，然后再用 Hausman 检验确定采用固定效应模型还是随机效应模型。

本书使用 STATA 软件进行相关数据的分析，在面板数据采用固定效应模型时，其输出结果中的 F 统计量和相应的 P 值能够反映固定效应

模型是否优于混合模型。关于金融规模的面板数据的 F（29，239）=
8.91，Prob > F = 0.0000，因此面板数据采用固定效应模型比混合模型
更加适合；但是通过 Hausman 检验则显示，chi2（1）= 0.24，Prob >
chi2 = 0.6235，因此随机效应模型优于固定效应模型。关于金融效率的
面板数据的 F（29，239）= 8.86，Prob > F = 0.0000。很明显，该面板
数据采用固定效应模型比混合模型更加适合；可是通过 Hausman 检验
则显示，chi2（1）= 0.76，Prob > chi2 = 0.3837，因此随机效应模型优
于固定效应模型。两个面板数据的相关检验显示，随机效应模型的采用
更为合适。但是，为了使分析更加可靠和具有对比性，面板数据采用随
机效应模型和固定效应模型两种分析方法，在分析时以随机效应模型的
估计结果为主，同时结合固定效应模型的估计结果。

表 5 - 2　　　　　　　　　　总体回归结果（一）

| | 随机效应 | | 固定效应 | |
|---|---|---|---|---|
| | 模型（1） | 模型（2） | 模型（3） | 模型（4） |
| finscale | 0.0035<br>（0.27） | | 0.0116<br>（0.55） | |
| fineff | | -0.1573***<br>（-4.71） | | -0.1746***<br>（-4.49） |
| cons | 0.3763***<br>（10.77） | 0.4859***<br>（19.27） | 0.3560***<br>（6.79） | 0.4970***<br>（16.90） |
| N | 270 | 270 | 270 | 270 |
| Within $R^2$ | 0.0013 | 0.0778 | 0.0013 | 0.0778 |

注：***、**和*分别表示在1%、5%和10%水平上显著；随机效应模型括号内为 z
值，固定效应模型括号内为 t 值。

本节内容运用省份地区层面的面板数据，从全国整体的角度总体分
析了金融发展的两个方面对企业生产率分布离散度的影响，具体结果见
表 5 - 2。表 5 - 2 的回归结果报告了金融发展对企业生产率分布离散度
的影响。其中，模型（1）采用随机效应模型分析了金融规模对企业生
产率分布离散度的影响，结果显示金融规模的估计系数为正，但是 z 值
为 0.27，不显著，说明金融规模的扩大虽然会提高企业生产率分布的

离散度，但作用效果非常不显著。此回归结果虽然与理论分析的结论相悖，但是在一定程度上体现了中国金融发展中存在的问题。模型（3）采用了固定效应模型分析金融规模对企业生产率分布离散度的影响，实证分析的结果与模型（1）的结果相比较，虽然估计系数的大小有些变大，但是仍为正值，且 t 值为 0.55，不显著。模型（1）和模型（3）虽然采用了不同的估计方法，但是回归结果都显示，金融规模的扩大有加剧企业生产率分布离散度程度的倾向，虽然实际作用效果不显著。

金融规模的估计系数均为正表明地区金融规模越大，企业生产率分布离散度越高，地区金融规模扩大会提高地区内企业生产率分布的离散程度，这似乎与本书的理论分析结论相悖。对于这种"悖论"现象背后的原因，我们可以结合中国金融机构信贷资金运用和不同所有制企业工业产值的特征予以诠释。2000—2008 年的《中国统计年鉴》统计数据显示，在短期贷款中，乡镇企业贷款、私营及个体贷款和三资企业贷款的占比都在 15% 以内，但是在全国规模以上企业中，在 1999—2007 年仅外资企业的生产总产值就超过了 20%。金融规模的扩大意味着金融体系将金融资源更多配置于国有企业甚至是低生产率的国有企业，这不符合市场配置资源的原则。因而此结果反映出来的金融规模对企业生产率分布离散度增加具有正向影响就比较符合中国经济运行的现实。但是，我们还应注意到，金融规模的估计系数不显著，从中也体现出在中国经济中金融规模对企业生产率分布的实际作用效果并不明显。

模型（2）采用了随机效应模型估计了金融效率对企业生产率分布离散度的影响，结果显示金融效率的估计系数为负，且通过 1% 的显著性检验，说明金融效率的提高会显著地降低企业生产率分布的离散程度，此回归结果与理论分析的结论相吻合，充分说明了金融发展具有资源配置效率的提高作用。模型（4）采用了固定效应模型估计了金融效率对企业生产率分布离散度的影响，实证分析的结果与模型（2）的分析结果相比较，无论是估计系数，还是显著性的检验都基本一致。虽然模型（2）和模型（4）采用了两种不同的估计分析，可计量结果都体现了在中国经济中金融效率的提高会显著降低企业生产率分布离散度。

金融规模和金融效率的实证分析结果与经济事实描述的结论存在较好的一致性，尤其是金融效率与理论分析的结论完全相同，从而验证了金融发展对企业生产率分布的作用效果。

## 2. 稳健性检验

为了进一步检验分析结果的稳健性，因变量采用以 LP 方法计算的企业全要素生产率为基础测度的地区企业生产率分布离散度。在进行具体回归分析之前，对本部分的面板数据的计量模型进行判定。关于金融规模的面板数据的 F（29，239）＝14.44，Prob＞F＝0.0000，因此面板数据采用固定效应模型比混合模型更加适合；可是通过 Hausman 检验则显示，chi2（1）＝0.33，Prob＞chi2＝0.5665，因此随机效应模型优于固定效应模型。关于金融效率的面板数据的 F（29，239）＝14.92，Prob＞F＝0.0000。很明显，该面板数据采用固定效应模型比混合模型更加适合；可是通过 Hausman 检验则显示，chi2（1）＝0.33，Prob＞chi2＝0.5675，因此随机效应模型优于固定效应模型。在这里，面板数据同样采用随机效应模型和固定效应模型两种分析方法，在分析时以随机效应模型的估计结果为主，同时结合固定效应模型的估计结果，回归结果见表 5 - 3。

表 5 - 3　　　　　　　　　　总体回归结果（二）

|  | 随机效应 | | 固定效应 | |
|---|---|---|---|---|
|  | 模型（1） | 模型（2） | 模型（3） | 模型（4） |
| finscale | 0.0066<br>（1.40） |  | 0.0094<br>（1.39） |  |
| fineff |  | － 0.0412 ***<br>（－3.56） |  | － 0.0448 ***<br>（－3.52） |
| cons | 0.1833 ***<br>（13.99） | 0.2262 ***<br>（24.29） | 0.1764 ***<br>（10.47） | 0.2285 ***<br>（27.55） |
| N | 270 | 270 | 270 | 270 |
| Within R$^2$ | 0.0080 | 0.0493 | 0.0080 | 0.0493 |

注：***、** 和 * 分别表示在 1%、5% 和 10% 水平上显著；随机效应模型括号内为 z 值，固定效应模型括号内为 t 值。

表 5 - 3 结果显示，在模型（1）和模型（3）中，金融规模的估计系数为正，但是都不显著。无论是采用随机效应模型还是采用固定效应模型，金融规模对企业生产率分布离散度的作用效果都不显著，此结果

与前文的回归分析结论相同。在模型（2）和模型（4）中，金融效率的估计系数为负，且都通过1%的显著性检验，此结论揭示了金融效率提高能够显著促进企业生产率分布离散度的降低，此结果与前文的回归分析结论相同。因变量采用以 LP 方法计算的企业全要素生产率为基础测度的地区企业生产率分布离散度的金融规模和金融效率的回归结果与因变量采用以 OP 方法计算的企业全要素生产率为基础测度的地区企业生产率分布离散度的金融规模和金融效率的回归结果完全相同，从而验证了回归结论的稳健性。可是我们也注意到，由于企业全要素生产率采用了不同的计算方法，从而对回归结果产生了一些影响，参数估计值发生了一些变化；但是估计系数的正负符号未发生变化且显著性也保持一致。

### 三 结论与启示

本节内容利用我国宏观和微观的相关数据检验了金融发展对企业生产率分布的影响，从全国整体的回归分析看，金融规模的系数为正，但不显著，体现了金融规模扩大有增加企业间生产率差异的倾向，实证结果有悖于理论分析结论；而金融效率的估计系数为负且显著，说明金融效率的提高会显著降低企业生产率分布离散度，有利于企业生产率均等化，此实证结果与理论分析结论相同。

按照经济学理论的经典假定，在要素市场发展充分的情况下，要素配置会处于帕累托最优的状态，企业间生产率应该是均等的。企业间生产率差异较大和企业生产率分布离散度较高在本质上是要素配置效率低下的表现，其背后的一个重要原因在于金融发展水平不高。对于金融体系的利用，还需要结合中国金融发展的实际情况。根据实证分析结论，金融规模对企业生产率分布作用效果与理论分析不一致，这可能与中国金融体系的规模扩张中有大量政府的作用，政府干预和指导反而不利于资源配置的最优化有关。因此，在金融规模的扩大中要减少政府的干预，并要求中国政府按照市场化原则加快金融体系建设，充分发挥市场对金融体系建设的作用。金融效率的提高对企业生产率分布的显著作用显示了金融体系的效率提高对资源配置的重要性，由此我们要重视金融体系效率的建设，从而使金融体系能够充分发挥资源配置的作用。

# 第四节　行业层面的金融发展与企业
# 生产率分布的关联研究

## 一　计量模型构建、数据和变量说明

参考上节实证分析的方法，构建如下计量模型考察行业层面的金融发展对企业生产率分布的影响：

$$inddispersion_{it} = \alpha_0 + \alpha_1 fin_{it} + \varepsilon_{it} \qquad (5-25)$$

在式（5-25）中，$inddispersion_{it}$ 表示 $i$ 省份地区（以下简称地区）某个行业 $t$ 年的企业生产率分布的离散程度；$fin_{it}$ 表示 $i$ 地区 $t$ 年的金融发展水平；$\varepsilon_{it}$ 表示随机扰动项。

前文的实证研究揭示出金融规模的扩大会提高企业生产率分布离散度，但是效果不显著；而金融效率的提高却会显著降低企业生产率分布离散度。虽然在整体分析时，计算标准差系数的样本数量比较多，标准差系数的稳定性和正确性得到了保障和提高，但是由于整体分析会忽视行业间生产率可造成的差异，相对于地区总体的企业生产率分布离散度，使用行业数据进行企业生产率分布离散度的测度可能更为真实地体现行业的企业生产率分布的离散程度，因此以行业为分析对象的分析方法在这方面具有优势。本部分内容关于金融发展对行业内企业生产率分布的分析将弥补整体分析方法的缺陷，并进一步通过实证分析检验整体分析的结论。

在具体分析之前，适当解释一下本节的相关变量。因变量为地区行业内企业生产率分布离散度。由于企业全要素生产率的 OP 和 LP 两种不同的计算方法，因此地区行业内企业生产率分布离散度也有两个不同的值，我们以 OP 方法计算的企业全要素生产率为基础测度的企业生产率分布离散度的回归结果作为分析的基础，以 LP 方法计算的企业全要素生产率为基础测度的企业生产率分布离散度为因变量进行稳健性检验。金融发展则采用相应地区和年份的金融规模和金融效率两个方面来表示。

## 二　计量结果与分析

1. 基本回归

出于文章分析的便捷考虑，我们通过归纳和总结的方式将行业回归结果以简表的形式呈现，具体内容见表5-4。

表5-4　　　　　　　分行业回归结果简表（一）

| 行业代码 | 行业名称 | 1999—2007年企业样本总数量 | 随机效应 | | 固定效应 | |
|---|---|---|---|---|---|---|
| | | | 金融规模系数 | 金融效率系数 | 金融规模系数 | 金融效率系数 |
| 6 | 煤炭开采和洗选业 | 11532 | -0.0058<br>(-0.37) | -0.1430***<br>(-2.74) | -0.0299<br>(-0.68) | -0.2000***<br>(-2.45) |
| 7 | 石油和天然气开采业 | 288 | -0.0331<br>(-1.06) | -0.0847<br>(-0.76) | -0.0660<br>(-1.27) | -0.1313<br>(-0.70) |
| 8 | 黑色金属矿采选业 | 4159 | 0.0853***<br>(3.90) | 0.1638*<br>(1.80) | 0.0648<br>(0.67) | -0.0211<br>(-0.11) |
| 9 | 有色金属矿采选业 | 3703 | -0.0059<br>(-0.21) | -0.2181***<br>(-2.99) | -0.0430<br>(-1.05) | -0.2873**<br>(-3.27) |
| 10 | 非金属矿采选业 | 5931 | 0.0090<br>(0.34) | -0.1779**<br>(-2.19) | 0.0926<br>(1.64) | -0.1960*<br>(-1.81) |
| 11 | 开采辅助活动 | 63 | 0.0852<br>(0.65) | -0.4005<br>(-1.21) | 0.2079<br>(1.38) | -0.0194<br>(-0.05) |
| 12 | 其他采矿业 | 488 | 0.8890<br>(0.47) | 3.7526<br>(0.37) | 6.1575<br>(0.41) | -6.1839<br>(-0.23) |
| 13 | 农副食品加工业 | 31489 | -0.0040<br>(-0.24) | -0.2572***<br>(-5.33) | -0.0495<br>(-1.52) | -0.3650***<br>(-6.26) |
| 14 | 食品制造业 | 12262 | -0.0168<br>(-0.55) | -0.2872***<br>(-2.69) | -0.0062<br>(-0.06) | -0.4167**<br>(-2.12) |
| 15 | 饮料制造业 | 7628 | -0.0193<br>(-0.97) | -0.2665***<br>(-4.64) | -0.0413<br>(-1.04) | -0.3320***<br>(-4.53) |
| 16 | 烟草制品业 | 374 | -0.0005<br>(-0.02) | -0.0484<br>(-0.55) | 0.0127<br>(0.23) | 0.0162<br>(0.12) |
| 17 | 纺织业 | 44581 | -0.0047<br>(-0.29) | -0.1629***<br>(-3.81) | -0.0004<br>(-0.02) | -0.1735***<br>(-3.40) |
| 18 | 纺织服装、鞋、帽制造业 | 26325 | -0.0080<br>(-0.34) | -0.2308***<br>(-3.58) | -0.0074<br>(-0.18) | -0.2691***<br>(-3.51) |

续表

| 行业代码 | 行业名称 | 1999—2007年企业样本总数量 | 随机效应 | | 固定效应 | |
|---|---|---|---|---|---|---|
| | | | 金融规模系数 | 金融效率系数 | 金融规模系数 | 金融效率系数 |
| 19 | 皮革、毛皮、羽毛（绒）及其制品业 | 12639 | −0.0114 (−0.85) | −0.1409 *** (−3.40) | −0.0496 (−1.62) | −0.1981 *** (−3.52) |
| 20 | 木材加工及木、竹、藤、棕、草制品业 | 12496 | −0.0143 (−0.95) | −0.1536 *** (−3.74) | −0.0299 (−1.12) | −0.1756 *** (−3.56) |
| 21 | 家具制造业 | 6684 | 0.0043 (0.20) | −0.1720 *** (−2.61) | −0.0084 (−0.19) | −0.2202 ** (−2.56) |
| 22 | 造纸及纸制品业 | 14479 | 0.0022 (0.19) | −0.0746 ** (−1.96) | −0.0235 (−0.73) | −0.0851 (1.41) |
| 23 | 印刷业和记录媒介的复制 | 9163 | 0.0242 (0.45) | −0.3046 *** (−4.19) | −0.0233 (−0.93) | −0.2807 *** (−2.77) |
| 24 | 文教体育用品制造业 | 6908 | −0.0115 (−0.54) | −0.1102 (−1.64) | 0.0053 (0.11) | −0.0781 (−0.83) |
| 25 | 石油加工、炼焦及核燃料加工业 | 3873 | −0.0011 (−0.10) | −0.0405 (−1.12) | −0.0311 (−1.16) | −0.0853 * (−1.71) |
| 26 | 化学原料及化学制品制造业 | 36528 | −0.0216 (−1.34) | −0.2192 *** (−3.68) | −0.2429 *** (−3.80) | −0.4964 *** (−4.05) |
| 27 | 医药制造业 | 7882 | −0.0136 (−1.42) | −0.0987 *** (−3.29) | −0.0008 (−0.03) | −0.0653 (−1.40) |
| 28 | 化学纤维制造业 | 2925 | 0.0050 (0.20) | −0.1061 (−1.10) | 0.0525 (0.54) | −0.1278 (−0.68) |
| 29 | 橡胶制品业 | 6321 | 0.0066 (0.20) | −0.1407 (−1.47) | 0.0396 (0.61) | −0.1019 (−0.83) |
| 30 | 塑料制品业 | 25529 | −0.0063 (−0.47) | −0.1379 *** (−4.00) | −0.0188 (−0.86) | −0.1452 *** (−3.61) |
| 31 | 非金属矿物制品业 | 41946 | 0.0384 (0.45) | 0.0141 (0.05) | 0.1505 (0.50) | −0.4662 (0.80) |
| 32 | 黑色金属冶炼及压延加工业 | 12860 | 0.0020 (0.17) | −0.0924 ** (−2.29) | −0.0209 (−0.63) | −0.1668 *** (−2.72) |

续表

| 行业代码 | 行业名称 | 1999—2007年企业样本总数量 | 随机效应 | | 固定效应 | |
|---|---|---|---|---|---|---|
| | | | 金融规模系数 | 金融效率系数 | 金融规模系数 | 金融效率系数 |
| 33 | 有色金属冶炼及压延加工业 | 10969 | 0.0034 (0.39) | −0.0430 (−1.38) | −0.0369 (−1.40) | −0.1049 ** (−2.13) |
| 34 | 金属制品业 | 32703 | −0.0070 (−0.35) | −0.1915 *** (−4.13) | −0.0211 (−0.75) | −0.2223 *** (−4.39) |
| 35 | 通用设备制造业 | 41101 | −0.0143 (−0.89) | −0.2030 *** (−4.76) | −0.0409 (−1.46) | −0.2325 *** (−4.57) |
| 36 | 专用设备制造业 | 22918 | −0.0098 (−0.27) | −0.4246 *** (−4.19) | 0.0117 (0.17) | −0.4871 *** (−3.91) |
| 37 | 交通运输设备制造业 | 22644 | −0.0277 (−0.78) | −0.3473 *** (−2.95) | −0.1419 (−1.42) | −0.4537 ** (−2.42) |
| 39 | 电气机械及器材制造业 | 25276 | −0.0051 (−0.14) | −0.2007 (−1.40) | −0.3578 ** (−1.83) | −0.5565 (−1.55) |
| 40 | 通信设备、计算机及其他电子设备制造业 | 25883 | −0.0087 (−0.67) | −0.0915 ** (−2.23) | 0.0068 (0.22) | −0.0748 (−1.28) |
| 41 | 仪器仪表及文化、办公用机械制造业 | 12138 | 0.0268 (0.32) | 0.1141 (0.40) | −0.0042 (−0.02) | −0.0807 (−0.18) |
| 42 | 工艺品及其他制造业 | 12114 | 0.0133 (0.44) | −0.0750 (−0.76) | −0.0025 (−0.03) | −0.1013 (−0.71) |
| 43 | 废弃资源和废旧材料回收加工业 | 7197 | 0.0021 (0.08) | −0.2203 *** (−3.38) | −0.0294 (−0.76) | −0.2551 *** (−3.58) |
| 44 | 电力、热力的生产和供应业 | 8391 | −0.0341 (−1.53) | −0.0770 (−1.56) | −0.0630 ** (−2.32) | −0.0932 * (−1.79) |
| 45 | 燃气生产和供应业 | 847 | −0.0537 (−1.41) | −0.3429 ** (−2.59) | −0.0929 (−0.78) | −0.4051 * (−1.78) |
| 46 | 水的生产和供应业 | 3619 | −0.0227 (−0.76) | −0.0106 (−0.16) | −0.0241 (−0.65) | −0.0003 (−0.00) |

注：*** 、** 和 * 分别表示在1%、5%和10%水平上显著；随机效应模型括号内为 z 值，固定效应模型括号内为 t 值。

在表 5 - 4 中, 采用随机效应模型分析金融规模对企业生产率分布离散度影响的结果显示, 40 个行业中, 25 个行业系数为负, 但是都不显著; 15 个行业系数为正, 只有一个行业通过 1% 的显著性检验。采用固定效应模型分析金融规模对企业生产率分布离散度影响的结果则显示, 40 个行业中, 29 个行业系数为负, 只有 3 个行业显著; 11 个行业系数为正, 但是都不显著。观察不同样本数量行业的回归结果, 发现其样本数量的变化基本不改变研究结果。究其原因, 主要是金融规模对行业的企业生产率分布作用没有显著效果。两种模型的回归结果在总体上反映了金融规模对企业生产率分布离散度基本没有显著影响效果的这一事实。从行业层面进行分析的结果与全国整体层面的总体分析的结果基本相同, 即金融规模的变化不会对企业生产率分布产生显著影响。

在表 5 - 4 中, 采用随机效应模型分析金融效率对企业生产率分布离散度影响的结果显示, 40 个行业中, 24 个行业的金融效率的估计系数显著为负, 12 个行业的金融效率估计系数为负但不显著; 只有 4 个行业的估计系数为正, 且其中仅 1 个通过 10% 的显著性检验。估计系数为负的行业数占 90% , 且估计系数显著为负的占 60% , 此估计结果与全国整体层面的总体回归结果相吻合, 即金融效率的提高能够显著降低企业生产率分布离散度。值得注意的是, 根据计量经济学的基本原理, 样本数量对于企业生产率标准差系数的测度有重要作用, 从而影响计量结果。一般情况下, 样本数量越多, 实证分析的结果越稳定和越可靠。1999—2007 年企业总样本超过 20000 家的 12 个行业中, 10 个行业的估计系数显著为负, 估计系数显著为负的约占 83% , 进一步从行业层面上论证了金融效率对企业生产率分布离散度的作用效果。运用固定效应模型分析金融效率对企业生产率分布离散度影响的结果则显示, 40 个行业中, 39 个行业的估计系数为负, 其中 24 个行业的估计系数显著; 只有 1 个行业的估计系数为正, 且不显著。1999—2007 年企业总样本超过 20000 家的 12 个行业中, 9 个行业的估计系数显著为负, 估计系数显著为负的约占 75% 。两种模型的估计结果在总体上体现了金融效率的提高显著有利于企业生产率分布离散度的降低, 行业层面分析的结论与全国整体层面的总体研究的结论一致。

2. 稳健性检验

鉴于使用 OP 方法在测度企业全要素生产率方面可能存在的问题,

从而影响回归结果的正确性。下文内容以 LP 方法计算的企业全要素生产率为基础测度的行业企业生产率分布离散度作为因变量进行计量分析，通过两次回归所得到的不同结果，进一步确认上述计量结果的稳健性。各行业计量回归的结果如表 5 - 5 所示。

**表 5 - 5**                 **分行业回归结果简表（二）**

| 行业代码 | 行业名称 | 1999—2007年企业样本总数量 | 随机效应 | | 固定效应 | |
|---|---|---|---|---|---|---|
| | | | 金融规模系数 | 金融效率系数 | 金融规模系数 | 金融效率系数 |
| 6 | 煤炭开采和洗选业 | 11532 | - 0.0031<br>( - 0.50) | - 0.0412 **<br>( - 2.14) | - 0.0047<br>( - 0.32) | - 0.0278<br>( - 1.00) |
| 7 | 石油和天然气开采业 | 288 | - 0.0379 *<br>( - 1.74) | - 0.1033<br>( - 1.34) | - 0.0693 *<br>( - 1.95) | - 0.1302<br>( - 1.00) |
| 8 | 黑色金属矿采选业 | 4159 | 0.0239 ***<br>(3.52) | 0.0872 ***<br>(3.35) | 0.0614 ***<br>(2.84) | 0.1395 ***<br>(3.42) |
| 9 | 有色金属矿采选业 | 3703 | 0.0149<br>(1.56) | 0.0246<br>(0.94) | 0.0260 *<br>(1.71) | 0.0507<br>(1.53) |
| 10 | 非金属矿采选业 | 5931 | 0.0162<br>(1.31) | - 0.0352<br>( - 1.02) | 0.0614 ***<br>(2.86) | - 0.0247<br>( - 0.59) |
| 11 | 开采辅助活动 | 63 | - 0.0668<br>( - 1.16) | - 0.0986<br>( - 0.66) | - 0.0869<br>( - 1.29) | 0.0208<br>(0.12) |
| 12 | 其他采矿业 | 488 | - 0.0420<br>( - 1.40) | - 0.0285<br>( - 0.20) | 0.0615<br>(0.50) | 0.3449<br>(1.60) |
| 13 | 农副食品加工业 | 31489 | - 0.0016<br>( - 0.25) | - 0.0852 ***<br>( - 4.96) | - 0.0172<br>( - 1.54) | - 0.1129 ***<br>( - 5.59) |
| 14 | 食品制造业 | 12262 | - 0.0039<br>( - 0.52) | - 0.0981 ***<br>( - 4.03) | - 0.0069<br>( - 0.33) | - 0.1532 ***<br>( - 3.90) |
| 15 | 饮料制造业 | 7628 | - 0.0036<br>( - 0.49) | - 0.0738 ***<br>( - 3.53) | - 0.0137<br>( - 0.99) | - 0.0965 ***<br>( - 3.73) |
| 16 | 烟草制品业 | 374 | 0.0275 **<br>(2.05) | 0.0339<br>(0.84) | 0.0205<br>(0.91) | 0.0005<br>(0.01) |
| 17 | 纺织业 | 44581 | 0.0055<br>(0.97) | - 0.0280 *<br>( - 1.89) | 0.0133<br>(1.51) | - 0.0286 *<br>( - 1.68) |
| 18 | 纺织服装、鞋、帽制造业 | 26325 | 0.0006<br>(0.08) | - 0.0592 ***<br>( - 2.77) | 0.0105<br>(0.73) | - 0.0643 **<br>( - 2.34) |

续表

| 行业代码 | 行业名称 | 1999—2007年企业样本总数量 | 随机效应 | | 固定效应 | |
|---|---|---|---|---|---|---|
| | | | 金融规模系数 | 金融效率系数 | 金融规模系数 | 金融效率系数 |
| 19 | 皮革、毛皮、羽毛（绒）及其制品业 | 12639 | -0.0071<br>(-1.13) | -0.0522***<br>(-2.72) | -0.0151<br>(-1.10) | -0.0596**<br>(-2.33) |
| 20 | 木材加工及木、竹、藤、棕、草制品业 | 12496 | -0.0034<br>(-0.53) | -0.0487***<br>(-2.94) | -0.0061<br>(-0.59) | -0.0529***<br>(-2.73) |
| 21 | 家具制造业 | 6684 | 0.0081<br>(0.97) | -0.0458*<br>(-1.90) | 0.0145<br>(0.93) | -0.0562*<br>(-1.88) |
| 22 | 造纸及纸制品业 | 14479 | 0.0000<br>(0.00) | -0.0136<br>(-1.02) | -0.0055<br>(-0.56) | -0.0044<br>(-0.24) |
| 23 | 印刷业和记录媒介的复制 | 9163 | -0.0003<br>(-0.03) | -0.1062***<br>(-4.01) | 0.0212<br>(1.14) | -0.1112***<br>(-3.15) |
| 24 | 文教体育用品制造业 | 6908 | 0.0022<br>(0.24) | -0.0331<br>(-1.11) | 0.0051<br>(0.23) | -0.0395<br>(-0.93) |
| 25 | 石油加工、炼焦及核燃料加工业 | 3873 | 0.0038<br>(0.49) | -0.0057<br>(-0.27) | 0.0069<br>(0.52) | -0.0145<br>(-0.58) |
| 26 | 化学原料及化学制品制造业 | 36528 | 0.0228**<br>(2.39) | 0.0620**<br>(2.10) | 0.0754***<br>(3.75) | 0.0904**<br>(2.30) |
| 27 | 医药制造业 | 7882 | 0.0016<br>(0.32) | -0.0173<br>(-1.19) | 0.0172*<br>(1.79) | -0.0018<br>(-0.09) |
| 28 | 化学纤维制造业 | 2925 | 0.0056<br>(0.53) | -0.0150<br>(-0.41) | 0.0272<br>(0.94) | 0.0116<br>(0.21) |
| 29 | 橡胶制品业 | 6321 | 0.0122<br>(1.38) | -0.0088<br>(-0.34) | 0.0304*<br>(1.86) | -0.0019<br>(-0.06) |
| 30 | 塑料制品业 | 25529 | 0.0017<br>(0.32) | -0.0303**<br>(-2.15) | -0.0016<br>(-0.18) | -0.0312*<br>(-1.83) |
| 31 | 非金属矿物制品业 | 41946 | 0.0027<br>(0.61) | -0.0142<br>(-1.01) | 0.0010<br>(0.10) | -0.0237<br>(-1.24) |
| 32 | 黑色金属冶炼及压延加工业 | 12860 | 0.0008<br>(0.14) | -0.0132<br>(-0.79) | -0.0008<br>(-0.08) | -0.0147<br>(-0.70) |

续表

| 行业代码 | 行业名称 | 1999—2007年企业样本总数量 | 随机效应 | | 固定效应 | |
|---|---|---|---|---|---|---|
| | | | 金融规模系数 | 金融效率系数 | 金融规模系数 | 金融效率系数 |
| 33 | 有色金属冶炼及压延加工业 | 10969 | 0.0019 (0.49) | −0.0010 (−0.08) | −0.0008 (−0.08) | −0.0028 (−0.15) |
| 34 | 金属制品业 | 32703 | 0.0074 (0.84) | −0.0491 ** (−2.49) | 0.0072 (0.63) | −0.0581 *** (−2.76) |
| 35 | 通用设备制造业 | 41101 | 0.0027 (0.55) | −0.0307 ** (−2.52) | −0.0008 (−0.11) | −0.0354 ** (−2.57) |
| 36 | 专用设备制造业 | 22918 | 0.0012 (0.13) | −0.0989 *** (−4.16) | 0.0152 (0.94) | −0.1077 *** (−3.66) |
| 37 | 交通运输设备制造业 | 22644 | −0.0059 (−0.67) | −0.1001 *** (−3.77) | −0.0254 (−1.31) | −0.1261 *** (−3.53) |
| 39 | 电气机械及器材制造业 | 25276 | 0.0004 (0.07) | −0.0109 (−0.59) | 0.0034 (0.18) | 0.0240 (0.68) |
| 40 | 通信设备、计算机及其他电子设备制造业 | 25883 | 0.0019 (0.39) | −0.0052 (−0.31) | 0.0211 (1.54) | 0.0168 (0.62) |
| 41 | 仪器仪表及文化、办公用机械制造业 | 12138 | −0.0013 (−0.14) | −0.0479 * (−1.64) | 0.0021 (0.10) | −0.0830 ** (2.05) |
| 42 | 工艺品及其他制造业 | 12114 | 0.0026 (0.33) | −0.0433 * (−1.81) | −0.0206 (−1.25) | −0.0726 ** (−2.32) |
| 43 | 废弃资源和废旧材料回收加工业 | 7197 | 0.0088 (0.77) | −0.0375 (−1.27) | −0.0016 (−0.09) | −0.0505 (−1.52) |
| 44 | 电力、热力的生产和供应业 | 8391 | −0.0019 (−0.26) | −0.0225 (−1.35) | −0.0138 (−1.49) | −0.0344 * (−1.96) |
| 45 | 燃气生产和供应业 | 847 | 0.0058 (0.58) | −0.0217 (−0.64) | 0.0060 (0.23) | −0.0391 (−0.77) |
| 46 | 水的生产和供应业 | 3619 | 0.0026 (0.34) | −0.0025 (−0.14) | 0.0073 (0.68) | −0.0009 (−0.04) |

注: *** 、 ** 和 * 分别表示在1%、5%和10%水平上显著;随机效应模型括号内为z值,固定效应模型括号内为t值。

表 5 – 5 中相应回归方程的因变量企业生产率分布离散度通过以 LP 方法的企业全要生产率计算得到。以金融规模为自变量的随机效应模型的回归结果显示，40 个行业中，26 个行业的估计系数为正，其中只有 3 个行业的估计系数通过显著性检验；13 个行业的估计系数为负，其中只有 1 个行业的估计系数通过显著性检验；1 个行业的估计系数为零。以金融规模为自变量的固定效应模型的回归结果显示，40 个产业中，23 个行业的估计系数为正，其中只有 6 个行业的估计系数通过显著性检验；17 个行业的估计系数为负，其中只有 1 个行业的估计系数通过显著性检验。观察不同企业样本数量行业的回归结果，同样发现行业中企业样本数量的变化基本不改变回归结果。对比表 5 – 5 和表 5 – 4 的回归结果，可以得出虽然因变量的测度基础企业全要素生产率的计算方法不同，但是得到的回归结果基本相同，都体现了在总体上金融规模扩大对行业内企业生产率分布离散度的作用效果不显著。

以金融效率为自变量的随机效应模型的回归结果显示，40 个行业中，36 个行业的金融效率的估计系数为负，其中 17 个行业的估计系数通过显著性检验；只有 4 个行业金融效率的估计系数为正，其中 2 个行业的估计系数通过显著性检验。进一步考察企业样本数量比较大的行业，发现 1999—2007 年企业总样本超过 20000 家的 12 个行业中，8 个行业的估计系数为负且通过显著性检验，估计系数显著为负的约占 67%。以金融效率为自变量的固定效应的回归结果显示，40 个行业中，31 个行业估计系数为负，其中 17 个行业的估计系数显著；9 个行业的估计系数为正，仅 2 个行业估计系数显著。研究企业样本数量较大的行业，1999—2007 年企业总样本超过 20000 家的 12 个行业中，8 个行业的估计系数为负且通过显著性检验，估计系数显著为负的约占 67%。对比表 5 – 5 随机效应模型和固定效应模型的两种不同回归结果，估计结果基本相同，体现出金融效率显著有利于企业生产率分布离散度的降低。综合表 5 – 4 与表 5 – 5 中的估计结果，虽然因变量企业生产率分布离散度的测算基础——企业全要素生产率的计算方法不同；但是，无论从 40 个行业的总体分析结果看，还是从大样本行业的分析结果研究，金融效率的估计结果基本相同，从而验证了金融效率对行业内企业生产率分布离散度回归结果的稳健性。当然，我们也同样注意到，相应行业的估计系数值都发生了一些变化。

### 三 结论与启示

本节内容主要利用 1999—2007 年中国工业企业微观数据和省份地区金融数据，从行业层面全面考察了金融发展对企业生产率分布的影响。基于分行业的回归分析结果，从总体上看，金融规模的扩大对行业内企业生产率分布没有显著影响，而金融效率显著有利于企业间生产率的均等化。

上述研究结论从行业层面揭示了金融发展对企业生产率分布的影响，这进一步从行业层面证实了应利用中国的金融体系以降低企业生产率分布的离散程度、增进资源配置效率及提高中国制造业的竞争力。根据金融发展对行业内企业生产率分布离散度的影响效果，要实现行业内企业生产率分布离散度的降低，应不断提高金融发展水平，充分利用金融体系的资源配置作用。鉴于金融发展的两个方面对行业内企业生产率分布影响程度的差异，同时结合中国金融体系的特征，我们在重视金融规模扩大的同时，要高度关注金融效率的提高。

## 第五节  本章小结

本章首先以异质性贸易理论 Melitz 和 Ottaviano（2008）的垄断竞争局部均衡模型为基础，引入金融体系的影响，从理论上阐述了金融发展对企业生产率分布的作用机理，得出金融发展有利于企业间生产率的均等化。其次，企业全要素生产率标准差系数作为企业生产率分布的重要指标，是实证分析的关键因素，本书利用《中国工业企业数据库》中的相关数据计算出地区整体的标准差系数和地区行业的标准差系数以反映地区企业生产率分布离散度和地区行业的企业生产率分布离散度，并从整体和分行业不同研究层面验证了金融发展对企业生产率分布的影响。最后，基于理论分析和实证研究的结论，尝试性地提出一些相关的对策和建议。

通过本章的实证分析，主要结论可以概括如下：

从整体的回归分析看，金融规模的估计系数为正，但不显著，反映了金融规模的扩大有可能增加企业间生产率的差异；其原因可能是中国金融体系的规模扩张虽然使资本配置总量增加，但是政府干预和指导反而不利于资源配置的最优化，从而导致实证和理论分析结论的不一致。金融效率的估计系数为负且显著，说明金融效率的提高会显著降低企业生产率分布离散度，有利于企业生产率均等化。并且，本章替换因变量后进行了回归分析，其回归结果相同，从而也验证了上述实证分析结论的稳健性。

从分行业的回归分析看，总体上，金融规模的估计系数基本不显著，金融效率的估计系数为负且大部分显著，金融效率和金融规模对企业生产率分布离散度的影响效果在总体上与整体分析的结论相同，反映了无论从整体角度还是行业角度分析，金融效率的提高有利于企业生产率分布更加均匀。

本章的研究不仅丰富了企业生产率分布方面的理论和经验研究，有助于深化对企业生产率分布变化的动力来源的认识，从另一个角度看，本章为客观评价金融发展对企业生产率的作用提供了一个有益的判断标准和依据。

# 第六章　金融发展与企业总体生产率提高

## ——基于企业进入退出的视角

## 第一节　引言

随着要素稀缺程度的增加，中国依靠要素投入的粗放型经济增长模式难以为继。经济发展的现实需求使提高生产率水平成为保持经济持续快速增长的必然选择。早期，以索洛为代表的新古典经济学增长理论已经高度重视生产率对经济持续增长的重要性，但是在新古典经济学增长的分析框架中假定生产率为外生的，缺乏对生产率影响因素的具体分析。而内生经济增长理论则对生产率变化进行内生化研究，分析了不同因素对生产率的影响机理，尤其是金融理论的发展为研究生产率影响机理提供了新的分析视角。从世界各国金融发展和企业总体生产率演变的纵向时间维度和横向国别维度两个角度观察，金融发展对生产率提高都有重要影响。

金融研究学者吸收内生经济增长理论的最新成果，结合金融体系的评估项目、监督企业、分散风险、便利交易和储蓄动员等功能，从不同的研究视角，深入分析金融发展对生产率的作用机理。研发活动是金融发展实现技术进步和生产率提高的一个重要渠道。相关文献基于内生经济增长理论的分析框架，通过在分析框架中引入金融因素，以研究金融功能作用于研发创新的机理（King et al.，1993；阳佳余和赖明勇，2008；黎欢和龚六堂，2014）。基于国内外经济的相关数据，有学者也进行了大量的实证研究，进一步论证了金融发展对研发创新的促进作用（Beck & Levine，2004；张军和金煜，2005；黎欢和龚六堂，2014）。

毋庸置疑，企业研发创新能够提高总体生产率水平，但是仔细观察一些发达国家的经济发展历史和当今发展中国家的经济现状，技术转移也是一国或地区生产率水平提高的重要途径。金融发展能够提高开放条件下一国或地区技术吸收能力，是促进技术转移实现的重要原因。相关实证研究也验证了在开放经济下金融体系在技术转移过程中起到非常重要的影响，发达的金融体系有利于技术转移（Hermes & Lensink，2003；阳小晓和赖明勇，2006）。

无论是通过研发创新还是技术转移，关于金融发展作用于生产率的分析，很多以企业同质性为前提条件，侧重从宏观的维度进行研究，缺乏对微观企业差异的考虑。随着异质性贸易理论的发展和各种微观数据的丰富，相关经济学家开始从宏观层面的研究转到了企业微观层面的关注。异质性贸易理论的代表学者 Melitz（2003）通过研究发现，在企业间生产率异质性的前提条件下，只有生产率足够高的企业才能支付较高的出口固定成本实现出口。在现实经济中，金融体系与企业的相关活动密切相关。企业在从事贸易的过程中不仅受到生产率水平的制约，而且面临着一系列融资约束问题；由于金融摩擦的普遍存在，企业获取外部资金需要支付融资成本，并且不同企业在不同金融条件下支付的成本存在异质性（Manova，2013）。金融体系的作用使异质性企业的行为发生了变化，并且引入金融因素的异质性贸易理论模型使理论机理更加逼近具体现实。相关实证研究也验证了金融体系对企业进入出口市场和出口额会产生重要影响（Amiti & Weinstein，2009；Minetti & Zhu，2011；李志远和余淼杰，2013）。

虽然异质性贸易理论从微观角度研究了金融体系对不同生产率企业贸易行为和生产行为的影响，但未能深入关注金融体系通过异质性企业的进入和退出生产活动对总体生产率的作用机理和现实影响。事实上，金融体系资源配置功能的一个重要表现是将生产要素从低生产率的企业往高生产率的企业进行配置，导致企业进入和退出生产活动；而企业进入和退出生产活动对于总体生产率的影响非常显著。国内外学者运用不同的方法对制造业生产率变动来源结构进行分解，结果也显示企业进入和退出是制造业生产率变动的影响因素（Baily et al.，1992；Griliches & Rogev，1995；Foster et al.，2001；Baldwin & Gu，2003；Melitz & Polanec，2015；李玉红等，2008；李平等，2012；毛其淋和盛斌，

2013）。金融体系通过金融资源在异质性生产者之间的不同配置影响了不同生产率企业的现实分布和区域宏观层面的总体生产率水平。

鉴于金融体系对不同生产率企业生产决策和企业总体生产率的重要影响，本章在 Melitz（2003）异质性贸易理论的基础上，引入金融因素，考虑金融发展导致异质性企业的进入和退出的变化并最终引致企业总体生产率发生变动的机理。在理论分析的基础上，我们利用中国经济的微观和宏观的相关数据，为金融发展对企业总体生产率的影响效果进行实证检验，以期为我国金融发展的生产率提高效应研究提供一些依据和方向。

# 第二节　问题的理论机理分析

本节在 Melitz（2003）异质性贸易理论模型的基础上引入金融因素，研究了金融发展对不同生产率企业进入和退出市场行为变化的影响，阐述了金融发展通过不同生产率企业的动态变化对总体生产率的作用机理。

## 一　消费者

假定一个经济体是由偏好同质的消费者构成，其中代表性消费者的效用函数为 CES 效用函数，其表达式为：

$$U = \left[ \int_{\omega \in \Omega} q(\omega)^{\rho} d\omega \right]^{\frac{1}{\rho}} \tag{6-1}$$

在式（6-1）中，$\Omega$ 为经济体中消费者可以选择的产品种类集合，$\omega$ 为消费者可以选择消费的连续分布的产品种类，并且任意两种产品之间都可以相互替代，替代弹性系数为 $\sigma = \dfrac{1}{(1-\rho)}$）且 $\sigma > 1$，而 $\rho$ 为消费者多样性偏好系数且 $0 < \rho < 1$，其值越大，说明消费者对多样性偏好程度越低；反之则反是。经济体中总体价格水平为：

$$P = \left[ \int_{\omega \in \Omega} p(\omega)^{1-\sigma} d\omega \right]^{\frac{1}{1-\sigma}} \tag{6-2}$$

## 二　生产者

经济体中存在连续性企业，每个企业生产一种差异化的产品。为了分析的便捷和突出最基本的经济关系，假定在企业的生产过程中，只使用一种生产要素劳动力①，劳动力的总供给量恒为 $L$。产量为 $q$ 的企业，其劳动使用量为：$l = f + \dfrac{q}{\varphi}$。假定在经济体中，所有企业的固定成本为 $f$ 且 $f > 0$，但是每个企业的生产率不同，其生产率用 $\varphi$ 表示。虽然在经济体中每个企业的生产率不同，但是假定企业在整个生产过程中的生产率保持不变。高生产率表示生产相同的产量，所需生产成本较低，即劳动力使用较少；或相同的成本（劳动力）带来更多的产量。结合企业面临的需求曲线特征，其定价策略函数为：

$$p(\varphi) = \frac{w}{\rho\varphi} \tag{6-3}$$

在式（6-3）中，$w$ 为经济体中的一般工资水平，为了便于分析将其标准化为 1。由此可以得到企业的利润函数为：

$$\pi(\varphi) = R(\varphi) - l(\varphi) = \frac{R(\varphi)}{\sigma} - f \tag{6-4}$$

在式（6-4）中，$R(\varphi)$ 为企业的收益，$\dfrac{R(\varphi)}{\sigma}$ 为企业的可变利润，并且企业的 $R(\varphi)$ 和 $\pi(\varphi)$ 受生产率的影响。

假定行业在均衡中有 $M$ 家异质性企业，企业生产率分布密度函数为 $\mu(\varphi)$，在均衡时行业的总体价格水平表达式为：

$$P = \left[ \int_0^\infty p(\varphi)^{1-\sigma} M\mu(\varphi)\,\mathrm{d}\varphi \right]^{\frac{1}{1-\sigma}} \tag{6-5}$$

行业中异质型企业生产率水平的加权平均得到行业平均生产率水平 $\widetilde{\varphi}$，即总体生产率水平，其表达式为：

$$\widetilde{\varphi} = \left[ \int_0^\infty \varphi^{\sigma-1} \mu(\varphi)\,\mathrm{d}\varphi \right]^{\frac{1}{\sigma-1}} \tag{6-6}$$

在式（6-6）中，$\mu(\varphi)$ 为行业中异质性企业生产率分布的密度函数，加权平均的权重反映了异质性企业产量占整个行业产量的比重，但与行业中企业数量无关。$\widetilde{\varphi}$ 表达式包含了异质性企业生产率的分布状况，体现出总体生产率水平。$\widetilde{\varphi}$ 与行业中的其他相关变量关系密切，通

---

① 下文的分析中，为了引入金融体系，假定劳动力可以由资本购买，但在生产过程中资本转换为劳动力，即还是保持劳动力一种生产要素。

过计算可以得到行业的总价格（$P$）、总产量（$Q$）、总收益（$TR$）和总利润（$\Pi$）关于$\tilde{\varphi}$的函数表达式：

$$P = M^{\frac{1}{1-\sigma}} p(\tilde{\varphi}); Q = M^{\frac{1}{\rho}} q(\tilde{\varphi}); TR = PQ = MR(\tilde{\varphi}); \Pi = M\pi(\tilde{\varphi}) \quad (6-7)$$

其中，$M$为行业中异质性企业的数量。

### 三 没有金融部门的均衡

Melitz（2003）认为，生产率高的潜在企业利润高，从而有能力支付进入实际生产活动的固定成本，使现存企业的生产率相对较高。假定经济体中有大量的潜在进入企业，并且在进入实际生产活动之前企业必须投资$f_e$（用劳动力衡量），此投资支出随后成为沉没成本。企业在进入之前不知道自己的生产率水平，但进入生产后，企业生产率水平面临相同的密度函数$g(\varphi)$及相应的累积分布函数$G(\varphi)$，并且企业从密度函数中抽取初始生产率水平$\varphi$。若企业生产率水平低于某一水平，则由于未能获取利润而导致其立即退出生产。而现存企业每期面临一个负面冲击，导致其以固定概率$\delta$退出生产。在以上假定条件下，均衡时企业的生产率分布形态由密度函数$g(\varphi)$和负面冲击概率$\delta$外生决定。生产率水平为$\varphi$的现存企业的利润$\pi(\varphi) > 0$（不包括沉没成本），企业进行生产，而当企业面临负面冲击时，企业亏损退出生产。为了分析的方便，本章分析不考虑利润的时间贴现，在这个假定条件下每个企业的价值表达函数为：

$$v(\varphi) = \max\left\{0, \sum_{t=0}^{\infty}(1-\delta)^t \pi(\varphi)\right\} = \max\left\{0, \frac{1}{\delta}\pi(\varphi)\right\} \quad (6-8)$$

在式（6-8）中，利润$\pi(\varphi)$是关于生产率水平$\varphi$的函数，根据企业从事生产条件的假定，存在一个最低生产率水平$\varphi^* = \inf\{\varphi : v(\varphi) > 0\}$，并且，$\varphi^*$为停止运营生产率水平，当企业生产率水平低于$\varphi^*$时，则立即停止生产退出经营活动。

最终，经济体中从事生产经营活动的企业生产率水平都不低于$\varphi^*$，其生产率水平的密度函数为：

$$\mu(\varphi) = \begin{cases} \dfrac{g(\varphi)}{1 - G(\varphi^*)}, & \text{如果 } \varphi \geqslant \varphi^* \\ 0, & \text{其他} \end{cases} \quad (6-9)$$

基于上述分析，经济体的总体生产率水平可以表示为关于临界生产率水平$\varphi^*$的函数，其表达式为：

$$\widetilde{\varphi}(\varphi^*) = \left[ \frac{1}{1 - G(\varphi^*)} \int_{\varphi^*}^{\infty} \varphi^{\sigma-1} g(\varphi) \mathrm{d}\varphi \right]^{\frac{1}{\sigma-1}} \tag{6-10}$$

通过计算可得，$\dfrac{\partial \widetilde{\varphi}(\varphi^*)}{\partial \varphi^*} > 0$。从此关系式可得，总体生产率水平$\widetilde{\varphi}$ $(\varphi^*)$决定于临界点生产率水平$\varphi^*$，且总体生产率水平$\widetilde{\varphi}(\varphi^*)$随着临界点生产率水平$\varphi^*$增加而增加；反之则反是。

同时经济体的平均收益和平均利润也受到临界点生产率水平$\varphi^*$的影响，可以表示成关于$\varphi^*$的函数，其表达式为：

$$\overline{R} = R(\widetilde{\varphi}) = \left[ \frac{\widetilde{\varphi}(\varphi^*)}{\varphi^*} \right]^{\sigma-1} R(\varphi^*) ; \overline{\pi} = \pi(\widetilde{\varphi}) = \left[ \frac{\widetilde{\varphi}(\varphi^*)}{\varphi^*} \right]^{\sigma-1} \frac{R(\varphi^*)}{\sigma} - f \tag{6-11}$$

由于处于临界点生产率水平的企业利润为零，实际生产的企业利润都大于零，通过整理式（6-11），得到企业退出生产经营的条件为：

$$\overline{\pi} = f \left[ \left[ \frac{\widetilde{\varphi}(\varphi^*)}{\varphi^*} \right]^{\sigma-1} - 1 \right] \tag{6-12}$$

在式（6-12）条件下，企业利润为零，企业停止生产退出经营，此等式因此被 Melitz（2003）称为企业停止运营条件（Zero Cutoff Profit Condition，ZCP）。

在现存企业中（除临界点企业以外）都获得利润，因此经济体的平均利润为正。事实上，潜在进入企业通过比较经营期望利润与沉没成本来判断是否投资沉没成本，进行生产。由于潜在进入企业在未进行实际生产活动时不知道自身具体的生产率水平，因此经营的期望利润以经济体平均利润的现值为参考标准。用$\overline{v}$表示经济体平均利润，其表达式为：

$$\overline{v} = \sum_{t=0}^{\infty} (1 - \delta)^t \overline{\pi} = \left( \frac{1}{\delta} \right) \overline{\pi} \tag{6-13}$$

进一步将定义企业的进入净现值为$v_e$，在以上假定基础上结合式（6-13）可得其表达式为：

$$v_e = p_{in} \overline{v} - f_e = \frac{p_{in} \overline{\pi}}{\delta} - f_e \tag{6-14}$$

在式（6-14）中，$p_{in}$为潜在企业事前成功进入生产经营活动的概率。如果按照 Meliz（2003）的分析假设，潜在企业进入的概率只与其生产率水平有关，由此可以得到关系式：

$$p_{in} = 1 - G(\varphi^*) \tag{6-15}$$

据此可以得到在此条件下企业进入净现值为关于固定概率负面冲击和进入概率的函数，其表达式为：

$$v_e = \frac{[1 - G(\varphi^*)]\overline{\pi}}{\delta} - f_e \tag{6-16}$$

根据经典经济学理论对企业理性行为的一般假定，当企业进入净现值 $v_e$ 为零时，潜在企业没有投资沉没成本以进入生产经营的激励。当企业进入净现值 $v_e$ 大于零，企业才会进入生产经营。因此企业进入净现值 $v_e$ 为零是企业是否进入生产经营活动的一个临界点。Melitz（2003）将此条件称为企业自由进入条件（The Free Entry，FE）。通过整理上式，可以得到企业自由进入条件（FE）的表达式为：

$$\overline{\pi} = \frac{\delta f_e}{1 - G(\varphi^*)} \tag{6-17}$$

通过企业停止运营条件（ZCP）和企业自由进入条件（FE）的相互作用，经济体得到一个均衡点。均衡点可以通过企业停止运营条件（ZCP）和企业自由进入条件（FE）两个方程式的联立求得，并由企业停止运营的生产率和经济体的平均利润两个变量表示，即：

$$\begin{cases} \overline{\pi} = f\left[\left(\dfrac{\widetilde{\varphi}(\varphi^*)}{\varphi^*}\right)^{\sigma-1} - 1\right], (ZCP) \\ \overline{\pi} = \dfrac{\delta f_e}{1 - G(\varphi^*)}, (FE) \end{cases} \tag{6-18}$$

在式（6-18）中，企业停止运营条件（ZCP）和企业自由进入条件（FE）两个方程式非常复杂，因此求解式（6-18）的显性表达式比较困难。为了直观和形象地体现均衡点的变量之间的相互关系，将企业停止运营条件（ZCP）和企业自由进入条件（FE）表示在图6-1中。Melitz（2003）证明在 $(\varphi, \pi)$ 表示的二维坐标图中，企业停止运营条件（ZCP）曲线是关于 $\varphi$ 的减函数，在图中向右下方倾斜，而企业自由进入条件（FE）曲线是关于 $\varphi$ 的增函数，在图中向右上方倾斜，两条曲线在坐标图中只有一个交点，此交点即均衡点，如图6-1所示。在均衡点，由于负面固定概率冲击造成企业退出生产经营数量与成功新进入生产经营的企业数量相同。假定经济体现存企业数量为 $M$，期望进入企业数量为 $M_e$，则退出生产经营企业数量为 $\delta M$，而成功新进入生产经

营企业数量为 $p_{in}M_e$，并且 $\delta M = p_{in}M_e$。

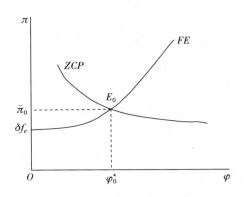

**图 6 - 1 均衡点 $\varphi_0^*$ 和 $\bar{\pi}_0$ 的决定**

### 四 包含金融部门的均衡

在贸易自由化对于总体生产率影响的分析框架中，Melitz（2003）阐述了高生产率企业通过出口扩大市场规模和增加利润，进而影响资源在不同生产率企业的配置状态，最终决定总体生产率。有别于 Melitz（2003）从贸易自由化影响社会总体资源在不同生产率企业的配置，进而作用总体生产率的机理分析，我们从金融发展对潜在高生产率企业进入实际生产的作用来分析金融发展对总体生产率的影响机理。为了简化分析，假定潜在进入企业需要从金融市场获取资金用以投资沉没资本，且企业的借贷成本具有异质性。根据企业自由进入条件，潜在进入企业根据临界生产的利率与金融市场利率的大小，确定是否进入实际生产经营活动。当金融市场利率小于临界生产的利率，潜在进入企业能够获利，会进入实际生产经营活动，而当金融市场大于临界生产的利率，潜在企业由于会亏损，没有进入实际生产经营活动的激励。在现实经济中，由于信息的不对称和道德风险问题，造成了金融市场的摩擦，潜在企业未能按照金融市场的均衡统一利率筹集资金以投资沉没成本从而导致很多潜在企业不能进入实际生产经营活动。潜在进入企业由于自身条件的不同，在金融市场进行融资时，其融资成本具有异质性。在现实经济中，大、中和小企业在金融体系的融资成本存在较大差异，大企业的融资成本明显比中小企业的融资成本低。而金融体系起到信息甄别、提供资金的中介作用，因此金融发展水平越高，潜在中小企业获取资金进入实际生产经营活动的可能性越大，即表现在统计学中概率越高。借鉴 Holmstrom 和 Tirole（1997）的企业信贷模型的思路，构建出一个金融发展对潜在企业进入实际生产经营活动的模型。

为了获取进入实际生产经营活动的沉没成本，企业通过金融体系进行融资。金融体系对潜在企业的各个方面进行甄别和评估，然后确定融资成本。为了分析的简便并突出基本的关系，假定所有潜在企业都能在金融体系获取资金，只是对高风险的企业投资时，金融体系会索取高融资成本。相同的潜在企业，金融发展水平越高，金融体系的甄别和评估成本越低，企业融资成本也越低；反之则反是。可以得出，潜在企业的融资成本随金融发展水平的提高而下降。因此，对于潜在进入企业而言，从金融体系获取资金进入实际生产经营活动的概率可以表示为关于金融发展水平的函数：

$$\eta = \eta(fin) \tag{6-19}$$

在式（6-19）中，$\eta$ 为潜在进入企业获取资金的概率，且 $0 \leqslant \eta \leqslant 1$；$fin$ 为金融发展水平。在经济体的平均利润和潜在进入企业的生产率既定的条件下，潜在进入企业获取资金的概率（$\eta$）与金融发展水平（$fin$）正相关，潜在进入企业获取资金的概率体现了金融发展水平。

因此，当考虑金融市场作用的情况下，潜在企业进入实际生产经营活动概率的表达式为：$p_{in} = \eta[1 - G(\varphi^*)]$。Manova（2013）证实金融发展提高了企业出口的可能性；与之相类似，在此方程式中，潜在企业进入实际生产经营活动的概率与金融发展水平呈正向变动关系。

结合式（6-19），可得到在金融摩擦情况下，企业自由进入条件（FE）的表达式为：

$$\bar{\pi} = \frac{\delta f_e}{\eta[1 - G(\varphi^*)]} \tag{6-20}$$

通过分析金融体系对企业进入生产的作用，企业自由进入条件（FE）发生了变化，在此逻辑条件下，经济体新均衡点可由企业停止运营条件（ZCP）和考虑金融体系作用有金融摩擦下的企业自由进入条件（FE）两个方程式联立得到：

$$\begin{cases} \bar{\pi} = f\left[\left(\dfrac{\widetilde{\varphi}(\varphi^*)}{\varphi^*}\right)^{\sigma-1} - 1\right], (ZCP) \\ \bar{\pi} = \dfrac{\delta f_e}{\eta[1 - G(\varphi^*)]}, (FE) \end{cases} \tag{6-21}$$

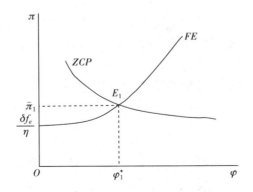

**图 6 - 2 金融摩擦下均衡点 $\varphi_1^*$ 和 $\bar{\pi}_1$ 的决定**

新均衡点的数学表达式更加复杂，为了更加直观和形象地体现变量之间的相互关系，将企业停止运营条件（ZCP）和考虑金融体系作用有金融摩擦下的企业自由进入条件（FE）表示在图 6 - 2 中。通过金融摩擦下企业自由进入条件（FE）可得 $\frac{\partial \bar{\pi}}{\partial \eta} < 0$，因此 $\bar{\pi}$ 与 $\eta$ 反向变动。该关系表现在图中为在金融摩擦下企业自由进入条件（FE）曲线随着 $\eta$ 的增大而向右移动；反之随着 $\eta$ 的缩小而向左移动。而且，其曲线与纵坐标的截距变为 $\frac{\partial f_e}{\eta}$；随着金融发展，金融摩擦程度越低，$\eta$ 取值越大，且 $0 \leqslant \eta \leqslant 1$，因此 $\frac{\partial f_e}{\eta}$ 越小。在图中表现为，随着 $\eta$ 增加，FE 曲线向右移动，得到均衡点表示的临界点生产率提高。通过比较图 6 - 1 和图 6 - 2 的均衡点，以及分析 $\eta$ 变化对均衡点的影响，我们可以得出：随着金融发展，获取资金的概率提高，临界点生产率水平增加，金融发展有助于临界点生产率水平的提高。

金融发展水平的提高意味着临界生产率水平的提高，最终导致总体生产率水平提高。金融发展水平的提高导致更多潜在高生产率企业进入实际生产活动；另外，对于生产率低的企业而言，市场份额和总收益将降低，导致一些企业亏损和退出实际生产活动。由此可见，金融发展使低生产率企业退出和潜在高生产率企业进入，最终导致经济体总体生产率的提高。金融发展降低了金融摩擦，通过不同生产率企业的达尔文式优胜劣汰的优化模式使社会资源配置到生产率水平更高的企业，微观资源配置效率的提高使总体生产率水平得以提高。结合总体生产率水平$\tilde{\varphi}$（$\varphi^*$）与临界点生产率水平$\varphi^*$的关系，我们可以得出结论：金融体系通过企业进入退出影响总体生产率水平，总体生产率水平随金融发展水平的提高而提高。

## 第三节　金融发展与企业总体生产率提高的实证分析

### 一　计量模型构建和变量设定

在理论分析的基础上，本书从金融规模和金融效率两个方面进一步验证金融发展通过企业进入和退出对总体生产率水平的作用效果。基于理论的推导，构建如下计量模型：

$$TFP_{it} = \alpha_0 + \alpha_1 fin_{it-1} \times P_{it-1} + \alpha Control_{it} + \varepsilon_{it} \qquad (6-22)$$

在式（6-22）中，变量$i$为省份地区（下文简称地区），$t$为时间，$TFP$为地区企业总体生产率水平，$fin$表示地区金融发展水平，$P$表示企业进入退出的情况，$fin \times P$为核心解释变量，借鉴毛捷等（2015）的方法，使用$fin \times P$的上一期值以解决核心变量$fin \times P$与地区企业总体生产率水平$TFP$之间可能的内生性关联；$Control$为其他影响企业总体生产率的变量，$\varepsilon$为随机误差项。若$\alpha_1$为正，则说明金融发展能够通过企业的进入和退出提高企业总体生产率水平；反之则反是。

被解释变量。本书先基于《中国工业企业数据库》利用OP方法计算出各个企业的全要素生产率，为了凸显企业进入和退出生产活动对于总体生产率的影响，本书采用算术平均值的方法计算出2000—2007年（除西藏）各地区工业企业总体全要素生产率水平，并以此表示各地区企业总体生产率水平。

解释变量。结合中国金融体系的特点，我们以金融规模和金融效率两个方面的指标来衡量金融发展水平。金融规模（finscale）采用地区总存贷款余额占该地区国内生产总值的比例；金融效率（fineff）使用地区非国企贷款余额占该地区国内生产总值的比例。由于国内的相关统计机构没有公布国有企业和非国有企业的信贷数据，因此无法直接计算金融效率。借鉴张军和金煜（2005）、李敬等（2007）和李青原等（2013）的研究方法，计算出不同省份地区相应年份的非国有企业贷款余额。企业进入和退出情况采用退出概率（out）、进入概率（in）和进入退出概率（inout）三种方式，退出概率以地区退出企业数量与该地区前后两年持续存在企业数量的比值加以测度；进入概率以地区进入企业数量与该地区前后两年持续存在企业数量的比值加以测度；进入退出概率以地区退出企业数量与进入企业数量之和与该地区前后两年持续存在企业数量的比值加以衡量。企业数据显示，1999—2007年进入企业的平均生产率显著高于前后两年持续存在企业的平均生产率，而退出企业的平均生产率显著低于前后两年持续存在企业的平均生产率。因此，实际经济中不同生产率企业的进入退出行为与理论分析中的高生产率企业和低生产率企业的经济行为基本相吻合。为了更好地解说总体生产率的变动原因，除了金融发展水平，本章实证分析还在解释变量中加入了其他变量：基础设施水平（infra）、城市化水平（urban）、政府规模（gov）、教育水平（edu）和外贸依存度（open）。我们以地区拥有的公路里程与该地区土地面积的比值来衡量地区的基础设施水平。鉴于城镇登记就业和失业人口能够反映城镇人口的数量，且数据统计口径稳定，时间跨度较长，我们以地区城镇登记就业和失业人口之和与该地区总人口的比值来表示城市化水平。政府规模以地区政府支出占该地区国内生产总值的比值来测度。采用地区大专及以上学历人数与该地区总人数的比值来表示教育发展水平状况。外贸依存度用地区进出口总额与该地区国内生产总值的比值来测度；在计算中为了统一单位，以美元计价的进出口总额按当年平均汇率换算成人民币计价的形式。

## 二　数据说明和变量描述

由于西藏数据常有缺失值，参考国内相关实证的分析方法，本章的分析地区剔除了西藏，最终为除西藏外的30个省（自治区、直辖市）。企业层面的微观数据来自《中国工业企业数据库》，为了使数据更加可靠，避免异常企业样本对估计结果的影响，本节按照以下方法进行了相应的处理：（1）由于西藏相关统计数据的缺失值相对较多，参考其他学者实证分析的方法，剔除西藏的相关企业数据；（2）剔除统计样本中的错误记录或异常值，如工业总产值、工业增加值、职工人数、销售额、总资产或固定资产净值缺失或小于零的企业，法人代码缺失或重复的企业；（3）剔除雇员少于 8 人的企业，删去 1949 年之前成立的企业；（4）匹配了一些开业年份缺失的企业样本。最终保留了 524176 家企业，共 1770232 个样本。其他相关数据均来自历年的《中国工业经济统计年鉴》《中国统计年鉴》《中国金融年鉴》和《中国区域经济统计年鉴》。为了消除价格的影响，相关企业和地区的数据以 2000 年为基期，通过相应企业所在地区的居民消费价格指数、固定资产价格指数和工业品出厂价格指数进行平减。通过相应的处理，得到各主要变量的描述性统计结果，如表 6 – 1 所示。

表 6 – 1　　　　　　　　各变量的描述性统计结果

| 变量名称 | 样本数 | 平均值 | 标准差 | 最小值 | 最大值 |
|---|---|---|---|---|---|
| TFP | 240 | 3.0061 | 0.4100 | 1.8656 | 3.8619 |
| fineff × out | 240 | 0.1005 | 0.0502 | 0.0104 | 0.3282 |
| finscale × out | 240 | 0.3899 | 0.2101 | 0.0448 | 1.3240 |
| fineff × in | 240 | 0.1403 | 0.0839 | 0.0141 | 0.7800 |
| finscale × in | 240 | 0.5263 | 0.2945 | 0.0574 | 2.9319 |
| fineff × inout | 240 | 0.2408 | 0.1164 | 0.0250 | 0.9683 |
| finscale × inout | 240 | 0.9162 | 0.4376 | 0.1022 | 3.6393 |
| infra | 240 | 0.4653 | 0.3131 | 0.0208 | 1.4418 |
| urban | 240 | 0.1542 | 0.0763 | 0.0653 | 0.4958 |
| gov | 240 | 0.1552 | 0.0583 | 0.0468 | 0.3601 |
| edu | 240 | 0.0621 | 0.0447 | 0.0183 | 0.3013 |
| open | 240 | 0.3367 | 0.4338 | 0.0368 | 1.7646 |

## 三　计量结果与分析

### 1. 基本回归

根据计量学家古扎拉蒂的观点，在样本不是从一个较大的总体样本中随机抽取的情况下，计量模型比较适合选择固定效应模型；并且本节使用 Hausman 检验六个模型，得出其值均在 1% 的水平下通过显著性检验，进一步验证了本节计量模型适合选择固定效应模型的结论。据此，本书使用 STATA 软件对固定效应模型进行估计，具体回归结果见表 6 – 2。

表6-2　金融发展对中国企业总体生产率的固定效应回归结果（一）

| | 模型1 | 模型2 | 模型3 | 模型4 | 模型5 | 模型6 |
|---|---|---|---|---|---|---|
| fineff × out | 0.8673 **<br>（2.18） | | | | | |
| finscale × out | | 0.1528<br>（1.53） | | | | |
| fineff × in | | | 0.6523 ***<br>（3.41） | | | |
| finscale × in | | | | 0.1766 ***<br>（3.14） | | |
| fineff × inout | | | | | 0.5645 ***<br>（3.66） | |
| finscale ×<br>inout | | | | | | 0.1436 ***<br>（3.21） |
| infra | 0.4104 ***<br>（4.24） | 0.3912 ***<br>（4.04） | 0.4570 ***<br>（4.73） | 0.4499 ***<br>（4.63） | 0.4762 ***<br>（4.90） | 0.4616 ***<br>（4.71） |
| urban | 2.8306 ***<br>（2.68） | 3.0233 ***<br>（2.85） | 2.3516 **<br>（2.24） | 2.5607 **<br>（2.45） | 2.3338 **<br>（2.24） | 2.6724 **<br>（2.57） |
| gov | 2.8214 **<br>（2.17） | 2.7201 **<br>（2.08） | 2.3268 *<br>（1.83） | 2.4349 *<br>（1.91） | 2.5394 **<br>（2.01） | 2.6249 **<br>（2.06） |
| edu | 6.0640 ***<br>（4.49） | 6.2437 ***<br>（4.59） | 6.0673 ***<br>（4.58） | 6.1295 ***<br>（4.61） | 6.0302 ***<br>（4.57） | 6.2326 ***<br>（4.69） |
| open | − 0.5326 **<br>（− 2.49） | − 0.5152 **<br>（− 2.40） | − 0.5853 ***<br>（− 2.78） | − 0.5616 ***<br>（− 2.66） | − 0.5991 ***<br>（− 2.86） | − 0.5703 ***<br>（− 2.70） |
| cons | 1.6752 ***<br>（7.22） | 1.6810 ***<br>（7.04） | 1.8208 ***<br>（8.21） | 1.7599 ***<br>（7.89） | 1.7414 ***<br>（7.88） | 1.6623 ***<br>（7.35） |
| Within $R^2$ | 0.4601 | 0.4527 | 0.4801 | 0.4751 | 0.4850 | 0.4764 |
| Hausman<br>检验值 | chi2（6）<br>= 36.14<br>Prob ><br>chi2 =<br>0.0000 | chi2（6）<br>= 162.12<br>Prob ><br>chi2 =<br>0.0000 | chi2（6）<br>= 32.13<br>Prob ><br>chi2 =<br>0.0000 | chi2（6）<br>= 33.92<br>Prob ><br>chi2 =<br>0.0000 | chi2（6）<br>= 33.68<br>Prob ><br>chi2 =<br>0.0000 | chi2（6）<br>= 39.16<br>Prob ><br>chi2 =<br>0.0000 |
| F统计量 | 24.72 | 23.98 | 26.78 | 26.25 | 27.31 | 26.39 |
| N | 210 | 210 | 210 | 210 | 210 | 210 |

注：***、**和*分别表示参数估计在1%、5%和10%的水平下通过显著性检验，括号内为t值。

在表 6-2 中，模型 1—模型 6 的回归结果体现了地区经济的相关变量对地区企业总体生产率的影响。在六个模型中，核心变量 fin×P 的估计系数都为正，表明无论是金融规模的扩大还是金融效率的增进，两者都通过企业进入退出提高了地区企业总体生产率，说明了各个地区金融体系通过资源配置提高了总体生产率，验证了理论分析的结论。金融规模的扩大表明企业资金需求得到更大的满足，支持了现有高生产率企业规模的扩大和潜在高生产率企业的进入，促使低生产率企业的退出，从而提高了地区企业总体生产率。金融效率的提高意味着金融体系能最大限度地将资金从盈余部门向赤字部门转化并更加高效地进行配置以满足不同生产率企业的资金需求；在现实经济活动中表现为，高生产率的企业从金融体系获得更多的资金以及金融体系更多地将资金配置于高生产率企业，导致高生产率企业的进入和低生产率企业的退出，促进地区企业总体生产率的提高。

虽然金融规模和金融效率都对总体生产率存在促进作用，但是由于这两个指标设计原理不同，对金融发展测度的侧重点也迥异，所以在对企业总体生产率的作用效果上存在一定的差异。考察金融发展两个方面对企业总体生产率的作用，无论是进入还是退出，抑或是进入退出三个角度，金融效率对总体生产率作用的显著性和程度比金融规模都要大。究其原因，虽然随着中国经济的发展，金融规模也在不断扩大，但是不同于发达国家的金融体系，中国的存贷业务中存在大量的行政控制，金融体系更多为国有企业服务，这在一定程度上影响了金融体系的资金流向，从而导致部分资金的配置无法按照效率最大化的市场原则进行，抑制了金融体系生产率提高效应的发挥。

在控制变量方面，基础设施水平、城市化水平、政府规模、教育水平和外贸依存度对总体生产率作用效果与其他国内实证的结论基本相似。基础设施水平在 6 个模型中的估计系数都为正且在 1% 的水平上显著。这充分说明基础设施水平的提高有利于信息和技术的传播从而促进技术进步和总体生产率的提高。城市化水平在 6 个模型中的估计系数都为正且在 5% 的水平上显著。究其原因，随着城市化水平的提高，城市化的集聚效应充分发挥，因此使城市化有利于生产率的提高。改革开放以来，随着政府财政收入和支出规模不断增加，政府的宏观经济调控和资源配置能力不断增强，特别是政府公共服务对企业技术进步相关活动的支持，因此表现在实证分析结果中，模型1—模型6的政府规模估计系数为正且在10%的水平上显著。教育水平在6个模型中的估计系数都为正且在1%的水平上显著，该结论与内生经济增长理论的结论相一致。教育水平提高有利于企业高素质人才的获得，进而为企业提高生产率创造条件。在各个控制变量中，外贸依存度的估计结果比较特殊，在6个模型中其估计系数为负且在5%的水平上显著，这表明国际贸易显著地抑制了企业总体生产率的提高。可能的原因是，由于中国经济在全球经济分工中处于产业链的低端，这种分工结构导致国际贸易的开展不利于企业技术进步和生产率提高。

表6-3　　金融发展对中国企业总体生产率的固定效应回归结果（二）

|  | 模型1 | 模型2 | 模型3 | 模型4 | 模型5 | 模型6 |
|---|---|---|---|---|---|---|
| fineff × out | 0.8986 **<br>（2.50） |  |  |  |  |  |
| finscale × out |  | 0.2217 **<br>（2.47） |  |  |  |  |
| fineff × in |  |  | 0.3328 *<br>（1.88） |  |  |  |
| finscale × in |  |  |  | 0.0956 *<br>（1.84） |  |  |
| fineff × inout |  |  |  |  | 0.3600 **<br>（2.53） |  |
| finscale × inout |  |  |  |  |  | 0.1067 **<br>（2.61） |
| infra | 0.2993 ***<br>（3.42） | 0.2920 ***<br>（3.36） | 0.2972 ***<br>（3.32） | 0.2963 ***<br>（3.30） | 0.3216 ***<br>（3.58） | 0.3229 ***<br>（3.60） |
| urban | 2.4961 ***<br>（2.62） | 2.7097 ***<br>（2.85） | 2.3355 **<br>（2.40） | 2.4289 **<br>（2.51） | 2.2428 **<br>（2.32） | 2.4253 **<br>（2.54） |
| gov | 3.1065 ***<br>（2.64） | 3.0770 ***<br>（2.62） | 2.7054 **<br>（2.29） | 2.7574 **<br>（2.34） | 2.8140 **<br>（2.40） | 2.8777 **<br>（2.46） |
| edu | 4.5198 ***<br>（3.71） | 4.7510 ***<br>（3.89） | 4.5588 ***<br>（3.71） | 4.5904 ***<br>（3.73） | 4.5265 ***<br>（3.71） | 4.6659 ***<br>（3.83） |

续表

| | 模型 1 | 模型 2 | 模型 3 | 模型 4 | 模型 5 | 模型 6 |
|---|---|---|---|---|---|---|
| open | − 0.5218 *** <br> ( − 2.71) | − 0.5134 *** <br> ( − 2.66) | − 0.5275 *** <br> ( − 2.70) | − 0.5176 *** <br> ( − 2.66) | − 0.5481 *** <br> ( − 2.83) | − 0.5380 *** <br> ( − 2.79) |
| cons | 5.1042 *** <br> (24.35) | 5.0645 *** <br> (23.64) | 5.2394 *** <br> (25.46) | 5.2074 *** <br> (25.29) | 5.1925 *** <br> (25.40) | 5.1286 *** <br> (24.77) |
| Within $R^2$ | 0.3900 | 0.3894 | 0.3806 | 0.3801 | 0.3904 | 0.3918 |
| Hausman 检验值 | chi2（6） =27.38 Prob > chi2 = 0.0001 | chi2（6） =27.47 Prob > chi2 = 0.0001 | chi2（6） =23.11 Prob > chi2 = 0.0008 | chi2（6） =24.24 Prob > chi2 = 0.0005 | chi2（6） =23.73 Prob > chi2 = 0.0006 | chi2（6） =24.98 Prob > chi2 = 0.0003 |
| F 统计量 | 18.54 | 18.49 | 17.82 | 17.78 | 18.57 | 18.68 |
| N | 210 | 210 | 210 | 210 | 210 | 210 |

注：***、** 和 * 分别表示参数估计在 1%、5% 和 10% 的水平下通过显著性检验，括号内为 t 值。

### 2. 稳健性检验

为了进一步检验上部分内容关于地区金融发展会促进地区企业总体生产率的结论之正确性，接下来计量模型的因变量是使用 LP 方法测算的企业全要素生产率为基础的地区企业总体生产率。通过使用 Hausman 检验六个模型，其值均在 1% 的水平下通过显著性检验，因此计量模型适合选择固定效应模型，具体估计结果见表 6 - 3。

如表 6 - 3 所示，采用不同企业全要素生产率计算方法后，模型 1—模型 6 的核心变量 fineff × out、finscale × out、fineff × in、finscale × in、fineff × inout 和 finscale × inout 的估计系数都为正，表明金融规模和金融效率通过企业的进入退出促进了企业总体生产率的提高；模型 1—模型 6，核心变量的估计系数均在 10% 的水平下通过显著性检验。

对比表 6 - 2 和表 6 - 3，核心变量金融规模和金融效率的估计系数在符号和大小关系上均相同，且基本通过 10% 的显著性检验。关于控制变量，表 6 - 3 的模型 1—模型 6 的各控制变量的估计结果，其值符号和显著性与表 6 - 2 的模型 1—模型 6 的各控制变量完全保持相同，在这里不再赘述各估计系数及其显著性的经济意义。本部分内容的计量回归结果体现了金融发展通过不同生产率企业的进入退出提高企业总体生产率的研究结论不受企业全要素生产率测度方法的影响，从而充分说明了本书研究结论的稳健性。

**四　结论与启示**

本部分内容利用我国宏观和微观的相关数据检验了金融发展对企业总体生产率的影响。从全国整体分析看，在控制了基础设施水平、城市化水平、政府规模、教育水平和外贸依存度后，金融规模和金融效率通过企业的进入退出促进企业总体生产率的提高，但是金融效率对企业总体生产率提高的程度和显著性都高于金融规模。

根据结论我们得到以下启示：金融发展通过企业的进入退出实现了资源在不同生产率企业的配置提高了企业总体生产率。根据金融发展对企业总体生产率的影响效果，要实现总体生产率提高，应不断提高金融发展水平，充分利用金融体系的资源配置作用。在发挥金融体系推动和保持中国经济总体生产率的增长中，需要形成企业自由进入和退出的经济环境，为充分利用金融体系在企业间的资源配置作用提供良好的平台。鉴于金融效率和金融规模对企业总体生产率影响程度的实际差异，更加要求中国政府按照市场化原则，加快金融体系建设，推动金融发展水平提高，充分发挥金融效率对生产率的积极作用。

# 第四节　金融发展与企业总体生产率提高
## ——基于不同要素密集类型
## 行业的研究

在上一部分，我们从全国整体上关于金融发展对企业总体生产率的决定进行了实证分析。鉴于在中国经济运行中，不同要素结构的行业对金融体系的依赖程度不同，因此金融发展对不同要素密集类型行业的影响也存在差异。因此，在研究金融发展对企业总体生产率的影响时，要素密集类型是一个重要的视角。为了进一步完善上一部分的分析，在本部分内容中着重考虑不同要素密集度对影响效果的作用，研究不同要素密集类型行业的金融发展对企业总体生产率的影响。

## 一 计量模型构建、数据和变量说明

在理论分析和全国整体实证的基础上，本节基于不同要素密集行业类型角度，从金融规模和金融效率两个方面进一步验证金融发展通过企业进入和退出对企业总体生产率水平的作用效果。基于理论的推导，构建如下计量模型：

$$INDTFP_{it} = \alpha_0 + \alpha_1 fin_{it-1} \times P_{it-1} + \alpha Control_{it} + \varepsilon_{it} \qquad (6-23)$$

在式（6-23）中，变量 $i$ 表示省份地区（下文简称地区），$t$ 表示时间；$INDTFP$ 为地区某个行业的企业总体全要素生产率，$fin$ 表示地区金融发展水平，$P$ 表示地区某个行业的企业进入退出的情况，$fin \times P$ 为核心解释变量，借鉴毛捷等（2015）的方法，使用 $fin \times P$ 的上一期值以解决核心变量 $fin \times P$ 与地区某个行业的企业总体全要素生产率 $INDTFP$ 之间可能的内生性关联；$Control$ 为控制变量，表示其他影响总体全要素生产率的因素，$\varepsilon$ 为随机误差项。若 $\alpha_1$ 为正，则说明金融发展能够通过企业的进入和退出提高企业总体全要素生产率水平；反之则反是。相应变量的测度和处理与上部分内容相同，因此在这里不再赘述。

## 二 计量结果与分析

### 1. 基本回归

由于不同行业的要素投入构成不同，地区层面因素对不同行业的企业进入退出的作用效果也会有差异，进而导致企业总体生产率的不同。而且，中国金融体制改革的特殊性进一步导致区域间金融发展水平不一致。区域间金融发展水平的巨大差距为验证金融发展对不同行业的企业生产率影响提供了绝佳的研究对象。为了进一步检验金融发展对企业总体生产率的作用，在整体回归的基础上，我们选取了劳动密集型行业和资本密集型行业进行分类回归，以得到更加具体、可对比和显著的结论。

表 6-4　　　　　　　　1999—2007 年各行业资本劳动比率

| 行业代码 | 行业名称 | 资本劳动比 | 行业代码 | 行业名称 | 资本劳动比 |
|---|---|---|---|---|---|
| 6 | 煤炭开采和洗选业 | 61.1626 | 11 | 开采辅助活动 | 34.4652 |
| 7 | 石油和天然气开采业 | 445.7974 | 12 | 其他采矿业 | 23.5310 |
| 8 | 黑色金属矿采选业 | 61.5402 | 13 | 农副食品加工业 | 73.6605 |
| 9 | 有色金属矿采选业 | 60.0364 | 14 | 食品制造业 | 79.9837 |
| 10 | 非金属矿采选业 | 47.4335 | 15 | 饮料制造业 | 125.0810 |

续表

| 行业代码 | 行业名称 | 资本劳动比 | 行业代码 | 行业名称 | 资本劳动比 |
|---|---|---|---|---|---|
| 16 | 烟草制品业 | 258.6577 | 31 | 非金属矿物制品业 | 77.2898 |
| 17 | 纺织业 | 51.1150 | 32 | 黑色金属冶炼及压延加工业 | 190.5041 |
| 18 | 纺织服装、鞋、帽制造业 | 20.8577 | 33 | 有色金属冶炼及压延加工业 | 126.0308 |
| 19 | 皮革、毛皮、羽毛（绒）及其制品业 | 19.5320 | 34 | 金属制品业 | 50.6594 |
| 20 | 木材加工及木、竹、藤、棕、草制品业 | 52.2572 | 35 | 通用设备制造业 | 55.3066 |
| 21 | 家具制造业 | 40.6623 | 36 | 专用设备制造业 | 56.2935 |
| 22 | 造纸及纸制品业 | 113.9828 | 37 | 交通运输设备制造业 | 90.9768 |
| 23 | 印刷业和记录媒介的复制 | 80.5576 | 39 | 电气机械及器材制造业 | 56.1648 |
| 24 | 文教体育用品制造业 | 22.7707 | 40 | 通信设备、计算机及其他电子设备制造业 | 80.2213 |
| 25 | 石油加工、炼焦及核燃料加工业 | 317.3482 | 41 | 仪器仪表及文化、办公用机械制造业 | 74.8777 |
| 26 | 化学原料及化学制品制造业 | 135.6865 | 42 | 工艺品及其他制造业 | 32.3288 |
| 27 | 医药制造业 | 105.1486 | 43 | 废弃资源和废旧材料回收加工业 | 23.9155 |
| 28 | 化学纤维制造业 | 201.3622 | 44 | 电力、热力的生产和供应业 | 658.2938 |
| 29 | 橡胶制品业 | 67.1299 | 45 | 燃气生产和供应业 | 252.9564 |
| 30 | 塑料制品业 | 65.6718 | 46 | 水的生产和供应业 | 250.9999 |

　　虽然 WIOD 对行业分类比较权威，国内学者盛斌（2002）也将36个行业进行了分类，但是由于行业技术和整个社会要素的丰裕程度在不断发生变化，因此对于劳动密集型行业和资本密集型行业的分类一直没有统一规定。为此，我们将计算出 1999—2007 年各行业资本劳动比率，以判断各行业在此时间段的要素密集度情况。资本劳动比率以固定资产值年平均余额与全部职工数相比获得，为了消除资本价格的影响，以2000 年为基期的固定资本价格指数对固定资产值年平均余额进行平减。

　　为了使选取的行业更加正确和具有可对比性，我们选择资本劳动比最小的 17 个行业作为劳动密集型行业的分析对象，资本劳动比最大的 17 个行业作为资本密集行业的分析对象。劳动密集型的 17 个行业为：皮革、毛皮、羽毛（绒）及其制品业，纺织服装、鞋、帽制造业，文教体育用品制造业，其他采矿业，废弃资源和废旧材料回收加工业，工艺品及其他制造业，开采辅助活动，家具制造业，非金属矿采选业，金属制品业，纺织业，木材加工及木、竹、藤、棕、草制品业，通用设备制造业，电气机械及器材制造业，专用设备制造业，有色金属矿采选业和煤炭开采和洗选业。资本密集型的 17 个行业为：食品制造业，通信设备、计算机及其他电子设备制造业，印刷业和记录媒介的复制，交通运输设备制造业，医药制造业，造纸及纸制品业，饮料制造业，有色金属冶炼及压延加工业，化学原料及化学制品制造业，黑色金属冶炼及压延加工业，化学纤维制造业，水的生产和供应业，燃气生产和供应业，烟草制品业，石油加工、炼焦及核燃料加工业，石油和天然气开采业，电力、热力的生产和供应业。以 OP 方法计算的企业全要素生产率为基础测度各省份劳动密集型行业和资本密集型行业的总体生产率水平，并以此为因变量进行相应的计量回归，具体结果见表 6 - 5 和表 6 - 6。

在表 6 - 5 和表 6 - 6 中，通过使用 Hausman 检验相应的模型，结果显示其值均在 1% 的水平下通过显著性检验，由此表明了选择固定效应模型的正确性。具体分析两个表中核心变量的估计系数及其显著性，发现 12 个模型的估计系数都为正，且除表 6 - 5 的模型 2 外，估计系数都通过 5% 的显著性检验。此回归结果从不同要素密集类型角度验证了金融发展通过不同生产率企业进入退出提高了企业总体生产率水平。对比金融规模和金融效率在不同要素密集型行业的回归结果，发现金融规模的估计系数都小于金融效率，体现了金融规模对企业总体生产率的影响效果较之于金融效率相对较弱，此分析结果与整体分析结果相同。具体对比表 6 - 5 和表 6 - 6 的回归结果，发现在劳动密集型行业和资本密集型行业中金融体系的影响程度和效果有所差异。除在表 6 - 5 中模型 2 核心变量 finscale × out 的估计结果外，两类行业的核心变量估计系数都通过 5% 的显著性检验，并且资本密集型行业中核心变量的估计系数比劳动密集型行业中核心变量的估计系数要小。该结果体现了劳动密集型行业对金融体系的依赖度较之于资本密集型行业更高，该结果从某种程度上是金融要素边际收益率递减规律的反映。

表 6 - 5　　　　　　　　金融发展对劳动密集型行业总体
生产率的固定效应回归结果 （一）

| | 模型 1 | 模型 2 | 模型 3 | 模型 4 | 模型 5 | 模型 6 |
|---|---|---|---|---|---|---|
| fineff × out | 0.9251 ** | | | | | |
| | (2.52) | | | | | |
| finscale × out | | 0.1389 | | | | |
| | | (1.48) | | | | |
| fineff × in | | | 0.9605 *** | | | |
| | | | (5.28) | | | |
| finscale × in | | | | 0.2693 *** | | |
| | | | | (5.00) | | |
| fineff × inout | | | | | 0.7597 *** | |
| | | | | | (5.28) | |
| finscale × inout | | | | | | 0.1949 *** |
| | | | | | | (4.60) |
| infra | 0.4439 *** | 0.4078 *** | 0.5385 *** | 0.5319 *** | 0.5648 *** | 0.5419 *** |
| | (4.08) | (3.73) | (5.17) | (5.07) | (5.34) | (5.04) |
| urban | 2.0981 * | 2.3882 ** | 1.4068 | 1.6932 | 1.3452 | 1.8325 |
| | (1.78) | (2.02) | (1.25) | (1.51) | (1.20) | (1.62) |
| gov | 2.8432 ** | 2.7656 * | 2.3496 * | 2.5329 * | 2.5745 * | 2.7338 * |
| | (1.97) | (1.90) | (1.72) | (1.85) | (1.89) | (1.97) |
| edu | 7.1428 *** | 7.3587 *** | 6.9972 *** | 7.0461 *** | 6.9369 *** | 7.2087 *** |
| | (4.76) | (4.85) | (4.93) | (4.93) | (4.89) | (5.00) |
| open | -0.6245 *** | -0.5984 ** | -0.7633 *** | -0.7189 *** | -0.7649 *** | -0.7126 *** |
| | (-2.63) | (-2.50) | (-3.37) | (-3.17) | (-3.38) | (-3.11) |
| cons | 1.7230 *** | 1.7298 *** | 1.8718 *** | 1.7731 *** | 1.7803 *** | 1.6578 *** |
| | (6.78) | (6.62) | (7.78) | (7.41) | (7.50) | (6.79) |
| Within $R^2$ | 0.4279 | 0.4145 | 0.4890 | 0.4816 | 0.4890 | 0.4714 |
| Hausman 检验值 | chi2 (6) = 52.87 Prob > chi2 = 0.0000 | chi2 (6) = 51.18 Prob > chi2 = 0.0000 | chi2 (6) = 28.43 Prob > chi2 = 0.0001 | chi2 (6) = 32.22 Prob > chi2 = 0.0000 | chi2 (6) = 30.53 Prob > chi2 = 0.0000 | chi2 (6) = 36.58 Prob > chi2 = 0.0000 |
| F 统计量 | 21.69 | 20.53 | 27.75 | 26.94 | 27.75 | 25.87 |
| N | 210 | 210 | 210 | 210 | 210 | 210 |

注： *** 、 ** 和 * 分别表示参数估计在 1% 、5% 和 10% 的水平下通过显著性检验，括号内为 t 值。

表 6 - 6　　　　　　　　金融发展对资本密集型行业总体
生产率的固定效应回归结果 （一）

| | 模型 1 | 模型 2 | 模型 3 | 模型 4 | 模型 5 | 模型 6 |
|---|---|---|---|---|---|---|
| fineff × out | 0. 8534 *** | | | | | |
| | (2. 76) | | | | | |
| finscale × out | | 0. 1986 *** | | | | |
| | | (2. 38) | | | | |
| fineff × in | | | 0. 6262 *** | | | |
| | | | (3. 33) | | | |
| finscale × in | | | | 0. 1787 *** | | |
| | | | | (3. 22) | | |
| fineff × inout | | | | | 0. 5038 *** | |
| | | | | | (3. 70) | |
| finscale × inout | | | | | | 0. 1387 *** |
| | | | | | | (3. 49) |
| infra | 0. 4777 *** | 0. 4649 *** | 0. 5091 *** | 0. 5082 *** | 0. 5303 *** | 0. 5253 *** |
| | (4. 96) | (4. 82) | (5. 25) | (5. 22) | (5. 46) | (5. 38) |
| urban | 3. 3508 *** | 3. 5255 *** | 2. 8728 *** | 3. 0168 *** | 2. 8953 *** | 3. 1286 *** |
| | (3. 22) | (3. 38) | (2. 74) | (2. 89) | (2. 79) | (3. 03) |
| gov | 2. 4386 * | 2. 3913 * | 2. 0283 | 2. 1444 * | 2. 2666 * | 2. 3672 * |
| | (1. 90) | (1. 85) | (0. 111) | (1. 69) | (1. 80) | (1. 87) |
| edu | 5. 6261 *** | 5. 8091 *** | 5. 7166 *** | 5. 7438 *** | 5. 6557 *** | 5. 7933 *** |
| | (4. 22) | (4. 34) | (4. 33) | (4. 35) | (4. 32) | (4. 41) |
| open | − 0. 5493 ** | − 0. 5187 ** | − 0. 5648 ** | − 0. 5401 ** | − 0. 6032 ** | − 0. 5707 ** |
| | ( − 2. 58) | ( − 2. 43) | ( − 2. 68) | ( − 2. 57) | ( − 2. 86) | ( − 2. 71) |
| cons | 1. 6613 *** | 1. 6351 *** | 1. 7920 *** | 1. 7341 *** | 1. 7179 *** | 1. 6411 *** |
| | (7. 31) | (7. 03) | (8. 12) | (7. 82) | (7. 81) | (7. 33) |
| Within $R^2$ | 0. 4952 | 0. 4896 | 0. 5046 | 0. 5026 | 0. 5115 | 0. 5076 |
| Hausman 检验值 | chi2 （6） = 27. 35 Prob > chi2 = 0. 0001 | chi2 （6） = 44. 04 Prob > chi2 = 0. 0000 | chi2 （6） = 36. 53 Prob > chi2 = 0. 0000 | chi2 （6） = 36. 53 Prob > chi2 = 0. 0000 | chi2 （6） = 37. 24 Prob > chi2 = 0. 0000 | chi2 （6） = 41. 00 Prob > chi2 = 0. 0000 |
| F 统计量 | 28. 45 | 27. 82 | 29. 54 | 29. 30 | 30. 37 | 29. 89 |
| N | 210 | 210 | 210 | 210 | 210 | 210 |

注：***、** 和 * 分别表示参数估计在 1%、5% 和 10% 的水平下通过显著性检验，括号内为 t 值。

其他控制变量在两种不同要素密集类型的行业中也发挥着不同程度的作用效果。城市化水平的估计系数在资本密集型行业的回归结果中相对较大，说明了此因素在资本密集型行业比在劳动密集型行业的影响程度大。政府规模、教育水平和对外贸易依存度的估计系数在劳动密集型行业的回归结果中相对较大，体现了这些因素在劳动密集型行业比在资本密集型行业的影响程度大。而基础设施水平在两个行业中对总体生产率的作用程度大小不确定。

2. 稳健性检验

为了进一步检验在两种要素密集类型行业中金融发展通过进入退出途径影响总体生产率的回归结果，我们将通过替换因变量对上述回归结果进行稳健性检验。以 LP 方法计算的企业全要素生产率为基础测度各省份地区劳动密集型行业和资本密集型行业的总体生产率水平，并以此为因变量进行相应的计量回归。通过使用 Hausman 检验相应模型，其值均在 1% 的水平下通过显著性检验，因此计量模型适合选择固定效应模型，具体回归结果见表 6-7 和表 6-8。

表 6-7　　　　　金融发展对劳动密集型行业总体生产率的
固定效应回归结果（二）

| | 模型 1 | 模型 2 | 模型 3 | 模型 4 | 模型 5 | 模型 6 |
|---|---|---|---|---|---|---|
| fineff × out | 0.7886 **<br>(2.55) | | | | | |
| finscale × out | | 0.1684 **<br>(2.15) | | | | |
| fineff × in | | | 0.5377 ***<br>(3.37) | | | |
| finscale × in | | | | 0.1549 ***<br>(3.30) | | |
| fineff × inout | | | | | 0.4718 ***<br>(3.76) | |
| finscale × inout | | | | | | 0.1322 ***<br>(3.63) |
| infra | 0.2896 ***<br>(3.16) | 0.2730 ***<br>(2.99) | 0.3205 ***<br>(3.51) | 0.3193 ***<br>(3.49) | 0.3472 ***<br>(3.77) | 0.3429 ***<br>(3.71) |

续表

| | 模型 1 | 模型 2 | 模型 3 | 模型 4 | 模型 5 | 模型 6 |
|---|---|---|---|---|---|---|
| urban | 2.0093 ** (2.03) | 2.2398 ** (2.26) | 1.7208 * (1.75) | 1.8698 * (1.91) | 1.6196 * (1.65) | 1.8880 * (1.94) |
| gov | 3.1837 *** (2.63) | 3.1612 *** (2.59) | 2.8492 ** (2.38) | 2.9501 ** (2.47) | 2.9708 ** (2.50) | 3.0749 ** (2.59) |
| edu | 5.1040 *** (4.04) | 5.3124 *** (4.19) | 5.0658 *** (4.07) | 5.0895 *** (4.08) | 5.0104 *** (4.05) | 5.1745 *** (4.18) |
| open | −0.5807 *** (−2.91) | −0.5671 *** (−2.83) | −0.6438 *** (−3.24) | −0.6212 *** (−3.14) | −0.6563 *** (−3.33) | −0.6318 *** (−3.21) |
| cons | 5.1449 *** (24.08) | 5.1178 *** (23.43) | 5.2571 *** (25.21) | 5.2011 *** (24.91) | 5.2034 *** (25.15) | 5.1179 *** (24.42) |
| Within R$^2$ | 0.3707 | 0.3640 | 0.3870 | 0.3855 | 0.3963 | 0.3931 |
| Hausman 检验值 | chi2 (6) = 29.60 Prob > chi2 = 0.0000 | chi2 (6) = 32.19 Prob > chi2 = 0.0000 | chi2 (6) = 26.90 Prob > chi2 = 0.0002 | chi2 (6) = 29.29 Prob > chi2 = 0.0001 | chi2 (6) = 28.39 Prob > chi2 = 0.0001 | chi2 (6) = 33.10 Prob > chi2 = 0.0000 |
| F 统计量 | 17.08 | 16.60 | 18.31 | 18.19 | 19.03 | 18.79 |
| N | 210 | 210 | 210 | 210 | 210 | 210 |

注：***、**和*分别表示参数估计在1%、5%和10%的水平下通过显著性检验，括号内为 t 值。

表 6 - 8      金融发展对资本密集型行业总体生产率的
固定效应回归结果（二）

| | 模型 1 | 模型 2 | 模型 3 | 模型 4 | 模型 5 | 模型 6 |
|---|---|---|---|---|---|---|
| fineff × out | 0.5260 * (1.85) | | | | | |
| finscale × out | | 0.1502 * (1.74) | | | | |
| fineff × in | | | 0.3375 * (1.82) | | | |
| finscale × in | | | | 0.1060 * (1.94) | | |

续表

| | 模型 1 | 模型 2 | 模型 3 | 模型 4 | 模型 5 | 模型 6 |
|---|---|---|---|---|---|---|
| fineff × inout | | | | | 0. 2848 **<br>（2. 11） | |
| finscale ×<br>inout | | | | | | 0. 0898 **<br>（2. 29） |
| infra | 0. 3426 ***<br>（3. 63） | 0. 3425 ***<br>（3. 65） | 0. 3541 ***<br>（3. 70） | 0. 3590 **<br>（3. 74） | 0. 3688 ***<br>（3. 82） | 0. 3755 ***<br>（3. 90） |
| urban | 3. 2663 ***<br>（3. 20） | 3. 3733 ***<br>（3. 32） | 3. 0225 ***<br>（2. 92） | 3. 0725 ***<br>（2. 99） | 3. 0180 ***<br>（2. 94） | 3. 1168 ***<br>（3. 06） |
| gov | 3. 2537 **<br>（2. 58） | 3. 2741 **<br>（2. 60） | 3. 0016 **<br>（2. 40） | 3. 0699 **<br>（2. 45） | 3. 1360 **<br>（2. 51） | 3. 2200 **<br>（2. 58） |
| edu | 4. 6739 ***<br>（3. 58） | 4. 7970 ***<br>（3. 68） | 4. 7312 ***<br>（3. 63） | 4. 7463 ***<br>（3. 64） | 4. 6962 ***<br>（3. 61） | 4. 7788 ***<br>（3. 68） |
| open | − 0. 4753 **<br>（ − 2. 27） | − 0. 4669 **<br>（ − 2. 25） | − 0. 4755 **<br>（ − 2. 28） | − 0. 4674 **<br>（ − 2. 25） | − 0. 5004 **<br>（ − 2. 39） | − 0. 4925 **<br>（ − 2. 37） |
| cons | 5. 0148 ***<br>（22. 51） | 4. 9777 ***<br>（21. 96） | 5. 0948 ***<br>（23. 34） | 5. 0609 ***<br>（23. 15） | 5. 0531 ***<br>（23. 15） | 4. 9979 ***<br>（22. 63） |
| Within $R^2$ | 0. 4319 | 0. 4331 | 0. 4328 | 0. 4342 | 0. 4364 | 0. 4390 |
| Hausman<br>检验值 | chi2 （6）<br>= 35. 60<br>Prob ><br>chi2 =<br>0. 0000 | chi2 （6）<br>= 36. 99<br>Prob ><br>chi2 =<br>0. 0000 | chi2 （6）<br>= 32. 71<br>Prob ><br>chi2 =<br>0. 0000 | chi2 （6）<br>= 33. 62<br>Prob ><br>chi2 =<br>0. 0000 | chi2 （6）<br>= 33. 63<br>Prob ><br>chi2 =<br>0. 0000 | chi2 （6）<br>= 34. 79<br>Prob ><br>chi2 =<br>0. 0000 |
| F 统计量 | 22. 04 | 22. 16 | 22. 12 | 22. 25 | 22. 46 | 22. 69 |
| N | 210 | 210 | 210 | 210 | 210 | 210 |

注：***、**和*分别表示参数估计在1%、5%和10%的水平下通过显著性检验，括号内为t值。

对比表6－5、表6－6、表6－7和表6－8的回归结果，核心变量 fineff × out、finscale × out、fineff × in、finscale × in、fineff × inout 和 finscale × inout 的估计系数符号和大小关系基本保持不变，且都通过 10%的显著性检验；除政府规模外，各控制变量的估计系数的符号、大小关系和显著性在总体上没有出现显著差异，基本相同。此部分核心变量的回归结果与前面的回归结果基本相同，从而验证了实证分析结论的稳健性。

### 三 结论与启示

本部分内容利用我国宏观和微观的相关数据检验了在不同要素密集类型行业中金融发展通过企业进入退出对企业总体生产率的影响。基于不同要素密集类型行业的分析发现，从核心变量看，无论劳动密集型行业还是资本密集型行业，金融规模和金融效率都会促进企业总体生产率的提高；但是金融规模的影响程度较之于金融效率相对较小。对比金融发展对不同要素密集类型行业的作用结果，发现在劳动密集型行业和资本密集型行业中金融体系的影响程度和效果有所差异。总体上，核心变量的估计系数的大小表现为金融发展在资本密集型行业中基本比在劳动密集型行业要小。这体现了在劳动密集型行业中，金融体系影响更大，作用效果更显著，劳动密集型行业对金融体系的依赖度相对更高。

在保持经济持续快速增长，实现经济增长方式由生产率推动的转变过程中，金融发展有重要作用和意义。本部分的实证分析为我国金融发展的生产率效应发挥提供了一些依据和方向，据此得出如下政策启示：作为中国经济不同要素密集型行业——劳动密集型行业和资本密集型行业，虽然金融发展对两者的企业总体生产率均有正向作用，但是在两种要素密集类型行业中的作用效果却不同，且金融规模和金融效率对企业总体生产率的影响程度和显著性上同样存在差别。因此要充分发展金融体系和利用金融体系的功能，通过资源配置提高企业总体生产率的同时，也要充分发挥在不同要素密集型行业中金融体系通过企业进入退出的不同作用渠道对企业总体生产率的提高作用。

# 第五节 本章小结

本章构建了金融发展对企业总体生产率的作用模型，分析了金融体系通过影响不同生产率企业进入和退出生产活动进而作用于企业总体生产率的机理。在理论分析的基础上，文章利用我国宏观和微观的相关数据检验了金融发展对企业总体生产率的影响效果。实证结果发现，从全国整体分析看，在控制了基础设施水平、城市化水平、政府规模、教育水平和外贸依存度后，金融规模和金融效率通过企业的进入退出促进了企业总体生产率的提高，从而显示了金融发展通过资源配置对生产率提高的重要作用；但是金融效率对企业总体生产率提高程度和显著性均高于金融规模。基于不同要素密集类型行业的分析发现，从核心变量看，无论劳动密集型行业还是资本密集型行业，金融规模和金融效率都会促进企业总体生产率的提高，但金融效率和金融规模对企业总体生产率作用的影响程度和显著性在两种要素密集型行业中存在差异并且金融发展通过进入退出对企业总体生产率的影响大小关系在两种行业中也不同。本章内容丰富了现有金融体系的资源配置功能研究，进一步认识到金融体系通过企业进入和退出生产活动对企业总体生产率影响的重要性。

# 第七章　结论与政策启示

改革开放以来，尤其是 20 世纪 90 年代以来，中国金融体系和生产率经历了深刻的变化，从经济运行的实际看，金融发展和生产率是理解中国经济发展的两个重要着力点。金融体系是现代经济的核心，是推动经济发展的重要来源；而企业生产率及其生产率的分布状态是经济发展的一个重要方面。金融发展对经济发展作用的一个重要方面就是对企业生产率的影响。因此，立足于现实经济发展的需求，研究金融发展和企业生产率的特征及作用机制，具有重要意义。本书以现实问题为切入点，从企业微观角度出发，构建了融合三个"局部分析"的研究框架体系，考察了金融发展对企业技术进步、企业生产率分布和企业总体生产率的影响，对相应问题进行理论推导和实证检验，从而全面系统地从企业微观视角阐述了金融发展对生产率的影响。本章将首先概括性总结本书的主要研究结论，在此基础上提出相应的启示，最后指出在本书研究过程中存在的不足与局限性，并分析了未来的可能研究方向。

## 第一节　本书的基本结论

本书以 Howitt 和 Aghion（1998）的内生经济增长理论模型、Melitz 和 Ottaviano（2008）的异质性贸易理论模型以及 Melitz（2003）的异质性贸易理论模型为分析的理论基础，在三个理论分析框架中分别引入金融因素，对金融发展与生产率两者之间的关系从企业技术进步、企业生产率分布与企业总体生产率三个方面进行研究；在理论分析的基础上，运用《中国工业企业数据库》的大样本微观数据和其他相关数据从这三个方面实证考察金融发展对生产率的影响。本书的研究结论主要有以下几个方面：

（1）关于金融发展对企业技术水平的影响。本书在 Howitt 和 Aghion（1998）的内生经济增长理论模型中引入金融因素以阐述金融发展对企业技术进步的影响。在理论分析基础上，利用中国经济的相关数据检验了金融发展对企业技术进步影响的机理渠道和效果。对于金融发展对企业研发投入作用的经验研究表明，金融规模和金融效率均显著促进企业研发投入，即金融发展能够显著有利于企业研发投入；基于中国经济的整体分析发现，金融规模和金融效率都对企业技术水平有正向作用，但是相对于金融规模，金融效率提高对企业技术进步的作用更大，这说明中国金融体系的效率提高是未来中国金融改革的重点和努力方向；进一步对不同所有制企业的分组回归发现，金融发展有利企业技术水平的提高，但是金融发展对不同所有制企业技术水平的促进效应有所差异。

（2）关于金融发展对企业生产率分布的决定。本书在 Melitz 和 Ottaviano（2008）的异质性贸易理论模型中引入金融因素以揭示金融发展对企业生产率分布的作用机理。在理论分析的基础上，利用中国的相关数据进行了实证检验。实证结果显示，从全国整体的回归分析看，金融规模的估计系数为正但不显著，反映了金融规模的扩大增加了企业间生产率的差异，但效果不显著，实证结论和理论分析不一致；金融效率的估计系数为负且显著，说明金融效率的提高会显著降低企业生产率分布离散度，有利于企业生产率均等化。从分行业的回归分析看，总体上，金融规模的估计系数基本不显著，金融效率的估计系数为负且基本显著，金融效率和金融规模对企业生产率分布离散度的影响效果在总体上与全国整体分析的结论相同，说明了无论从国家整体角度还是行业角度分析，金融效率的提高有利于企业生产率分布更加均匀，而金融规模的效果不确定。

（3）关于金融发展通过企业进入退出对企业总体生产率的影响。本书基于拓展的 Melitz（2003）异质性贸易理论模型，阐述了金融发展通过企业进入退出对企业总体生产率的影响，并就相关理论结论在中国的适应性进行检验。实证结果发现，从全国整体的分析看，金融规模和金融效率通过企业的进入退出促进企业总体生产率的提高，但是金融效率对企业总体生产率提高程度和显著性均高于金融规模。基于不同要素密集类型行业的分析发现，资本密集型行业受金融发展影响的程度要比劳动密集型行业小；另外，无论劳动密集型行业还是资本密集型行业，金融规模和金融效率都会促进企业总体生产率的提高，并且金融效率和金融规模对企业总体生产率作用的影响程度和显著性存在一定差异。

# 第二节　本书的政策启示

本书的研究从企业微观角度出发阐述了金融发展对生产率的不同影响，加深了人们对金融发展与生产率相互关系的认识，基于本书的研究结论，得出充分利用金融体系对生产率的有利影响，以保持中国经济的持续快速发展的相关启示。

金融发展对企业研发投入和企业技术进步会产生显著影响的研究结论，对于提高现阶段中国经济自主创新能力，促进经济发展具有重要的启示意义。在提高经济自主创新能力，促进经济发展的现实需求中，企业微观层面研发投入增加和技术水平提高是生产率提高的一个重要微观选择路径。而金融发展在微观层面会显著促进企业研发投入增加和企业技术进步，在具体实践中，可以通过金融规模的扩大和金融效率的提高得以实现。对典型所有制企业的回归分析发现，金融发展会有利于不同所有制企业的技术进步。因此，如果金融体系能够给不同所有制企业以同等待遇，可能会使金融发展对企业研发投入和技术水平的促进作用更加有效，从而更加有利于企业技术进步和生产率提高。

金融发展对企业生产率分布决定的研究结论，对金融体系自身建设具有重要的启示意义。金融体系作为资源配置的平台和载体，对经济有重要影响。但是实证结果显示金融规模的扩大可能加剧了企业间生产率的差异，只有金融效率的提高有利于企业间生产率均等化。因此，针对中国金融体系资源配置的实际，要充分规避金融体系盲目的扩张，降低政府在金融资源配置上的行政干预广度和深度，不断提高和扩大金融资源的市场化配置程度和范围，增进金融资源的配置效率。为了实现金融体系资源配置效率的提高，相关政府机构应放松金融管制，深化金融改革，推进金融行业的市场化进程，在金融行业中引入竞争机制，充分发挥市场竞争机制对金融效率的提高作用，从而使企业间生产率均等化和资源配置趋向最优化。

金融发展通过企业进入退出对企业总体生产率影响的研究结论，对如何提高中国经济总体生产率具有重要的启示作用。相关政府机构应努力逐步构建高效的金融体系，进一步降低金融摩擦和交易成本，缓解企业融资约束，从而帮助高生产率企业进入实际生产和扩大生产规模，提升中国企业的总体生产率。根据实证结论，为了实现企业总体生产率提高，我们需努力建立自由的企业进入退出环境，从而为金融体系发挥作用创造条件。鉴于金融体系对资本密集型行业和劳动密集型行业的总体生产率的影响程度存在差异，同时结合资本型密集型行业作为中国经济未来产业发展的方向和重点，我们应高度重视金融体系对资本密集型行业的作用，推出针对资本密集型行业的相应的金融政策措施，从而为未来中国资本密集型行业的生产率的提高创造条件；与此同时，由于劳动密集型行业在我们国家经济发展中有重要的地位，为了充分发挥中国经济的比较优势和保持产业的竞争力，也应该高度重视金融体系对劳动密集型行业的作用。

# 第三节　本书的研究展望

生产率问题是中国经济保持持续增长的关键和核心，本书将金融发展引入生产率决定的分析框架中研究了金融规模扩大和金融效率提高对生产率的影响。本书的研究为进一步促进金融发展以及利用金融发展提高生产率提供了理论依据和实证支持，但是本书的研究还有待进一步深入，主要表现在以下几个方面：

（1）关于金融发展对企业生产率的作用机理仍然需要更为深入和科学的分析。尽管从企业技术进步、企业总体生产率和企业生产率分布三个方面阐述了金融发展对生产率的作用机制，并运用中国经济的相关数据进行了检验，但现实经济中金融体系对于企业生产率的作用渠道更为多元和复杂，本书的分析只是部分呈现金融发展对企业生产率的影响，可能并未阐述其他重要的作用机制。并且，本书的研究主要是基于中国经济的实证分析，而未进行国际比较。由于世界各国经济发展差异巨大，中国金融发展对企业生产率的作用渠道和影响结果在其他国家不一定适用，因此与世界不同国家进行横向对比研究也是我们需要努力的方向。

（2）金融发展对生产率影响的理论模型还需进一步完善和综合。本书分别在 Howitt 和 Aghion（1998）的内生经济增长理论模型、Melitz 和 Ottaviano（2008）的异质性贸易理论模型以及 Melitz（2003）的异质性贸易理论模型中引入金融因素，从三个方面阐释了金融发展对生产率的不同作用机理。本书虽然通过三个数理模型的逻辑推导阐释了金融发展对生产率的决定，但是未能将三个方面的影响渠道和机理综合在一个理论模型中，这也是我们需要进一步努力的方向。

（3）相关企业微观数据还需不断更新和完善。本书的实证分析虽然使用了大样本的微观企业层面数据，然而企业微观层面相关数据在统计时非常复杂和困难，从而导致相关机构公布的数据时间跨度相对较短，数据更新较慢，所使用的微观数据仅体现了 1999—2007 年这段时间内的一些生产率特征及其变化，由此导致本书的实证分析时间与其他国内大样本企业层面的研究相似，主要集中于 1999—2007 年。微观数据的缺陷使实证分析时间相对较短、时效性相对较差，影响了分析结论的正确性和时效性，从而导致相应的政策建议存在适用性的问题。因此，如何收集最新和完整的数据进行相关的研究，从而为更加切合实际的政策建议提供支持，是下一步研究亟待解决的问题。

（4）金融发展测度指标的进一步完善和发展。本书的实证分析中采用金融机构相关数据指标来表示和反映整个金融体系，在间接融资处于金融体系的绝对主导地位的特定时间段，此研究方法不失为一种抓住事物主要矛盾的好方法。但是随着中国金融改革的深入，中国整体金融结构正在发生深刻的变化，这种变化对金融体系会产生怎样的影响以及如何构建相应的金融发展指标体系也是我们下一步研究值得关注的重要内容。

# 参考文献

Acemoglu, D. and Zilibotti, F., "Was Prometheus Unbound by Chance? Risk, Diversification, and Growth", *Journal of Political Economy*, Vol. 105, No. 4, 1997.

Aghion, P. and Howitt, P., "A Model of Growth through Creative Destruction", *Econometrica*, Vol. 60, No. 2, 1992.

Aghion, P., Angeletos, G. M., Banerjee, A. and Manova, K., "Volatility and Growth: Credit Constraints and the Composition of Investment", *Journal of Monetary Economics*, Vol. 57, No. 3, 2010.

Allen, F. and Gale, D., "Diversity of Opinion and Financing of New Technologies", *Journal of Financial Intermediation*, Vol. 8, 1999.

Allen, F., and Gale, D., *Comparing Financial Systems*, Cambridge, MA: MIT Press, 2000.

Allen, F. and Santomero, A. M., "The Theory of Financial Intermediation", *Journal of Banking & Finance*, Vol. 21, 1997.

Amiti, M. and Konings, J., "Trade Liberalization, Intermediate Inputs and Productivity: Evidence from Indonesia", *American Economic Review*, Vol. 97, No. 5, 2007.

Amore, M. D. and Schneider, C. and Žaldokas, A., "Credit Supply and Corporate Innovation", *Journal of Financial Economics*, Vol. 109, No. 3, 2013.

Arizala, F., Cavallo, E. and Galindo, A., "Financial Development and TFP Growth: Cross – country and Industry – level Evidence", *Applied Financial Economics*, Vol. 23, No. 6, 2013.

Arrow, K. J., "The Economic Implications of Learning by Doing", *Review of Economic Studies*, Vol. 29, No. 80, 1962.

Aw, B. Y. , Chen, X. and Roberts, M. J. , "Firm – level Evidence on Productivity Differentials and Turnover in Taiwanese Manufacturing", *Journal of Development Economics*, Vol. 66, 2001.

Aw, B. Y. , Roberts, M. J. and Xu, D. Y. , "R&D Investments, Exporting, and the Evolution of Firm Productivity", *American Economic Review*, Vol. 98, No. 2, 2008.

Baily, M. N. , Hulten, C. , Campbell, D. and Caves, B. R. E. , "Productivity Dynamics in Manufacturing Plants", *Brookings Papers on Economic Activity Microeconomics*, 1992.

Balasubramanian, N. and Sivadasan, J. , "Capital Resalability, Productivity Dispersion, and Market Structure", *Review of Economics & Statistics*, Vol. 91, No. 3, 2009.

Baldwin, J. R. and Gu, W. , "Plant Turnover and Productivity Growth in Canadian Manufacturing", *Industrial & Corporate Change*, Vol. 15, No. 3, 2006.

Bartelsman, E. , Haltiwanger, J. and Scarpetta, S. , "Cross – country Differences in Productivity: The Role of Allocation and Selection", *American Economic Review*, Vol. 103, No. 1, 2013.

Beck, T. , Demirgüç – Kunt, A. and Levine, R. , "A New Database on Financial Development and Structure", *Policy Reasearch Working Paper*, No. 2146, 1999.

Beck, T. , Levine, R. and Loayza, N. , "Finance and the Sources of Growth", *Journal of Financial Economics*, Vol. 58, 2000.

Beck, T. and Levine, R. , "Industry Growth and Capital Allocation", *Journal of Financial Economics*, Vol. 64, No. 2, 2002.

Beck, T. , Demirgüç – Kunt, A. and Maksimovic, V. , "Financial and Legal Constraints to Growth: Does Firm Size Matter?", *The Journal of Finance*, Vol. 60, No. 1, 2005.

Bencivenga, V. R. and Smith, B. D. , "Financial Intermediation and Endogenous Growth", *Review of Economic Studies*, Vol. 58, No. 2, 1991.

Becker, G. S. , "A Theory of Competition among Pressure Groups for Political Influence", *Quarterly Journal of Economics*, Vol. 98, No. 3, 1983.

Bernard, A. B. , Eaton, J. , Jensen, J. B. and Kortum, S. , "Plants and Productivity in International Trade", *American Economic Review*, Vol. 93, No. 4, 2003.

Bernard, A. B. and Jensen, J. B. , "Exceptional Exporter Performance: Cause, Effect, or Both?", *Journal of International Economics*, Vol. 47, No. 1, 1999.

Bernard, A. B. and Jensen, J. B. , "Why Some Firms Export", *Review of Economics & Statistics*, Vol. 86, No. 2, 2004.

Bernard, A. B. , Jensen, J. B. and Schott, P. K. , "Trade Costs, Firms and Productivity", *Journal of Monetary Economics*, Vol. 53, No. 5, 2006.

Binh, K. B. , Park, S. Y. , and Shin, B. S. , "Financial Structure and Industrial Growth: A Direct Evidence from OECD Countries", Working Paper, 2005.

Boot, A. W. A. and Thakor, A. V. , "Financial System Architecture", *The Review of Financial Studies*, Vol. 10, No. 3, 1997.

Buch, C. M. , Kesternich, I. , Lipponer, A. and Schnitzer, M. , "Exports versus FDI Revisited: Does Finance Matter?", *Discussion Paper Series 1: Economic Studies*, 2010.

Buera, F. J. and Shin, Y. , "Financial Frictions and the Persistence of History: A Quantitative Exploration", *Journal of Political Economy*, Vol. 121, No. 2, 2010.

Calderón, C. and Lin, L. , "The Direction of Causality between Financial Development and Economic Growth", *Journal of Development Economics*, Vol. 72, No. 1, 2003.

Cetorelli, N. and Gambera, M. , "Banking Market Structure, Financial Dependence and Growth: International Evidence from Industry Data", *The Journal of Finance*, Vol. 56, No. 2, 2001.

Comin, D. and Hobijn, B. , "An Exploration of Technology Diffusion", *Harvard Business School Working Papers*, Vol. 100, No. 5, 2010.

Comin, D. and Nanda, R. , "Financial Development and Technology Diffusion", *Social Science Electronic Publishing*, 2014.

Demirgüçkunt, A. and Levine, R. , "Bank – based and Market – based Financial Systems: Cross – country Comparisons", *Social Science Electronic Publishing*, 1999.

Diamond, D. W. , "Financial Intermediation and Delegated Monitoring", *Review of Economic Studies*, Vol. 51, No. 3, 1984.

Ding, S. and Sun, P. and Jiang, W. , "Import Competition, Resource Reallocation and Productivity Dispersion: Micro – level Evidence from China", *Glasgow University Working Paper*, 2014.

Do, Q. T. and Levchenko, A. A. , "Comparative Advantage, Demand for External Finance, and Financial Development", *Journal of Financial Economics*, Vol. 86, No. 3, 2007.

Doraszelski, U. and Jaumandreu, J. , "R&D and Productivity: Estimating Production Functions when Productivity is Endogenous", *MPRA Paper*, 2007.

Dunne, T. and Troske, K. R. , "Wage and Productivity Dispersion in United States Manufacturing: The Role of Computer Investment", *Journal of Labor Economics*, Vol. 22, No. 2, 2004.

Dutta, J. and Kapur, S. , "Liquidity Preference and Financial Intermediation", *Review of Economic Studies*, Vol. 65, No. 3, 1998.

Era, D. N. , Kersting, E. K. and Geneviève, V. , "Firm Productivity, Innovation and Financial Development", *Southern Economic Journal*, Vol. 79, 2012.

Faggio, G. , Salvanes, K. G. and Reenen, J. V. , "The Evolution of Inequality in Productivity and Wages: Panel Data Evidence", *Lse Research Online Documents on Economics*, Vol. 19, 2010.

Fazzari, S. M. , Hubbard, R. G. and Petersen, B. , "Financing Constraints and Corporate Investment", *Brookings Papers on Economic Activity*, 1988.

Fisher, I. , *The Theory of Interest*, New York: Macmillan, 1930.

Fry, M. J. , *Money, Interest and Banking in Economic Development*, Baltimore: The Johns Hopkins University Press, 1988.

Fry, M. J. , "Models of Financially Repressed Developing Economies",

*World Development*, Vol. 10, 1982.

Fuente, A. D. L. and Marín, J., "Innovation, Bank Monitoring, and Endogenous Financial Development", *Journal of Monetary Economics*, Vol. 38, No. 2, 1996.

Gatto, M. D., Pagnini, M. and Ottaviano, G. I. P., "Openness to Trade and Industry Cost Dispersion", *Journal of Regional Science*, Vol. 48, No. 1, 2008.

Gibson, M. J., "Trade Liberalization, Reallocation, and Productivity", University of Minnesota Working Paper, 2007.

Gorodnichenko, Y. and Schnitzer, M., "Financial Constraints and Innovation: Why Poor Countries don't Catch Up", *Journal of the European Economic Association*, Vol. 11, No. 5, 2013.

Gorodnichenko, Y., Svejnar, J. and Terrell, K., "Globalization and Innovation in Emerging Markets", NBER Working Paper, No. 14481, 2008.

Greenwood, J. and Jovanovic, B., "Financial Development, Growth, and the Distribution of Income", *The Journal of Political Economy*, Vol. 98, No. 5, 1990.

Greenwood, J. and Smith, B. D., "Financial Markets in Development, and the Development of Financial Markets", *Journal of Economic Dynamics & Control*, Vol. 21, No. 1, 1997.

Griliche, Z., "Productivity, R&D and Basic Research at the Firm Level in the 1970s", *American Economic Review*, Vol. 76, No. 1, 1986.

Griliches, Z. and Regev, H., "Firm Productivity in Israeli Industry, 1979 – 1988", *Journal of Econometrics*, Vol. 65, No. 1, 1995.

Grossman, G. M. and Helpman, E., "Quality Ladders in the Theory of Growth", *Review of Economic Studies*, Vol. 58, No. 1, 1991.

Guo, G. and Zhao, H., "Multilevel Modeling for Binary Data", *Annual Review of Sociology*, Vol. 26, 2000.

Gurley, J. G. and Shaw, E. S., "Financial Aspects of Economic Development", *American Economic Review*, Vol. 45, No. 4, 1955.

Gurley, J. G. and Shaw, E. S., "Financial Intermediaries and the Savi ng – investment Process", *Journal of Finance*, Vol. 11, No. 2, 1956.

Gustavasson, P. and Poldahl, A., "Determinants of Firm R&D: Evidence from Swedish Firm Level Data", Working Paper, 2004.

Hahn, C. H., "Entry, Exit, and Aggregate Productivity Growth: Micro Evidence on Korean Manufacturing", Working Paper, 2000.

Hall, B. H., "The Financing of Research and Development", *Oxford Review of Economic Policy*, Vol. 18, No. 1, 2002.

Harrison, A. E., Martin, L. A. and Nataraj, S., "Learning Versus Stealing: How Important are Market – share Reallocations to India's Productivity Growth?", *Social Science Electronic Publishing*, Vol. 27, No. 2, 2013.

Hartmann, P., Papaioannou, E., Lo, Duca, M. and Heider, F., "The Role of Financial Markets and Innovation in Productivity and Growth in Europe", *Occasional Paper Series*, No. 72, 2007.

Haskel, J. and Martin, R., "The UK Manufacturing Productivity Spread", Working Papers, 2002.

Holmstrom, B. and Tirole, J., "Financial Intermediation, Loanable Funds, and the Real Sector", *Quarterly Journal of Economics*, Vol. 112, No. 3, 1997.

Hopenhayn, H. A., "Entry, Exit, and Firm Dynamics in Long Run Equilibrium", *Econometrica*, Vol. 60, No. 5, 1992.

Hoxha, I. "The Market Structure of the Banking Sector and Financially Dependent Manufacturing Sectors", *International Review of Economics & Finance*, Vol. 27, 2013.

Howitt, P. and Aghion, P., "Capital Accumulation and Innovation as Complementary Factors in Long – run Growth", *Journal of Economic Growth*, Vol. 3, No. 2, 1998.

Hsieh, C. T. and Klenow, P. J., "Misallocation and Manufacturing TFP in China and India", *The Quarterly Journal of Economics*, Vol. 124, No. 4, 2009.

Hu, A. G., "Ownership, Government R&D, Private R&D, and Productivity in Chinese Industry", *Journal of Comparative Economics*, Vol. 29,

No. 1，2001.

Hu，A. G. Z.，Jefferson，G. H. and Qian，J.，"R&D and Technology Transfer：Firm－level Evidence from Chinese Industry"，*Review of Economics & Statistics*，Vol. 87，No. 4，2005.

Huang，H. C. and Lin，S. C.，"Non－linear Finance－growth Nexus"，*Economics of Transition*，Vol. 17，No. 3，2009.

Ilyina，A. and Samaniego，R.，"Technology and Financial Development"，*Journal of Money Credit & Banking*，Vol. 43，No. 5，2011.

Jensen，M. C. and Meckling，W. H.，"Theory of the Firm：Managerial Behavior，Agency Costs and Ownership Structure"，*Journal of Financial Economics*，Vol. 3，No. 4，1976.

Jensen，M. C. and Murphy，K. J.，"Performance Pay and Top Management Incentives"，*Journal of Political Economy*，Vol. 98，No. 2，1990.

Jeong，H. and Townsend，R. M.，"Sources of TFP Growth：Occupational Choice and Financial Deepening"，*Economic Theory*，Vol. 32，No. 1，2007.

Greenwood，J. and Jovanovic，B.，"Financial Development，Growth，and Distribution of Income"，*Journal of Political Economy*，Vol. 98，Vol. 5，1990.

Jerzmanowski，M. and Nabar，M.，"The Welfare Consequences of Irrational Exuberance：Stock Market Booms，Research Investment，and Productivity"，*Journal of Macroeconomics*，Vol. 30，No. 1，2008.

Johnson，H. G.，"The Neoclassical One－sector Growth Model：A Geometrical Exposition and Extension to Monetary Economy"，*Economica*，Vol. 33，1966.

Blyde，J.，and Iberti，G. and Moreira，M. M.，"Integration，Resource Reallocation and Productivity：The Cases of Brazil and Chile"，*MPAR Paper*，No. 21269，2009.

Kapur，B. K.，"Alternative Stabilization Policies for Less Developed Economies"，*Journal of Political Economy*，Vol. 84，No. 4，1976.

Hayakawa，K. and Matsuura，T.，"Trade Liberalization，Market Share Reallocation，and Aggregate Productivity：The Case of the Indonesian Manufacturing Industry", *Developing Economies*, Vol. 55, No. 3, 2017.

Keane, M. P. and Wolpin, K. I. , "The Effect of Parental Transfers and Borrowing Constraints on Educational Attainment", *International Economic Review*, Vol. 42, No. 4, 2001.

Kendrick, J. W. , *Productivity Trend in the United States*, New York: Princeton University Press, 1961.

King, R. G. and Levine, R. , "Finance and Growth: Schumpeter might be Right", *The Quarterly Journal of Economics*, Vol. 108, No. 3, 1993a.

King, R. G. and Levine, R. , "Finance, Entrepreneurship and Growth", *Journal of Monetary Economics*, Vol. 32, No. 3, 1993b.

Klein, M. A. , "The Economics of Security Divisibility and Financial Intermediation", *Journal of Finance*, Vol. 28, No. 4, 1973.

Laeven, L. , "Does Financial Liberalization Reduce Financing Constraints?", *Financial Management*, Vol. 32, No. 4, 2003.

Lee, K. K. and Islam, M. R. , "Financial Development and Financing Constraints in a Developing Country: The Case of Bangladesh", *Indian Economic Review*, Vol. 46, No. 1, 2009.

Levhari, D. and Patinkin, D. , "The Role of Money in a Simple Growth Model", *American Economic Review*, Vol. 60, No. 1, 1970.

Levin, R. C. and Reiss, P. C. , *Test of a Schumpeterian Model of R&D and Market Structure*, Chicago: University of Chicago Press, 1984.

Levine, R. , "Stock Markets, Growth, and Tax Policy", *The Journal of Finance*, Vol. 46, No. 4, 1991.

Levine, R. , "Financial Development and Economic Growth: Views and Agenda", *Journal of Economic Literature*, Vol. 35, No. 2, 1997.

Levinsohn, J. A. and Petrin, A. , "When Industries Become More Productive, Do Firms?", Working Papers, 1999.

Levinsohn, J. and Petrin, A. , "Estimating Production Functions Using Inputs to Control for Unobservables", *Review of Economic Studies*, Vol. 70, No. 2, 2003.

Levine, R. , "Bank – based or Market – based Financial Systems: Which is Better?", *Journal of financial intermediation*, Vol. 11, No. 4, 2002.

Levine, R. and Zervos, S. , "Stock Markets, Banks, and Economic Growth", *American Economic Review*, Vol. 88, No. 3, 1998.

Loecker, J. D. , "Do Exports Generate Higher Productivity? Evidence from Slovenia", *Licos Discussion Papers*, Vol. 73, No. 1, 2007.

Lucas, R. E. , "Making a Miracle", *Econometrica*, Vol. 61, No. 2, 1993.

Macnamara, P. , "Firm Entry and Exit with Financial Frictions", Centre for Growth & Business Cycle Research Discussion Paper, 2014.

Maksimovic, V. , Ayyagari, M. and Demirgüç – Kunt, A. , "Firm Innovation in Emerging Markets: The Roles of Governance and Finance", *Policy Research Working Paper Series* 4157, 2007.

Manova, K. , "Credit Constraints, Heterogeneous Firms, and International Trade", *Review of Economic Studies*, Vol. 80, No. 2, 2013.

Martin, R. , "Productivity Dispersion, Competition and Productivity Measurement", CEP Discussion Papers, 2008.

Mathieson, D. J. , "Financial Reform and Stabilization Policy in a Developing Economy", *Journal of Development Economics*, Vol. 7, No. 3, 1980.

Melitz, M. J. , "The Impact of Trade on Intra – industry Reallocation and Aggregate Industrial Productivity", *Econometrica*, Vol. 71, No. 6, 2003.

Melitz, M. J. and Ottaviano, G. I. P. , "Market Size, Trade, and Productivity", *Review of Economic Studies*, Vol. 75, No. 1, 2008.

Molho, L. E. , "Interest Rates, Saving, and Investment in Developing Countries: A Re – examination of the McKinnon – Shaw Hypotheses", *IMF Economic Review*, Vol. 33, No. 1, 1986.

Myers, S. C. , "The Capital Structure Puzzle", *Journal of Finance*, Vol. 39, No. 3, 1984.

Myers, S. C. and Majluf, N. S. , "Corporate Financing and Investment Decisions when Firms Have Information That Investors Do Not Have", *Journal of Financial Economics*, Vol. 13, No. 2, 1984.

Okubo, T. and Tomiura, E. , "Skew Productivity Distributions and Agglomeration: Evidence from Plant – level Data", *Regional Studies*, Vol. 48, No. 9, 2014.

Olley, G. S. and Pakes, A., "The Dynamics of Productivity in the Telecommunications Equipment Industry", *Econometrica*, Vol. 64, No. 6, 1996.

Ottaviano, G. I. P., *Firm Heterogeneity, Endogenous Entry, and the Business Cycle*, NBER International Seminar on Macroeconomics, University of Chicago Press, 2011.

Pavcnik, N., "Trade Liberalization, Exit, and Productivity Improvements: Evidence from Chilean Plants", *Review of Economic Studies*, Vol. 69, No. 1, 2010.

Peltzman, S., "Toward a More General Theory of Regulation", *Journal of Law & Economics*, Vol. 19, No. 2, 1976.

Hsu, P. H., Tian, X. and Xu, Y., "Financial Development and Innovation: Cross – country Evidence", *Journal of Financial Economics*, Vol. 112, No. 1, 2014.

James, E., Smith, W. L. and Teigen, R., "Readings in Money, National Income and Stabilization Policy", *The Journal of Finance*, Vol. 18, No. 3, 1967.

Ramey, G. and Ramey, V. A., "Cross – country Evidence on the Link between Volatility and Growth", *American Economic Review*, Vol. 85, No. 5, 1995.

Rajan, R. G. and Zingales, L., "Financial Dependence and Growth", NBER Working Paper, No. 5758, 1996.

Restuccia, D. and Rogerson, R., "Misallocation and Productivity", *Review of Economic Dynamics*, Vol. 16, No. 1, 2013.

Rioja, F. and Valev, N., "Does One Size Fit All?: A Reexamination of the Finance and Growth Relationship", *Journal of Development Economics*, Vol. 74, No. 2, 2004a.

Rioja, F. and Valev, N., "Finance and the Sources of Growth at Various Stages of Economic Development", *Economic Inquiry*, Vol. 42, No. 1, 2004b.

Romer, P. M., "Increasing Returns and Long – run Growth", *Journal of Political Economy*, Vol. 94, No. 5, 1986.

Romer, P. M. , "Human Capital and Growth: Theory and Evidence", *Carnegie - Rochester Conference Series on Public Policy*, Vol. 32, 1990.

Romer, P. M. , "Endogenous Technological Change", *Journal of Political Economy*, Vol. 98, No. 5, 1990.

Roubini, N. and Sala - I - Martin, X. , "A Growth Model of Inflation, Tax Evasion, and Financial Repression", *Journal of Monetary Economics*, Vol. 35, No. 2, 1992.

Saint - Paul, G. , "Technological Choice, Financial Markets and Economic Development", *European Economic Review*, Vol. 36, No. 4, 1992.

Sarno, D. , "Financial and Legal Constraints to Firm Growth: The Case of Italy", *Journal of Applied Economic Sciences*, Vol. 3, No. 5, 2008.

Schumpeter, J. A. , *Capitalism, Socialism and Democracy*, New York Harper & Brothers, 1942.

Stigler, G. J. , "The Theory of Economic Regulation", *Bell Journal of Economics*, Vol. 2, No. 1, 1971.

Stiglitz, J. E. and Weiss, A. , "Credit Rationing in Markets with Imperfect Information", *American Economic Review*, Vol. 71, No. 3, 1981.

Stoneman, P. , *The Economic Analysis of Technological Change*, Oxford University Press, 1983.

Syverson, C. , "Product Substitutability and Productivity Dispersion", *Review of Economics & Statistics*, Vol. 86, No. 2, 2004.

Syverson, C. , "What Determines Productivity?", *Journal of Economic Literature*, Vol. 49, No. 2, 2011.

Tadesse, S. , "Financial Development and Technology", *William Davidson Institute Working Papers*, No. 749, 2005.

Tobin, J. , "Money and Economic Growth", *Econometrica*, Vol. 33, No. 4, 1965.

Tomiura, E. , "Foreign Outsourcing, Exporting, and FDI: A Productivity Comparison at the Firm Level", *Journal of International Economics*, Vol. 72, No. 1, 2007.

Toshihiro, O. and Eiichi, T. , "Productivity Distribution, Firm Heterogeneity, and Agglomeration: Evidence from Firm - level Data", *General In-*

formation，2011.

Townsend，P.，*Poverty in the United Kingdom*，London：Allen Lane and Penguin Books，1979.

Valencia，O. M.，*R&D Investment and Financial Frictions*，Borradores De Economia，2014.

Carlin，W. and Mayer，C.，"Finance，Investment，and Growth"，*Journal of Financial Economics*，Vol. 69，2003.

Woerter，M.，"Industry Diversity and Its Impact on the Innovation Performance of Firms"，*Journal of Evolutionary Economics*，Vol. 19，No. 5，2009.

Xiao，S. and Zhao，S.，"Financial Development，Government Ownership of Banks and Firm Innovation"，*Journal of International Money and Finance*，Vol. 31，No. 4，2012.

Yasuda，T.，"Firm Growth，Size，Age and Behavior in Japanese Manufacturing"，*Small Business Economics*，Vol. 24，No. 1，2005.

白钦先：《金融结构、金融功能演进与金融发展理论的研究历程》，《经济评论》2005 年第 3 期。

陈启清、贵斌威：《金融发展与全要素生产率：水平效应与增长效应》，《经济理论与经济管理》2013 年第 7 期。

戴觅、余淼杰：《企业出口前研发投入、出口及生产率进步——来自中国制造业企业的证据》，《经济学》（季刊）2011 年第 1 期。

戈德·史密斯：《金融结构与金融发展》，周朔等译，上海人民出版社 1994 年版。

耿伟、廖显春：《贸易自由化、市场化改革与企业间资源配置——基于生产率分布离散度的视角》，《国际贸易问题》2017 年第 4 期。

龚关、胡关亮：《中国制造业资源配置效率与全要素生产率》，《经济研究》2013 年第 4 期。

龚强、张一林、林毅夫：《产业结构、风险特性与最优金融结构》，《经济研究》2014 年第 4 期。

关爱萍、李娜：《金融发展、区际产业转移与承接地技术进步——基于西部地区省际面板数据的经验证据》，《经济学家》2013 年第 9 期。

菲利普·阿吉翁、彼得·霍依特：《内生经济增长理论》，陶然等译，北京大学出版社 2004 年版。

冯猛、王琦晖：《什么影响了制造业行业内生产率结构变化？——基于 1998—2007 年中国工业企业数据的实证研究》，《产业经济研究》 2013 年第 3 期。

高凌云、屈小博、贾鹏：《中国工业企业规模与生产率的异质性》，《世 界经济》2014 年第 6 期。

郝睿：《经济效率与地区平等：中国省际经济增长与差距的实证分析 （1978—2003）》，《世界经济文汇》2006 年第 2 期。

何大安：《投资运行机理分析引论》，上海人民出版社 2005 年版。

何光辉、杨咸月：《融资约束对企业生产率的影响——基于系统 GMM 方法的国企与民企差异检验》，《数量经济技术经济研究》2012 年 第 5 期。

黄俊、陈信元：《集团化经营与企业研发投资——基于知识溢出与内部 资本市场视角的分析》，《经济研究》2011 年第 6 期。

凯恩斯：《就业、利息和货币通论》，高鸿业译，商务印书馆 1999 年版。

简泽、段永瑞：《企业异质性、竞争与全要素生产率的收敛》，《管理世 界》2012 年第 8 期。

靳来群：《所有制歧视下金融资源错配的两条途径》，《经济与管理研 究》2015 年第 7 期。

黎欢、龚六堂：《金融发展、创新研发与经济增长》，《世界经济文汇》 2014 年第 2 期。

李春顶、尹翔硕：《我国出口企业的"生产率悖论"及其解释》，《财贸 经济》2009 年第 11 期。

李青原、李江冰、江春等：《金融发展与地区实体经济资本配置效 率——来自省级工业行业数据的证据》，《经济学》（季刊）2013 年第 2 期。

李后建、刘思亚：《银行信贷、所有权性质与企业创新》，《科学学研 究》2015 年第 7 期。

李后建、张宗益：《地方官员任期、腐败与企业研发投入》，《科学学研 究》2014 年第 5 期。

李敬、冉光和、万广华：《中国区域金融发展差异的解释——基于劳动分工理论与 Shapley 值分解方法》,《经济研究》2007 年第 5 期。

李健、卫平:《金融发展与全要素生产率增长?——基于中国省际面板数据的实证分析》,《经济理论与经济管理》2015 年第 8 期。

李鲁、王磊、邓芳芳:《要素市场扭曲与企业间生产率差异:理论及实证》,《财经研究》2016 年第 9 期。

李玉红、王皓、郑玉歆:《企业演化:中国工业生产率增长的重要途径》,《经济研究》2008 年第 6 期。

林毅夫、章奇、刘明兴:《金融结构与经济增长:以制造业为例》,《中国金融》2003 年第 4 期。

刘小玄:《中国工业企业的所有制结构对效率差异的影响:1995 年全国工业企业普查数据的实证分析》,《经济研究》2000 年第 2 期。

刘小玄、李双杰:《制造业企业相对效率的度量和比较及其外生决定因素(2000—2004)》,《经济学》(季刊)2008 年第 3 期。

陆铭、向宽虎:《破解效率与平衡的冲突——论中国的区域发展战略》,《经济社会体制比较》2014 年第 4 期。

鲁晓东、连玉君:《中国工业企业全要素生产率估计:1999—2007》,《经济学》(季刊)2012 年第 2 期。

罗超平、张梓榆、王志章:《金融发展与产业结构升级:长期均衡与短期动态关系》,《中国软科学》2016 年第 5 期。

罗德明、李晔、史晋川:《要素市场扭曲、资源错置与生产率》,《经济研究》2012 年第 3 期。

蒋为:《增值税扭曲、生产率分布与资源误置》,《世界经济》2016 年第 5 期。

蒋为、张龙鹏:《补贴差异化的资源误置效应——基于生产率分布视角》,《中国工业经济》2015 年第 2 期。

麦金农:《经济发展中的货币与资本》,卢骢译,上海人民出版社 1988 年版。

毛德凤、李静、彭飞、骆正清:《研发投入与企业全要素生产率——基于 PSM 和 GPS 的检验》,《财经研究》2013 年第 4 期。

毛捷、吕冰洋、马光荣:《转移支付与政府扩张:基于"价格效应"的研究》,《管理世界》2015 年第 7 期。

毛其淋:《贸易自由化、异质性与企业动态:对中国制造业企业的经验研究》，博士学位论文，南开大学，2013 年。

毛其淋、盛斌：《中国制造业企业的进入退出与生产率动态演化》，《经济研究》2013 年第 4 期。

默顿、博迪：《金融体系的设计：金融功能与制度结构的统一》（中译本），载《比较》，中信出版社 2015 年版。

聂辉华、贾瑞雪：《中国制造业企业生产率与资源误置》，《世界经济》2011 年第 7 期。

潘文卿、张伟：《中国资本配置效率与金融发展相关性研究》，《管理世界》2003 年第 8 期。

彭兴韵：《金融发展的路径依赖与金融自由化》，上海人民出版社 2002 年版。

钱学敏：《科技革命与社会革命——学习钱学森思想的心得》，《哲学研究》1993 年第 12 期

钱颖一：《激励与约束》，《经济社会体制与比较》1999 年第 5 期。

饶华春：《中国金融发展与企业融资约束的缓解——基于系统广义矩估计的动态面板数据分析》，《金融研究》2009 年第 9 期。

沈坤荣、孙文杰：《投资效率、资本形成与宏观经济波动》，《中国社会科学》2004 年第 6 期。

盛斌：《中国对外贸易政策的政治经济分析》，上海人民出版社 2002 年版。

苏建军、徐璋勇：《金融发展、产业结构升级与经济增长——理论与经验研究》，《工业技术经济》2014 年第 2 期。

舒元、才国伟：《我国省际技术进步及其空间扩散分析》，《经济研究》2007 年第 6 期。

邵宜航、步晓宁、张天华：《资源配置扭曲与中国工业全要素生产率——基于工业企业数据库再测算》，《中国工业经济》2013 年第 12 期。

孙浦阳、蒋为、张龑：《产品替代性与生产率分布——基于中国制造业企业数据的实证》，《经济研究》2013 年第 4 期。

孙晓华、王昀：《R&D 投资与企业生产率——基于中国工业企业微观数据的 PSM 分析》，《科研管理》2014 年第 11 期。

汤二子、王瑞东、刘海洋：《研发对企业盈利决定机制的研究——基于

异质性生产率角度的分析》,《科学学研究》2012 年第 1 期。

田巍、余淼杰:《中间品贸易自由化和企业研发:基于中国数据的经验分析》,《世界经济》2014 年第 6 期。

王定星:《企业异质性、市场化与生产率分布》,《统计研究》2016 年第 8 期。

王杰、孙学敏:《环境规制对中国企业生产率分布的影响研究》,《当代经济科学》2015 年第 3 期。

王磊、夏纪军:《固定成本与中国制造业生产率分布》,《当代经济科学》2015 年第 2 期。

王立国、赵婉妤:《我国金融发展与产业结构升级研究》,《财经问题研究》2015 年第 1 期。

王如玉、林剑威:《企业生产率分布的城市因素考量——基于珠三角纺织业数据的实证》,《广东社会科学》2016 年第 2 期。

王永剑、刘春杰:《金融发展对中国资本配置效率的影响及区域比较》,《财贸经济》2011 年第 3 期。

王志强、孙刚:《中国金融发展规模、结构、效率与经济增长关系的经验分析》,《管理世界》2003 年第 7 期。

魏克塞尔:《利息与价格》,蔡受百等译,商务印书馆 1982 年版。

解维敏、魏化倩:《市场竞争、组织冗余与企业研发投入》,《中国软科学》2016 年第 8 期。

熊鹏、王飞:《中国金融深化对经济增长内生传导渠道研究——基于内生经济增长理论的实证比较》,《金融研究》2008 年第 2 期。

熊彼特:《经济发展理论》,何畏等译,商务印书馆 1991 年版。

杨菊华:《数据管理与模型分析:STATA 软件应用》,中国人民大学出版社 2012 年版。

杨俊、王佳:《金融结构与收入不平等:渠道和证据——基于中国省际非平稳异质面板数据的研究》,《金融研究》2012 年第 1 期。

姚耀军:《中国金融发展与全要素生产率——基于时间序列的经验证据》,《数量经济技术经济研究》2010 年第 3 期。

姚耀军:《金融中介发展与技术进步——来自中国省级面板数据的证据》,《财贸经济》2010 年第 4 期。

余林徽、陆毅、路江涌:《解构经济制度对我国企业生产率的影响》,

《经济学》（季刊）2013 年第 1 期。

余淼杰：《中国的贸易自由化与制造业企业生产率》，《经济研究》2010
年第 12 期。

余淼杰、李晋：《进口类型、行业差异化程度与企业生产率提升》，《经
济研究》2015 年第 8 期。

约翰·G. 格利、爱德华·S. 肖：《金融理论中的货币》，贝多广译，上
海人民出版社 1988 年版。

钟娟、张庆亮：《金融市场发展对中国 FDI 技术溢出效应的影响及其门
槛效应检验》，《财贸研究》2010 年第 5 期。

张杰：《预算约束与金融制度选择的新理论：文献述评》，《经济理论与
经济管理》2011 年第 3 期。

张杰、芦哲、郑文平等：《融资约束、融资渠道与企业 R&D 投入》，
《世界经济》2012 年第 10 期。

张军、金煜：《中国的金融深化和生产率关系的再检测：1987—2001》，
《经济研究》2005 年第 11 期。

赵勇、雷达：《金融发展与经济增长：生产率促进抑或资本形成》，《世
界经济》2010 年第 2 期。

周新苗、唐绍祥：《自主研发、技术引进与企业绩效：基于平均处理效
应估计的微观考察》，《财贸经济》2011 年第 4 期。

# 后　记

　　时光总是走得太过匆忙，很多美好还来不及体会，不知不觉，在浙江工商大学读博已过六载。落其实者思其树，饮其流者怀其源。举凡世间人事皆讲缘分二字，能够来到浙江工商大学经济学院求学自然是一种难得的幸运，而能够与浙江工商大学学术委员会副主任、经济学部主任、人文社会科学资深教授何大安老师结下师徒之缘更是一种莫大的缘分。何老师不仅是我的学术导师，更是我的人生导师。何老师著作等身的学术成就为我们学生树立了一生追求和奋斗的榜样，他那高瞻远瞩的眼光和胸怀天下的格局给我们学生指明了发展的方向。

　　本书是笔者在博士学位论文的基础上扩充修改而成。从本书选题到整体框架确定、撰写及定稿勘误，何老师均亲力亲为，提出了不少宝贵的意见和建议，从而使我能够从企业技术进步、企业生产率分布和企业总体生产率三大方面系统地考察金融发展与企业生产率的关联，揭示金融发展对企业生产率的作用机理，构建了一个在微观层面上以企业视角为参照的粗线条的分析框架。感谢浙江大学郭继强教授、潘士远教授，浙江工商大学孙敬水教授、毛丰付教授、陈宇峰教授、许彬教授等提出的诸多意见和建议。正是因为你们的宝贵意见和建议，本书的质量得以进一步提高，从而使本书增色不少。

　　难忘共桌心相印，常忆同窗语合鸣。感谢博士同学姜辉、赵静、孙金秀、林杰、姚文捷、姚燕云、李正茂、陈鑫云。感谢同门所有兄弟姐妹徐元国、胡宗伟、段柯、李春光、唐莉芳、洪昊、童汇慧、李怀政、许一帆。正是有你们的陪伴使原本孤独寂寞的学术之路也充满欢声笑语，值得回忆终身。祝愿大家未来常静好，前路永逢春。

　　感谢浙江树人大学管理学院，本书能够最终定稿出版离不开学院给笔者提供的良好学习环境和科研条件，感谢浙江省"十三五"优势专业建设项目（浙江树人大学·市场营销）的资助和浙江树人大学博士人才引进项目的资助，本书也属于浙江省重点创新团队"现代服务业创新团队"研究成果、浙江省哲学社会科学研究基地"浙江省现代服务业研究中心"研究成果、浙江省"十三五"一流学科"应用经济学"研究成果、浙江树人大学著作出版基金资助成果。感谢中国社会科学出版社编辑部的细心工作和热心帮助，在此向他们表示衷心的感谢。

　　本书的写作占用了笔者近六年工作之余的时间，书稿的完成与家人的支持紧密相关。感谢父母对笔者多年的养育之恩，欲报之德，昊天罔极。感谢岳父母对笔者的理解和支持。感谢爱妻对笔者的关爱之情。还有笔者可爱的女儿，你的乖巧懂事使笔者有更多时间和精力完成本书。正是家人的坚强支持，笔者才能不断前行，成为更好的自我。

　　雄关漫道真如铁，而今迈步从头越。在今后新的工作和学习中，我将继续努力进取，勇攀学术和事业高峰。

　　由于本人学术水平有限，本书难免存在许多不足之处，在后续的研究中，笔者会努力改进。含不尽之意在言外，谨以拙作献给关心、帮助和支持我的所有人。

杨益均

2019 年 4 月于杭州